中华经典名著

全本全注全译丛书

林　琳◎译注

刘子

中華書局

图书在版编目(CIP)数据

刘子/林琳译注. —北京:中华书局,2022.1(2024.12重印)
(中华经典名著全本全注全译丛书)
ISBN 978-7-101-15512-9

Ⅰ.刘… Ⅱ.林… Ⅲ.人才培养-中国-北齐-文集
Ⅳ.C964.2-53

中国版本图书馆CIP数据核字(2021)第257856号

书　　名　刘　子
译 注 者　林　琳
丛 书 名　中华经典名著全本全注全译丛书
责任编辑　周梓翔
装帧设计　毛　淳
责任印制　陈丽娜
出版发行　中华书局
(北京市丰台区太平桥西里38号　100073)
http://www.zhbc.com.cn
E-mail:zhbc@zhbc.com.cn
印　　刷　北京中科印刷有限公司
版　　次　2022年1月第1版
2024年12月第3次印刷
规　　格　开本/880×1230毫米　1/32
印张11⅛　字数250千字
印　　数　12001-15000册
国际书号　ISBN 978-7-101-15512-9
定　　价　29.00元

目录

前言 …… 1

卷一 …… 1

清神章一 …… 2

防欲章二 …… 6

去情章三 …… 12

韬光章四 …… 15

崇学章五 …… 19

专务章六 …… 25

卷二 …… 30

辨乐章七 …… 31

履信章八 …… 41

思顺章九 …… 48

慎独章十 …… 52

卷三 …… 57

贵农章十一 …… 58

爱民章十二 …… 64

从化章十三 …… 68

法术章十四 …… 75

赏罚章十五 …… 79

审名章十六 …… 83
卷四 …… 89
鄙名章十七 …… 90
知人章十八 …… 94
荐贤章十九 …… 102
因显章二十 …… 110
卷五 …… 115
托付章二十一 …… 116
心隐章二十二 …… 120
通塞章二十三 …… 125
遇不遇章二十四 …… 130
命相章二十五 …… 135
卷六 …… 146
妄瑕章二十六 …… 147
适才章二十七 …… 158
文武章二十八 …… 168
均任章二十九 …… 173
慎言章三十 …… 177
卷七 …… 183
贵言章三十一 …… 184
伤谗章三十二 …… 191
慎隙章三十三 …… 196
诫盈章三十四 …… 202
明谦章三十五 …… 207
大质章三十六 …… 210

卷八 …… 215
辨施章三十七 …… 216
和性章三十八 …… 220
殊好章三十九 …… 224
兵术章四十 …… 230
阅武章四十一 …… 241
明权章四十二 …… 247
卷九 …… 253
贵速章四十三 …… 255
观量章四十四 …… 258
随时章四十五 …… 264
风俗章四十六 …… 270
利害章四十七 …… 274
祸福章四十八 …… 279
贪爱章四十九 …… 284
类感章五十 …… 287
卷十 …… 292
正赏章五十一 …… 293
激通章五十二 …… 302
惜时章五十三 …… 307
言苑章五十四 …… 310
九流章五十五 …… 318

前言

《刘子》又题为《刘子新论》，是魏晋南北朝时期一部重要的子部文献。《刘子》最早见录于《隋书·经籍志》，无撰者姓名，全书共十卷、五十五篇，综论治国及修身之要义，择众家之精华而自成一体，史称为杂家之书。该书的作者自南宋以来一直存有争议，还一度被视为伪书。

一　关于《刘子》作者的问题

就文献角度而言，历史上对《刘子》的研究，多聚焦于其作者的分歧上。以往关于《刘子》作者的说法，主要有"刘歆说""魏晋间人说""刘孝标说""刘勰说""刘昼说""袁孝政说""贞观以后人说""刘处元说""姓刘人说"等，其中多数说法缺少较为有力的证据，因而焦点主要集中在"刘勰说"和"刘昼说"。

（一）"刘勰说"与"刘昼说"

古代文献中，《刘子》作者为刘勰的依据主要有：敦煌遗书伯2721："《流子》，刘协注。"《旧唐书·经籍志》："《刘子》十卷，刘勰撰。"《新唐书·艺文志》："《刘子》十卷，刘勰。"唐释慧琳《一切经音义》卷九〇《高僧传》："刘勰，梁朝时才名之士也，著书四卷，名《刘子》。"作者为刘昼的依据主要有：唐张鷟《朝野佥载》："《刘子》书，咸以为刘勰所撰，乃渤海刘昼所制。昼无位，博学有才，窃取其名，人莫知也。"宋陈振孙《直斋书录解题》保留的袁孝政《刘子》注序:“昼伤己不遇,天下陵迟,播迁江表,故作此书。时人莫知,谓为刘勰,或曰刘歆、刘孝标作。”宋晁公武《郡斋读书志》:“《刘子》三卷,齐刘昼孔昭撰,唐袁(孝)政注。凡五十五篇。言修心治身之道,而辞颇俗薄。或以为刘勰,或以为刘孝标,未知孰是。”

自上世纪80年代以来,学术界对于《刘子》作者的争论焦点依然在于刘勰和刘昼,主要成果集中于对前人说法的考辨以及《刘子》与《文心雕龙》的比较研究。

主张《刘子》为刘勰所撰的代表主要有林其锬、陈凤金及后来的一些学者。上世纪80年代,林其锬、陈凤金《刘子集校》(上海古籍出版社1985年)和《敦煌遗书〈刘子〉残卷集录》(上海书店出版社1988年)面世,两部著作均题为“刘勰撰”,并附文《〈刘子〉作者考辨》和《论〈刘子〉作者问题》,从多角度进行了详细论证。2012年,林其锬《刘子集校合编》(华东师范大学出版社)出版,针对《刘子》作者研究中的十余个争议点进行了重新考察,提出五点新的证据,更加坚定地认为《刘子》的作者为刘勰,并先后发表多篇学术论文,特别是《〈刘子〉作者综考释疑——兼论〈刘子〉的学术史意义》(《文史哲》2014年第2期),分别从外证和内证进行梳理与考辨,力主《刘子》为刘勰所撰。作为对于林、陈二位论证的补充,游志诚在《〈文心雕龙〉与〈刘子〉系统研究》(文史哲出版社2010年)一书中运用互证法,对《文心雕龙》和《刘子》二书详加比勘考核,得出“《文心雕龙》与《刘子新论》虽二名而实出一人之手”的结论。陈志平亦认为所谓《四库全书》题作“刘昼”是一种“假定”(《〈刘子〉研究三十年》,《中国文论(第一辑)》)。

学者杨明照、余嘉锡、周振甫、程天祜等则认为《刘子》为北齐刘昼所撰。杨明照先生在《〈刘子〉理惑》(《文学年报》1937年第3期)中,力排《刘子》为刘歆、刘孝标、刘勰、袁孝政作,认为是北齐刘昼所作;《再论〈刘子〉的作者》(《文史》1988年第30辑)进一步坚持《刘子》作者是刘昼。周振甫先生发表《〈刘子〉与〈文心雕龙〉思想差异》(《中华文史论丛》1986年第四辑),亦对刘勰撰《刘子》提出质疑。余嘉锡先生指出,张鹜《朝野佥载》中已记载此书为刘昼所作,对比刘昼生平和《刘子》思想,多相符合,但因刘昼有才无位,担心受到世人的轻视,所以才署名刘勰(《四库提要辨证》,中华书局1980年)。程天祜先生亦指出,"《刘子》与《文心雕龙》非出一人",《刘子》没有构建理论体系的意识,其主张儒道互补,倾向于道,这与《文心雕龙》崇儒轻道,强调"经子异流"格格不入,因而"刘昼撰说难以否定"(《〈刘子〉作者辨》,《吉林大学社会科学学报》1986年第6期)。

诸位前辈对《刘子》的相关资料做了详细的梳理和考辨,关于其作者的探讨,也开始从对个别问题的争辩逐渐走向对可靠的原始资料本身的挖掘和研究上。傅亚庶师在主"刘昼撰"的前提下指出,在发现新的资料之前,仅对前人提出的材料出于不同程度上的主观理解来立论,则应当相当谨慎。关于古书作者的考证,针对不同类别的书,应持以不同的方法。考证子书,当别于史书,这一点,清人严可均、近人余嘉锡均有论及,就《刘子》而言,不能因为书中涉及某些古代的典章制度的变化,对某些时事的评论与其本传中所述本人性情有别,就加以肯定或否定,立说中必须考虑到作者写作中可能出现的问题及版本流传中出现的问题,以及史书中本传所言是否合适。同时,即使是一个人,其早期与晚年所撰之言,也会存在一些差别。因而,关于《刘子》的作者问题,我们目前还应该尊重历史记载,若轻易下结论,则可能不合适。本书师承"刘昼撰"观点,并坚信任何有据的结论对于推动《刘子》的深入研究,都是重要而有益的。

(二)刘昼生平概述

刘昼,字孔昭,渤海阜城(今河北阜城)人,北齐思想家。学识渊博,但应试不第,遂放弃做官理想而著书立传。曾著《六合赋》送给尚书魏收,但由于政治见解不同而未得到引荐。孝昭帝即位后下诏征直言,刘昼多次上书直谏,但未得重用,遂编成《帝道》一书,抒发愤懑之情。其著作《六合赋》《高才不遇传》《金箱璧言》均已亡佚，独存《刘子》，清乾隆年间收入《四库全书》。

《北齐书》卷四四《儒林传》载：

刘昼，字孔昭，渤海阜城人也。少孤贫，爱学，负笈从师，伏膺无倦。与儒者李宝鼎同乡里，甚相亲爱，受其《三礼》。又就马敬德习《服氏春秋》，俱通大义。恨下里少坟籍，便杖策入都。知太府少卿宋世良家多书，乃造焉。世良纳之。恣意披览，昼夜不息。河清初，还冀州，举秀才入京，考策不第。乃恨不学属文，方复缉缀辞藻，言甚古拙。制一首赋，以“六合”为名，自谓绝伦，吟讽不辍。乃叹曰：“儒者劳而少工，见于斯矣。我读儒书二十余年而答策不第，始学作文，便得如是。”曾以此赋呈魏收，收谓人曰：“赋名‘六合’，其愚已甚，及见其赋，又愚于名。”昼又撰《高才不遇传》三篇。在皇建、大宁之朝，又频上书，言亦切直，多非世要，终不见收采。自谓博物奇才，言好矜大，每云：“使我数十卷书行于后世，不易齐景之千驷也。”而容止舒缓，举动不伦，由是竟无仕进。天统中，卒于家，年五十二。

与《北齐书》所载内容有所相似，《北史》卷八一《儒林传》载：

刘昼，字孔昭，勃海阜城人也。少孤贫，爱学，伏膺无倦。常闭户读书，暑月唯着犊鼻裈。与儒者李宝鼎同乡，甚相亲爱。宝鼎授其“三礼”，又就马敬德习《服氏春秋》，俱通大义。恨下里少坟籍，便杖策入都。知邺令宋世良家有书五千卷，乃求为其子博士，恣意披览，昼夜不息。还，举秀才，策不第，乃恨不学属文，方复缉缀辞藻。言甚古拙，制一首赋，以“六合”为名，自谓绝伦，乃叹儒者劳而寡功。曾以赋呈魏收而不拜。收忿之，谓曰：“赋名‘六合’，已是太愚，文又愚于六合。君四体又甚于文。”昼不忿，又以示邢子才。子才曰：“君此赋，正似疥骆驼，伏而无妩媚。”昼求秀才，十年不得，发愤撰《高才不遇传》。冀州刺史郦伯伟见之，始举昼，时年四十八。

刺史陇西李玙，亦尝以昼应诏。先告之，昼曰：“公自为国举才，何劳语昼！”齐河南王孝瑜闻昼名，每召见，辄与促席对饮。后遇有密亲，使且在斋坐，昼须臾径去，追谢要之，终不复屈。孝昭即位，好受直言。昼闻之，喜曰：“董仲舒、公孙弘可以出矣。”乃步诣晋阳上书，言亦切直，而多非世要，终不见收采。编录所上之书，为《帝道》。河清中，又著《金箱璧言》，盖以指机政之不良。

昼夜尝梦贵人若吏部尚书者补交州兴俊令，寤而密书记之。卒后旬余，其家幼女鬼语，声似昼，云“我被用为兴俊县令，得假暂来辞别”云。昼常自谓博物奇才，言好矜大。每言：“使我数十卷书行于后世，不易齐景之千驷也。”容止舒缓，举动不伦，由是竟无仕，卒于家。

杨明照先生认为，根据《北史·儒林传》与《北齐书·儒林传》中刘昼的记载，刘昼曾写作过《高才不遇传》四卷（《北齐书·儒林传》云为“三篇”）、《帝道》《金箱璧言》《六合赋》，如果将《刘子》十卷算入在内，就基本达到了刘昼所言“数十卷行于世”的数目（杨明照校注、陈应鸾增订《增订刘子校注》，巴蜀书社2008年）。余嘉锡先生认为，刘昼“竟无仕进”的遭遇正与《刘子》中《知人》篇、《荐贤》篇的主旨大意相合，而刘昼本人也曾写过《高才不遇传》这样的作品，双方可以互相参证；刘昼“不惟文章为邢、魏所嗤，即其容仪亦为流俗之所笑”，这与《正赏》篇之语“奚况世人，未有名称，其容止之萃，能免于嗤诮者，岂不难也”的大义比较接近（《四库提要辨证》）。程天祜先生认为，《惜时》篇有“今日向西峰，道业未就，郁声于穷岫之阴，无闻于休明之世”之语，“刘昼晚年归于渤海阜城，他的生活环境和反复慨叹‘郁声于穷岫之阴’‘蠹材于幽岫，毁迹于柴筚’的《刘子》作者是很为相似的”（《〈刘子〉作者新证——从〈惜时〉篇看〈刘子〉的作者》，《吉林大学社会科学学报》1990年第6期）。这些分析亦是对“刘昼撰《刘子》”的有力证明。

刘昼虽博学多才，但人微言轻，“作为北朝的一位失意的读书人，几乎毕生埋没无闻。他借助四万余言的《刘子》，充分表达了自己远大的政治理想”（孙培青、李国钧《中国教育思想史（第一卷）》，华东师范大学出版社1995年)。在执着与失意的矛盾之间,成就了这部言浅意深的作品。杨明照先生指出,"《刘子》是北朝子书之最优秀者"(《增订刘子校注》前言)。陈志平也认为,在真正的杂家作品中,"独立完成且保存完好的唐前杂家杂说类著作只有《刘子》"(《〈刘子〉研究》,吉林人民出版社2008年)。尽管其作者的问题至今仍无定论,但相关的探索都是基于对《刘子》学术价值的认可,也必将推动《刘子》研究不断走向深入。

二 《刘子》版本及其整理

《刘子》最早见录于《隋书・经籍志》:"梁有……《刘子》十卷。"未提及作者。唐虞世南《北堂书钞》和释道宣《广弘明集》也多有征引,但只标举书名。《旧唐书・经籍志》《崇文总目》《新唐书・艺文志》《通志・艺文略》《遂初堂书目》《郡斋读书志》《直斋书录解题》《宋史・艺文志》《文献通考》等唐、宋、元官私书目均有著录,至明、清时期,更是多有收录。其版本流传,就目前所见,自宋至明、清,较好的刻本仍有二十几种。

对于《刘子》的注释,《道藏》本《刘子》中保存了唐代袁孝政注,而宋代奚克让《刘子音释》三卷和《音义》三卷已不见存。清代学者对《刘子》进行了较多的研究,孙星衍发现了《刘子》南宋刊本,黄丕烈留下了多种校本和多篇题跋,卢文弨有《群书拾补・刘子校正》,孙诒让有《札迻・〈新论〉袁孝政注》,陈昌齐撰《〈新论〉正误》62条。清末在敦煌藏经洞中发现《刘子》残卷多种,罗振玉依江阴何氏藏唐卷子撰《〈刘子〉残卷校记》,傅增湘校录刘幼云藏、刘希亮影写唐卷子《刘子》,王重民《敦煌古籍叙录》有敦煌残卷录《刘子》叙录4则和校记1篇。

1938年,杨明照先生发表了《刘子斠注》(《文学年报》1938年第4期),对诸版本文字进行校勘并做了全面的注释。王叔岷先生撰写《刘子集证》十卷(刊于1961年台湾"中研院"历史语言研究所专刊之四十四,2007年9月中华书局再版),使注释益臻完善。林其锬、陈凤金先后撰有《刘子集校》(上海古籍出版社1985年)和《敦煌遗书〈刘子〉残卷集录》(上海书店出版社1988年)两部著作。《刘子集校》中列有抄本、刻本和前人校勘记共45种,几乎囊括了现存的所有版本,“为《刘子新论》的校勘学立下了一个十分巩固的基础”(孙楷第语)。同时期,许建平先后发表了《敦煌本〈刘子〉残卷举善》《敦煌遗书〈刘子〉残卷校证》《敦煌遗书〈刘子〉残卷校证补》等论文,对敦煌本《刘子》进行了文字校勘,并对残卷的时代进行了考证。1998年,傅亚庶师出版了《刘子校释》(中华书局),该书搜罗了29种不同版本,全面吸收清代和当代学者的校勘成果,采纳袁孝政注以及程荣、孙钅广、钟惺等评注和杨明照、王叔岷的注释,援引类书、子书并拾遗补缺,集众说为一,又体现出自己的论断。该书后附有《刘子》主要版本序跋14种,校注诸家序跋5种,资料详实,是一部集成式的著作。(任朝霞《〈刘子校释〉简评》,《古籍整理研究学刊》2000年第5期)。2001年,江建俊出版《新编刘子新论》(台湾古籍出版有限公司),并附有五种资料。2003年,陈应鸾对杨明照先生的前期成果继续整理,以《道藏》本为底本,参校42种版本,并增加不少注解,于2008年出版《增订刘子校注》(巴蜀书社)一书。2012年,林其锬在前期研究的基础上,囊括了多种敦煌西域残卷以及宋明清钞本、刻本,并对其真伪进行深入考证,出版了《刘子集校合编》(华东师范大学出版社),全书分上、下篇和附篇。

三 《刘子》的思想内容

《刘子》综论修身治国之要,涉及政治、经济、军事、文化等社会问题的各个方面,以儒道互补的思想倾向融合法、名、兵等各家学说的精神,强调按照儒家学说的主张治国理民,表现的是儒家的参政意识。

(一)清虚向学的修身理想

1.治身

《刘子》卷首四章即讨论精神修养。心神的动荡由外物所引发,导致身形受损,因而“将全其形,先在理神”(《清神》)。通过克制欲望、去除私衷、敛藏锋芒，则可调理心神，实现“形不养而性自全，心不劳而道自至”。作者进而指出，人应不因外部环境改变自身的本质，并且要调和性情，“刚而不猛，柔而不懦，缓而不后机，急而不懁促”（《和性》），如智者一样“宽而栗，严而温，柔而毅，猛而仁”，以致“强弱相参，缓急相弼”，这是一个不断认识自我和完善自我的过程。

2.治学

古人的学习除了掌握知识，更在于锤炼品格、增长智慧、学会为人处世之道，无论君臣，都应勤奋治学。首先，后天的学习十分重要，“人能务学，钻炼其性，则才惠发矣”（《崇学》）；其次，学习贵在专注，“若心不在学而强讽诵之者，虽入于耳而不谛于心，譬若聋者之歌，效人为之，无以自乐，虽出于口，则越而散矣”（《专务》）；再次，学习应该循序渐进、日积月累，“悬岩滴溜，终能穴石；规车牵索，卒至断轴”（《崇学》）；另外，学习要孜孜不倦，“以圣贤之性，犹好学无倦，矧伊佣人而可怠哉”？

3.治行

“履信思顺”是古代社会通行的主体观念之一，“君子如能忠孝仁义，履信思顺，自天祐之，吉无不利也”（《思顺》）。在言辞上，要防止自身言论失当，亦应重视他人忠善之谏，避免“谗邪之蔽善人”（《伤谗》）。在行为上，首先要注重个人节操，任何时候和任何环境都要注意保持高洁的本性；其次要谦虚降己，时刻警戒自己“不以德厚而矜物，不以身尊而骄民”（《诫盈》）；另外，不要忽视和放纵细小错误，更不要贪图眼前小利。特别是对于君主来说，若其行为端正，即使有一些奸佞之徒为乱，天下亦可大治，若风俗不善，则应“立礼教以革其弊，制雅乐以和其性”（《风俗》），移风易俗以正天下。

作者将净心、理神、和性等完善的人格寄托于“圣主贤臣”身上。但是，儒家所要求的君臣形象，只能是理想中的人物。当时的东魏与北齐，虽兴儒学，但任何鲜卑贵族及汉士族，实际上不可能按照儒家的标准来约束自己的行为，因此，《刘子》的治行思想，虽然把儒家观念中的君臣标准具体化，但无任何实践意义。相反，封建君主却可以利用它作为统治、约束人民思想、言行的工具（傅亚庶《〈刘子〉的思想及史料价值》，《古籍整理研究学刊》1989年第6期）。然而在论述中，作者总结和发扬先人的观点，其崇学、乐学、勤学、善学的态度与方法以及“言行一致”“戒骄戒躁”等劝诫，代表了中国传统的思想道德观念和准则，对当代社会仍有重要的借鉴价值。

（二）通权达变的治国主张

1.治人

作者主张以法术御人，同时指出，法的确立要符合实际，亦应随着时代的变化而改变，以适应社会发展的需求。在此前提下，须贤能之人去掌握它。在选拔人才时，要“听之于未闻，察之于未形，而鉴其神智，识其才能”（《知人》），不问出身，不责小节。在任用人才时，首先要善于分辨，不以贫富贵贱、俭吝疏慢等表面现象进行评判，而要体察其是否具有真正的德行和才能；其次要以长处为先，对个人的缺点给予相应的尊重和包容；再次要把才能大小、职位高低与爵禄厚薄结合起来，“适才所施，随时成务”，“各尽其分而立功”（《适才》）；另外，不能“以重处轻”或“以轻载重”，一定要“宁降无滥”，以实现“君无虚授，臣无虚任”（《均任》）。在评价人才时，要排除主观因素的干扰，避免失实、失真，这样才可达到“知人论世”。

2.治农

“衣食者，民之本也……民恃衣食，犹鱼之须水”（《贵农》），农本位思想贯穿于封建社会的主线，“上可以供宗庙，下可以劝兆民”。作者的治农主张，不仅是对先代遗产和思想的继承，更是针对当时征战频繁、田地荒芜、人口流失等社会现实的不满和呼吁，因而将治农主张与爱民情怀结合起来，提出“人之于君，犹子之于父母也”，“未有父母富而子贫，父母贫而子富也”，“故人饶足者，非独人之足，亦国之足也；渴乏者，非独人之渴乏，亦国之渴乏也”（《爱民》），呼吁君主爱惜民力、发展生产，同时提出宽宥刑罚、省彻徭役、轻约赋敛、不夺农时等主张，代表了中下层民众安定生活的意愿以及“以农立国”“以民为本”的政治思想。

3.治军

《刘子》的治军思想杂采兵家思想而成。首先，战争劳民伤财，“修正道而服人”（《兵术》）才是王者用兵的高明之道。施政者不可轻易发动战争，但要坚持练兵习武，以培养民众的尚武精神，在《阅武》篇中，详细论述了练兵方式、用兵程序、带兵经验等；其次，交战中将领的勇敢与谋略十分重要，要“以全国为重，以智谋为先”，“临危制变”以及“才以速为贵，智以疾为奇”等道理亦适用于此；另外，要“仁以得人”，与士兵“均寒暑”“齐劳逸”“同饥渴”“共安危”，才能求得同心协力、视死如归的志士。由此可见，《刘子》的治军是治正义之师，反对非正义的掠夺性战争。刘昼思想上既体现出了对兵家思想的继承，又以此作为治国的重要环节。军队在维护封建秩序中的功用，乃是作者所讨论的主旨（参见傅亚庶《〈刘子〉的思想及史料价值》）。

（三）朴素自然的处世哲学

《刘子》中有一些篇章阐述了对于社会生活的思考，如尊重自然规律，把握好患难与福祥之间的辩证关系而自勉行善，随时从俗、与时俱化，避免“立名不善”，建立当代的“雅乐”。还有一些内容鼓励贤者积极面对人生，如“捐弃细识，舒散情性”，“故睹一可以知百，观此可以明彼”（《观量》）；“厄而能通，屈而能伸”，从而“得为世用”（《激通》）；“欲行仁义于天下，则与时竞驰”，“皆行其德义，拯世救溺，立功垂模，延芳百世”（《惜时》）。这些顺应自然、适时而行的观点，有着积极的意义。

同时，《刘子》中亦有部分观点体现了命定论思想，如《遇不遇》篇认为人难以把握命运，在一定程度上要听天由命；《命相》篇认为人的命数往往是生前就注定的，因而将圣贤与庶人的不同人生轨迹归结为自然天意，“不得以理数推，非可以智力要”。这样的思想与作者当时所处的特定社会环境有关，即魏晋南北朝时期世族掌控下的人才选拔是依照门第的高低来评判的，其中强调的命运不可知、不可胜的观点，反映了主流社会的意志。但从另一个角度来看，其中也不乏作者的一些相对积极的观点，如衡量贤能不以官位而以品行定论、际遇可求但要保持平常心、有无机遇都不可影响道德修养，进而主张贤能之人应摆脱现实的束缚，关注自身品德的修炼。正如傅亚庶师所言："在自然观方面，《刘子》的认识是不确定的，是二元论的，对某些问题的认识是唯物的，对某些问题的认识则是唯心的，有时动摇于唯物与唯心之间。但是《刘子》全文主旨在于强调人的能动作用，于传统的天命观，未尝不是一种间接的反叛。因此，《刘子》的思想在中国古代哲学史、思想史上具有重要价值，应予以重视。"（傅亚庶《〈刘子〉的思想及史料价值》）

四 《刘子》的价值

杂家"是应秦汉统一局面之需要，以战国末期'道术统一'说为主要的理论根据，实际企图综合各家之一派思想。这种思想在秦汉时代成为主潮"，"凡企图把不同或相反的学说折衷调和，而使之统一的，都是杂家的态度，都是杂家的精神"（冯友兰、张可为《原杂家》，冯友兰《中国哲学史》附录，商务印书馆1976年）。《刘子》诸篇杂取九流百家之说，引类援事，随篇为证，体现了道家"敛情去欲，守神全身"、儒家"忠孝顺度，为善治学"、法家"以法治国，以术御下"、名家"言理兼通，名实俱正"、兵家"以谋取胜，习武不辍"、阴阳家"阴阳调和，刚柔并济"、农家"以民为本，倡导耕织"的思想，亦涉及"命相既定，贫贱有数"和"博物奇闻，以知见长"的观念，涵盖了品德修养、政治主张、哲学观念与审美意识等诸多领域。

（一）文学价值

《刘子》较为系统地布局谋篇，每一章都结合前人的论述，又不乏个人精辟的观点和智慧的见解，如立德、立信、顺理、律己的修身要义，专心治学、戒满而虚的处世准则，随才所施、随物引才的管理观念，衣食民之本、民众国之本的治国主张,"兵贵伐谋"以及"修正道而服人"(《兵术》)的战略眼光。这些内容反映了一定的时代精神,在今天看来亦多有可取。还有一些内容亦流露着审美意蕴,如"七纬顺度,以光天象;五性顺理,以成人行"(《思顺》)的顺应之美,"刚而不猛,柔而不懦,缓而不后机,急而不懁促"(《和性》)的中和之美,"高而能卑,富而能俭,贵而能贱,智而能愚,勇而能怯,辩而能讷,博而能浅,明而能暗"(《诫盈》)的谦下之美,"随材所施,未有可弃者"(《适才》)的适用之美。在行文上,《刘子》受汉末及魏晋六朝辞赋、骈文等文风的影响,善用排偶议论,如"形者,生之器也;心者,形之主也;神者,心之宝也。故神静而心和,心和而形全;神躁则心荡,心荡则形伤。将全其形,先在理神。故恬和养神,则自安于内;清虚栖心,则不诱于外。神恬心清,则形无累矣。虚室生白,吉祥至矣"(《清神》),论述明晰有力。同时,善用譬喻说理,如"情欲之萌,如木之将蘖,火之始荧"(《防欲》),"立法者譬如善御,必察马之力,揣途之数,齐其衔辔,以其从势"(《法术》),"言语在口,譬含锋刃,不可动也"(《慎言》),"国之需贤,譬车之恃轮,犹舟之倚楫也"(《荐贤》),极易引起共鸣。《刘子》各章内容张弛有度,综合运用各种手法以表达思想,是中国古代以儒、道为主体的多元文化结构的表述与升华,在现代社会也依然具有启发和借鉴的价值。

(二)文献价值

《刘子》史料丰富,所征引的古籍非常广泛,较多的如《左传》《论语》《庄子》《吕氏春秋》《文子》《淮南子》《史记》《说苑》《汉书》《论衡》。此外,还涉及《周易》《尚书》《诗经》《礼记》《春秋公羊传》《孟子》等经部典籍,《国语》《战国策》《吴越春秋》《三国志》等史书,以及《老子》《列子》《管子》《孙子兵法》《尉缭子》《商君书》《韩非子》《尹文子》《盐铁论》《潜夫论》《楚辞》等子部、集部经典。在以典故叙事时,明引典籍之处"《易》4次,《诗》3次,《论语》2次,《老子》2次,《礼》1次,《尚书·夏书》1次,《神农之法》1次,《司马法》1次;另外《刘子》引谚语1

次:《贵速四十三》谚曰:'力贵突,智贵卒。'"(陈志平《〈刘子〉研究》),亦有诸多引其他单篇文章之处,以深化文意的表达。《刘子》中的事典多取材于历史故事和趣闻轶事,或举自原文,或袭用其意,淡化了说理的枯燥感。所描述的人物来自社会各个阶层,以小见大地呈现出不同的视角和特质,形象生动而写实。作为中古时期的文献,《刘子》可作为研究历史、人物及思想的参照。傅亚庶师在《〈刘子〉的思想及史料价值》一文中,对《刘子》在研究《庄子》《淮南子》《汉书·艺文志》《吕氏春秋》《吴越春秋》等书的史料价值进行了详细的论述与阐释,并指出,"《刘子》行文,袭用、套用前人陈言故实者居多,故《刘子》一书于研究六朝以前文献,亦有重要的史料价值"。

《刘子》继承了子书立言为主的宗旨,在看似传统的主题下,凝结了作者的主观情绪与理性思辨,通过事理阐发出义理的新意,值得深思,其独特的文学价值和文献价值值得学界继续研究和发掘。

笔者于2008年出版了《刘子译注》(吉林人民出版社)一书,选取傅亚庶师《刘子校释》(中华书局1998年9月第1版)所确定的文本进行注译。本次出版,在《译注》的基础上参照"中华经典名著全本全注全译丛书"的编写体例做了进一步调整和修改。在每卷正文前补充了题解,对本卷内容进行总括式介绍。正文方面,参照底本重新核对原文,将异体字改为通用规范字,个别人名、地名中的异体字保留。注释部分,对词语、典故的注释做了进一步完善。此外,对译文重新进行梳理与润色,使之更加准确流畅。因《刘子》一书征引广泛,涉及的典故、史实、人物较多,注译中难免出现疏漏与错误,不当之处敬请同仁多加指正。

林琳

2020年11月于长春

卷一

【题解】

本卷主要讨论精神修养和治学精神，包括《清神》《防欲》《去情》《韬光》《崇学》《专务》六章。

《清神》谓调理心神。心神的动荡会破坏感觉器官的自然状态，导致身形受损，因而“将全其形，先在理神”，从而实现“形不养而性自全，心不劳而道自至”。游志诚先生在《明刊批校本〈刘子〉跋析论》(《鲁东大学学报（哲学社会科学版）》2010年第1期）中指出，“大凡子论之作，首篇之设，至关重要……《刘子》首篇立《清神》，力陈心、形、神三者于治身之要，圣人以之为本，治世凭之而用。自内自外，方圆兼备，无不先从‘清神’始。全书陈治世方策，皆由首篇以引伸。”

《防欲》谓克制欲望，即约束对外物及快感的享受和追求。若要防欲，“先敛五关”，不让外物迷惑精神和扰乱本性；另外，要将“欲”阻止在尚未形成或刚刚萌发之时。注重防欲才能免于伤害和保全本性，以处于知止知足的境界。

《去情》谓去除私意、私心。人们对于事情的种种判断，往往以自己与是非利害的关系为转移，这对于客观评判事物来说是一种极大的妨碍。文中“无情以接物，在遇而恒通。有情以接人，触应而成碍”与《墨子·贵义》中“必去喜，去怒，去乐，去悲，去爱，而用仁义”以及《庄子·刻意》中“悲乐者，德之邪；喜怒者，道之过；好恶者，德之失”的观点相一致。因而“不为名尸，不为谋府”，才可免于世俗之事的牵累，实现超然、无为而治。

《韬光》谓敛藏锋芒或隐藏心迹。“物之寓世，未尝不韬形灭影，隐质遐外，以全性栖命者也”，懂得隐藏则可“致全性也”，反之则会招致祸患。对于圣人来说，“韬光”既是一种自我保护的策略，又不失为一种以弱胜强、以柔克刚的方法。

《崇学》谓崇尚学习，强调后天学习的重要性。人都具有“才惠”之性，但如何发挥则受到教育和学习的影响。学习在于日积月累，更应当孜孜不倦。文中大量典故和语句承袭《荀子》《淮南子》等文献的内容，阐述在学以致用的实践中，积累和坚持的重要意义。

《专务》在于阐释精诚专一的学习精神。学习是一个由心而发的过程，必须做到专心致志，否则将会半途而废。文章以弈秋“笙滑之也”与隶首“鸿乱之也”之例，进一步强调在学习的过程中不要忽视细微之物的干扰，“精勤专心，以入于神”，才能够真正地做成学问。

本卷论述施政者应具备的精神修养和道德品质，以及对情感和欲望的理性取舍。前四章提出“清神”“防欲”“去情”“韬光”等修身养性的要义，后两章则侧重说明专心治学的重要性和必要性。值得注意的是，古人的学习除了指掌握知识，更在于锤炼品格、增长智慧、学会为人处世之道，因而本卷各章是同一主题的延伸和细化，即修养身心，专注治学。

清神章一

形者，生之器也[①]；心者，形之主也；神者，心之宝也[②]。故神静而心和，心和而形全；神躁则心荡，心荡则形伤。将全其形，先在理神。故恬和养神[③]，则自安于内；清虚栖心[④]，则不诱于外。神恬心清，则形无累矣；虚室生白，吉祥至矣[⑤]。

【注释】

①器：谓形态。

②“心者”以下四句：《淮南子·精神》：“心者，形之主也；而神者，心之宝也。”

③恬和：安静平和。

④清虚：清净虚无。

⑤虚室生白，吉祥至矣：《庄子·人间世》：“瞻彼阕者，虚室生白，吉祥止止。”虚室生白，指空旷的房间才会有光照射进来。喻指心境空明无杂念才能获得智慧。

【译文】

身体，是生命的形态；心，是身体的主宰；心神，是心的珍宝。因此心神安静就会使心境平和，心境平和才会使身体完好；心神躁动就会使心境不安，心境不安便会使身体损伤。若要使身体完好，先要调理心神。因而静心养神，安泰自然就会由内而生；寄心于清虚，就不会被外物所惑。精神安适而心境清明，身体便不会被外物所累；就像空旷的房子方能有光照射进来，吉祥福祉才会到来。

人不照于昧金而照于莹镜者，以莹能明也；不鉴于流波而鉴于静水者，以静能清也。镜水以明清之性，故能形物之形①。由此观之，神照则垢灭，形静则神清。垢灭则内欲永尽，神清则外累不入②。今清歌奏而心乐，悲声发而心哀，神居体而遇感推移③。以此而言之，则情之变动，自外至也。夫一哀一乐，犹搴正性④，况万物之众以拔擢而能清心神哉⑤！故万人弯弧⑥，以向一鹄⑦，鹄能无中乎？万物眩曜⑧，以惑一生，生能无伤乎？

【注释】

①“人不照于昧金而照于莹镜者”以下六句:《淮南子·俶真》:“人莫鉴于流沫而鉴于止水者,以其静也;莫窥于生铁而窥于明镜者,以睹其易也。夫唯易且静,形物之性也。”昧金,颜色暗淡的金属。莹镜,明镜。鉴,照。

②外累:谓身外事物的烦扰、牵累。

③推移:指转变。

④搴(qiān):拔取。此谓影响、破坏。正性:自然的秉性,纯正的秉性。

⑤拔擢:抽引,拔取。此指干扰、牵绊。

⑥弯弧:拉弓。

⑦鹄(gǔ):箭靶的中心。

⑧眩曜:惑乱,迷惑。

【译文】

人们不用暗淡的金属而用明镜照面,因为明亮照得清楚;不用流水而以静水照形,因为平静了看得清晰。明镜和止水凭借它们明亮与清晰的特性,所以能够呈现事物的形态。由此看来,心神清净就会使杂念消除,形体安适则心神清朗。杂念消除就会使内心的欲望永远休止,心神清朗则会使外界的烦扰无法侵入。现在清灵的乐曲奏响就会心生喜悦,悲凉的曲调奏出则心生哀伤,心神居于体内却随着外来的感受而发生变化。这样说来,情绪的变化是由外界带来的。音乐的哀伤和喜悦,尚且能破坏人的纯正之性,何况在万事万物的牵绊中能使心神清净吗?因此正如万人弯弓射向一个靶心,靶心能不被射中吗?而万物纷扰眩惑一人,人能不受损伤吗?

七窍者,精神之户牖也;血气者,五脏之使候也①。耳目之于声色,鼻口之于芳味,肌体之于安适,其情一也②。七窍蔽于攻取,则精神驰骛而不守;血气縻于趣舍,则五脏滔荡而不安[3]。嗜欲连绵于外，心腑壅塞于内[4]。蔓衍于荒淫之波[5]，留连于是非之境，而不败德伤生者，盖亦寡矣。是以圣人清目而不视，静耳而不听，闭口而不言，弃心而不虑[6]。贵德而忘贱，故尊势不能动；乐道而忘贫，故厚利不能倾[7]。容身而处，适情而游[8]，一气浩然[9]，纯白于衷[10]。故形不养而性自全，心不劳而道自至也。

【注释】

①“七窍者”以下四句：《淮南子·精神》：“夫孔窍者，精神之户牖也；而气志者，五藏之使候也。”户牖（yǒu），门窗，此指精神感知外物的通道。使候，出使与瞭望者，此指使五脏运转以维持生命的载体。

②“耳目之于声色”以下四句：《淮南子·俶真》：“夫人之所受于天者，耳目之于声色也，口鼻之于芳臭也，肌肤之于寒燠，其情一也。”

③“七窍蔽于攻取”以下四句：《淮南子·精神》：“耳目淫于声色之乐，则五藏摇动而不定矣；五藏摇动而不定，则血气滔荡而不休矣；血气滔荡而不休，则精神驰骋于外而不守矣。”驰骛，奔走，奔驰。縻（mí），束缚，拘束。趣舍，取舍。趣，通“取”。滔荡，激荡，动荡。

④壅塞：堵塞不通。

⑤蔓衍：滋生蔓延，连绵不绝地延伸。

⑥“是以圣人清目而不视”以下四句：《淮南子·精神》：“清目而不以视，静耳而不以听，钳口而不以言，委心而不以虑。”

⑦“贵德而忘贱”以下四句：《淮南子·诠言》：“古之存己者，乐德而忘贱，故名不动志；乐道而忘贫，故利不动心。”

⑧容身而处，适情而游：《淮南子·精神》："容身而游，适情而行。"适情，顺适性情。

⑨一气：元始之气，与生俱有之元气。

⑩衷：内心。

【译文】

七窍，是心神感知外物的通道；血气，是五脏维持生命的使者。耳目对于美好声色的向往，鼻口对于芳香味道的喜爱，身体对于安适状态的享受，其实质都是一样的。七窍因追求外界的享受而阻塞，就会使心神竞驰于外而不能内守；血气因追求外物而耗费，就会使五脏动荡失调而无法正常运行。外在的嗜好与欲望没有休止，体内的五脏六腑就会阻塞不通。纵逸于荒淫之所，流连于是非之地，而又不使道德败坏和生命受损，恐怕是很少的。因而圣明之人清澈双目而不乱看，清净两耳而不乱听，缄闭口舌而不多语，放弃心智而不多虑。看重道德而安于卑微，尊贵的权势就不能使之动摇；坚守大道而甘于贫贱，厚重的利益就不能使之倾心。只要能安身的地方就去居住，顺适内在性情而去游历，内心充满浩然的元气，纯洁无瑕。这样，形体无需保养而心性就自然完好，内心不必操劳而道自然就会到来。

防欲章二

人之禀气[①]，必有性情。性之所感者，情也；情之所安者[②]，欲也。情出于性而情违性，欲由于情而欲害情。情之伤性，欲之妨情[③]，犹烟冰之与水火也。烟生于火而烟郁火[④]，冰出于水而冰遏水[⑤]。故烟微而火盛，冰泮而水通[⑥]；性贞则情销[⑦]，情炽则性灭。是以珠莹则尘埃不能附，性明而情欲不能染也[⑧]。

【注释】

①禀气：禀受天地自然之气。

②安：安顿，抚慰。犹言满足。

③妨：阻碍，伤害。

④郁：阻滞。

⑤遏：阻止。

⑥泮（pàn）：融解。

⑦贞：正直，有节操。销：同“消”，消散，消失。

⑧是以珠莹则尘埃不能附，性明而情欲不能染也：《淮南子·俶真》：“夫鉴明者，尘垢弗能薶；神清者，嗜欲弗能乱。”

【译文】

人禀受天地自然之气，必然会有性和情。性由外物影响而生成情，情有待满足则称为欲。情出于性而又背离于性，欲发于情而又有损于情。情损伤性，欲伤害情，就像烟、冰与火、水的关系一样。烟由火而生却阻碍火的燃烧，冰由水而成却阻止水的流动。因而烟浓度变小火才会旺盛，冰融化水才能畅流；性若坚贞情就消失，情若炽烈性则不存。因此珠玉光洁灰尘就不能黏附，心性清明情欲就不能污染到它。

故林之性静，所以动者，风摇之也；水之性清，所以浊者，土浑之也；人之性贞，所以邪者，欲眩之也①。身之有欲，如树之有蝎②。树抱蝎则还自凿，身抱欲则还自害。故蝎盛则树折，欲炽则身亡。将收情欲，先敛五关③。五关者，情欲之路，嗜好之府也④。目爱彩色，命曰伐性之斤⑤；耳乐淫声，命曰攻心之鼓；口贪滋味，命曰腐肠之药；鼻悦芳馨，命曰熏喉之烟；身安舆驷⑥，命曰召蹶之机⑦。此五者，所以养生，亦所以伤生。耳目之于声色，鼻口之于芳味，肌体之于安适，其情一也。然亦以之死，亦以之生，或为贤智，或为庸愚，由于处之异也[8]。譬由愚者之养鱼鸟也，见天之寒，则内鱼于温汤之中，而栖鸟于火林之上。水木者，所以养鱼鸟也，养之失理，必至焦烂[9]。声色芳味，所以悦人也，悦之过理，还以害生。故明者刳情以遣累[10]，约欲以守贞。食足以充虚接气，衣足以盖形御寒[11]。靡丽之华[12]，不以滑性[13]；哀乐之感，不以乱神。处于止足之泉[14]，立于无害之岸，此全性之道也[15]。

【注释】

①"水之性清"以下六句：《淮南子·俶真》："水之性真清，而土汩之；人性安静，而嗜欲乱之。"眩，迷惑，迷乱。

②蝎（hé）：木中蛀虫。

③五关：即五官，人面目上耳、目、口、鼻等器官的总称。

④府：此谓储存之所。

⑤伐性之斤：比喻危害身心的事物。斤，斧头。

⑥舆驷：指车马。

⑦蹶：颠仆，颠覆。机：犹言端，开始。

⑧"耳目之于声色"以下九句：《文子·九守》："老子曰：'人受气于天者，耳目之于声色也，鼻口之于芳臭也，肌肤之于寒温也，其情一也。或以死，或以生，或为君子，或为小人，所以为制者异。'"

⑨"譬由愚者之养鱼鸟也"以下八句：《后汉书·刘陶传》："养鱼沸鼎之中，栖鸟烈火之上。水木本鱼鸟之所生也，用之不时，必至焦烂。"内，同"纳"，收入。

⑩刳（kū）：挖空。此谓剔除，清理干净。遣累：去除拖累。

⑪食足以充虚接气，衣足以盖形御寒：《文子·九守》："故圣人食足

以充虚接气，衣足以盖形御寒。”充虚接气，充饥解饿以维持生命。

⑫靡丽：奢华，奢靡。

⑬滑（gǔ）：通“汩”，扰乱。

⑭止足：谓凡事知止知足，不贪得无厌。《老子·第四十四章》：“知足不辱，知止不殆。”

⑮全性：保全天性，保全本性。

【译文】

因此树本安静，之所以摇动，是风使它摇动的；水本清澈，之所以浑浊，是土使它浑浊的；人本正直，之所以邪恶，是嗜欲迷惑的。心怀嗜欲，就如树生蛀虫。树木生有蛀虫而自身被其蛀蚀，内心存有嗜欲而自己受到伤害。因此蛀虫众多树木将会折断，嗜欲强烈身体就会伤亡。要收敛情欲，先要节制五官。五官，是欲望的通道，嗜好的居所。眼睛喜好绚烂的色彩，称之为残害身心的斧子；耳朵喜爱淫靡的音乐，称之为瓦解精神的鼓；嘴巴贪图美味的食物，称之为腐蚀肠胃的毒药；鼻子喜欢芳香的气味，称之为熏灼喉咙的烟；身体享受华丽的车马，称之为招致颠覆毁灭的开端。这五种事物，可以保养生命，也可以伤害身心。耳目对于美好声色的向往，鼻口对于芳香味道的喜爱，身体对于安适状态的享受，其实质都是一样的。然而也会因此而死，也会因此而生，有人成为贤者智士，有人成为庸者蠢材，是由于处理的方式不同。就像愚蠢的人养鱼、养鸟，看到天气寒冷，就把鱼放到温水中，把鸟送到焚烧的树上。水和树是用来养鱼和养鸟的，但如果畜养的方法违背常理，便会使其灼伤溃烂。美好的声音、色彩和味道使人赏心悦目，但如果贪恋无度，反而会伤害身心。所以明智的人剔除欲念以摆脱负累，节制嗜欲而坚守正性。食物只要能够充饥解饿即可，衣服只要能够蔽体御寒即可。不让奢华之物扰乱本性，不让悲喜情绪搅扰心神。处于知止知足的境界，立于没有危害的地方，这才是保全本性的途径。

夫蜂虿螫指[①]，则穷日烦扰[②]；蚊虻噆肤，则通宵失寐[③]。蜂蚊小害，指肤外疾，人入山则避蜂虿，入室则驱蚊虻。何者？以其害于体也。嗜欲攻心，正性颠倒，嗜欲大害，攻心内疾，方于指肤[④]，亦以多也。外疾之害，轻于秋毫[⑤]，人知避之；内疾之害，重于太山[⑥]，而莫之避。是弃轻患而负重害，不亦倒乎？

【注释】

①蜂虿（chài）：蜂与蝎子。泛指蜇人的毒虫。虿，蝎子一类的毒虫。螫（shì）：毒虫刺咬。

②穷日：终日。

③蚊虻（méng）噆（cǎn）肤，则通宵失寐：《庄子·天运》："蚊虻噆肤，则通昔不寐矣。"蚊虻，指蚊子。噆，叮咬。

④方：比较。

⑤秋毫：又作"秋豪"，鸟兽秋季换毛后生出的细毛。以喻细微之物。

⑥太山：即泰山。

【译文】

被毒虫蜇刺手指，就会终日烦躁；被蚊虫叮咬肌肤，就会彻夜难眠。蚊虫的伤害微小，手指和肌肤也只是外表的不适，但人们进山要躲避毒虫，入室要驱赶蚊子。为什么呢？因为它们有害于身体。嗜欲瓦解精神，使本性离乱，嗜欲的危害严重，对精神的瓦解是内在的疾患，比起手指和肌肤的不适，要严重得多。外表不适造成的伤害轻于毫毛，人们知道躲避；内在疾患带来的伤害重于泰山，人们却不避开。躲避轻微的疾患而承受严重的病害，这不是本末倒置吗？

人有牛马，放逸不归，必知收之；情欲放逸而不知收之，不亦惑乎[①]？将收情欲，必在脆微[②]。情欲之萌，如木之将蘖[③]，火之始荧，手可掣而断[④]，露可滴而灭。及其炽也，结条凌云[⑤]，煽熛章华[⑥]，虽穷力运斤[⑦]，竭池灌火，而不能禁，其势盛也。嗜欲之萌，耳目可关而心意可钥[⑧]。至于炽也，虽襞情卷欲[⑨]，而不能收，其性败也。如不能塞情于未形，禁欲于脆微，虽求悔吝[⑩]，其可得乎？

【注释】

①"人有牛马"以下五句：《孟子·告子上》："人有鸡犬放，则知求之，有放心而不知求。"放逸，放纵。

②脆微：谓易断和微弱之时。

③蘖（niè）：树木发出枝芽。

④掣（chè）：拉，拽。

⑤结条：树枝盘绕系结。形容枝叶繁茂。

⑥煽：指火焰炽盛。熛（biāo）：焚烧，燃烧。章华：即章华台，楚国离宫之一，相传为春秋时楚灵王造。《左传·昭公七年》："楚子成章华之台，愿与诸侯落之。"

⑦运斤：挥动斧头砍削。

⑧钥：门闩，上穿横闩下插入地的直木或直铁棍。此用为动词，关闭。

⑨襞（bì）情：与"卷欲"对言，谓收敛情欲。襞，折叠。

⑩悔吝：悔恨。

【译文】

人们放养牛马，若未返还，一定会记得收拢回来；而放纵嗜欲却不知道节制，这不是很糊涂吗？若要收敛嗜欲，一定要在微弱初发之时。嗜欲的生发，就像树木新生枝芽，像火苗刚刚燃起，用手就可以拔断枝芽，用露水就可以滴灭火苗。待到旺盛之时，树木枝繁叶茂高耸入云，大火熊熊燃烧至章华台，即使用尽力气挥斧砍树，用尽池水浇灌火焰，也无法阻止，因为已经势不可当。嗜欲刚刚萌发时，耳目可以关闭，意念可以阻止。及至强烈之时，即使收敛情欲，也无法消除，因为本性已经损害。如果没有在尚未形成时阻止欲念，在微弱初发时抑制嗜欲，即使之后悔恨，又能怎样呢？

去情章三

情者[①]，是非之主，而利害之根。有是必有非，能利亦能害；是非利害存于衷[②]，而彼此还相碍。故无情以接物，在遇而恒通；有情以接人，触应而成碍[③]。由此观之，则情之所处，物之所疑也。

【注释】

①情：私意。

②衷：内心。

③应：《广雅·释言》："应，受也。"这里可以理解为所接触到的对象。

【译文】

私意是是非的主宰，也是利害的根源。有是必有非，能带来好处的也能带来灾害；是非利害存在于内心，彼此又互相妨碍。因此不带有私意地接触外物，便会契合际遇而长久顺畅；怀有私意地对待他人，无论遇到什么都会造成阻碍。由此看来，私意的存在便是事情受到干扰而无法解决的原因。

是以媒杨誉人，而受誉者不以为德；取庸强饭，而蒙饱者不以为惠①；婴儿伤人，而被伤者不以为怨；侏儒嘲人②，而获嘲者不以为辱。何者？无情于誉饱，虽蒙惠而非德；无情于伤辱，虽获毁而无憾③。鱼不畏网而畏鹈④，复仇者不怨镆铘而怨其人⑤，网无心而鸟有情，剑无情而人有心也。使信士分财，不如投策探钩⑥；使廉士守藏⑦，不如闭扃全封⑧。何者？有心之于平，不若无心之于不平也⑨；有欲之于廉，不若无欲之于不廉也。

【注释】

①"是以媒杨誉人"以下四句：《淮南子·缪称》："媒妁誉人，而莫之德也；取庸而强饭之，莫之爱也。"媒杨，指做媒之人。《抱朴子内篇·序》："饰嫫母之陋丑，求媒扬之美谈。"取庸，以资雇佣。庸，同"佣"。强饭，加餐。

②侏儒：指古代表演滑稽戏剧的矮人，常通过嘲笑、辱骂他人来供人娱乐。《荀子·正论》："今俳优、侏儒、狎徒詈侮而不斗者，是岂钜知见侮之为不辱哉？然而不斗者，不恶故也。"

③憾：怨恨。

④鱼不畏网而畏鹈（tí）：《庄子·外物》："鱼不畏网而畏鹈鹕。"鹈，鹈鹕，一种食鱼的鸟。

⑤镆铘（mò yé）：又作"镆邪""莫邪"，宝剑名。常与"干将"并说，泛指宝剑。

⑥使信士分财，不如投策探钩：《淮南子·诠言》："天下非无信士也，临货分财必探筹而定分。"投策探钩，犹后世的抓阄、抽签，取其自然公正之义。

⑦藏：储存东西的地方。

⑧闭扃（jiōng）：关闭。扃，自外关闭门户用的门闩。

⑨有心之于平，不若无心之于不平也：《淮南子·诠言》："有心者之于平，不若无心者也。"

【译文】

因此媒人赞扬他人，被夸奖的人不会心存感激；给受雇者提供饱饭，吃饱的受雇者并不当作恩惠；婴儿伤人，受伤者不会产生怨恨；侏儒嘲笑人，被笑者不会感觉屈辱。为什么呢？不是由衷的赞誉和给食，人虽蒙受恩惠，但也并不心存谢意；不是故意的伤害和侮辱，人虽遭受了伤害，但也并不心存怨恨。鱼不害怕网而害怕食鱼的鹈鹕，复仇的人不怨恨宝剑而怨恨持剑的人，因为鱼网没有心思而鹈鹕有动机，宝剑没有情感而人有欲念。让诚实可信的人分割财产，也不如用抽签等形式来决定；让廉洁自律的人看守仓库，也不如关闭门户完好保存。为什么呢？有意公平，不如不起意于偏私；追求廉洁，不如不起念于偏得。

今人目若骊珠[①]，心如权衡[②]，评人好丑，虽言得其实，彼必嫌怨。及其自照明镜，模刻其容，丑状既露，则内惭而不怨。向之评者，与镜无殊，然而向怨今惭者，以镜无情而人有心故也。三人居室，二人交争，必取信于不争者，以辩彼此之得失[③]。夫不争者未必平，而交争者未必偏，而信于不争者，何也？以争者之心并挟胜情故也。飘瓦击人，虚舟触己，虽有忮心而不怒者[④]，以彼无情于击触故也。是以圣人弃智以全真[⑤]，遣情以接物，不为名尸，不为谋府[⑥]，混然无际，而俗莫能累矣。

【注释】

①骊珠：宝珠。传说出自骊龙颔下，故名。

②权衡：称量物体轻重之具。权，秤锤。衡，秤杆。

③辩：通“辨”，分别，辨别。

④忮（zhì）：嫉恨。

⑤弃智：亦作“弃知”，道家谓屏弃聪明智巧。全真：保全天性。

⑥不为名尸，不为谋府：《文子·符言》：“老子曰：‘无为名尸，无为谋府。’”名尸，名誉之主，即囿于名誉。谋府，谋略积聚之处。

【译文】

今人双眼如宝珠明亮，内心如秤般公正，如果评价别人的好坏，即使符合实际，对方也肯定会有怨恨之意。等到自己用镜子一照，镜子映现出他的容貌，难看的样子显露出来，才会暗自惭愧而不再怨恨。之前别人的评价，与镜子所反映出来的并没有什么不同，然而之前怨恨如今却惭愧，是镜子没有情感而人有偏心的缘故。三个人共处一室，其中两人发生争执，肯定要找没有参与争执的那一方来评判，以分辨彼此的对错。那个没有参与争执的人未必公平，争执的人也未必偏激，却要相信未争执的那个人，为什么呢？是因为争执的人内心都有求胜的想法。自然飘落的瓦块击中人，无人驾御的船碰到自己，虽然心有嫉恨却不会生气，因为它们的击打和触碰都是无意识的。因此，圣人屏弃聪明智巧以保全天性，抛开私欲来待人接物，不贪图虚名，不处心积虑，与万物混同而没有隔阂，世俗之事也就不会牵累他了。

韬光章四

物之寓世①，未尝不韬形灭影②，隐质遐外③，以全性栖命者也。夫含奇佩美④，炫异露才者，未有不以此伤性毁命者也。是故翠以羽自残，龟以智见害，丹以含色磨肌⑤，石以抱玉碎质。此四者，生于异俗⑥，与人非不隔也；托性于山林，寄情于物外⑦，非有求于人也。然而自贻伊患者⑧，未能隐其形也。若使翠敛翮于丹丘之林⑨，则解羽之患永脱；龟曳尾于旸谷之泥⑩，则钻灼之悲不至⑪；丹伏光于春山之底⑫，则磨肌之患永绝；石安体于玄圃之岩⑬，则剖琢之忧不及。

【注释】

①寓世：寄居于世，活在世上。

②韬形灭影：谓藏匿踪迹，不露于世。韬，隐藏，隐蔽。

③遐外：边远地区。犹言人世之外。

④含奇佩美：指外表奇特华美。

⑤磨肌：谓煅烧丹砂。

⑥异俗：异域，偏远地区。

⑦物外：指世俗之外。

⑧贻：犹招致。

⑨翮（hé）：鸟羽的茎状部分。代指鸟的翅膀。丹丘：传说中仙人所居之处。此谓世外之地。

⑩曳尾：摆尾。旸（yáng）谷：又作“汤谷”，古代传说中的日出之处。《淮南子·天文》：“日出于旸谷，浴于咸池。”

⑪钻灼：此指在龟甲上钻孔、灼烧以占卜吉凶。

⑫春山：传说中日落的地方。《集韵·平钟》：“舂，山名，日所入。”

⑬玄圃：相传为昆仑山顶的神仙居处，有奇花异石。

【译文】

万物寄居于世间，没有不隐匿踪迹和形体于世俗之外而能够保全性命的。那些外表华美、奇才外露的，没有不因此而损毁性命的。因此翠鸟因羽毛艳丽而使自己受到残害，乌龟因甲壳可以用来占卜而被杀害，丹砂因颜色赤红而被煅烧，石头因含有玉质而被打碎。这四种事物，生于偏远的地方，与人并非没有隔离；托命于山林，寄情于世外，对人无所求。然而自身招致这样的祸患，是没有隐藏形迹的原因。如果翠鸟能收起翅膀生存在仙人所居的山林，被拔掉羽毛的祸患就会永远摆脱；乌龟能摆尾畅游在日出之处的泥潭，被钻刻灼烧的伤痛就不会降临；丹砂把光芒隐藏在日落之处的山底，被煅烧的灾难就会永远断绝；石头安身于昆仑山顶的岩石上，被剖析琢磨的忧患就不会到来。

故穷岩曲岫之椊櫟[①]，生于积石，颖贯青天[②]，根蓝黄泉，分条布叶，轮菌磊硊[③]，麒麟戏其下，鹓鸾游其颠[④]，浮云栖其侧，清风激其间，终岁无毫厘之忧，免刀斧之害者，非与人有得也[⑤]，能韬光隐质，故致全性也。路侧之榆，樵人采其条，匠者伐其柯[⑥]，余有尺蘖[⑦]，而为行人所折者，非与人有仇也，然而致寇者，形不隐也。故周鸡断尾，获免于牺[⑧]；山狙见巧，终必招害[⑨]。由此言之，则出处之理[⑩]，亦可知矣。

【注释】

①穷岩曲岫（xiù）：谓人迹罕至的深山幽谷。岫，有洞穴的山。椊櫟（cuì jié）：成丛之树。椊，通“萃”，丛生。櫟，此谓长势极高的树干。

②颖：禾的末端。泛指物的尖端部分。

③轮菌：又作“轮囷（qūn）”，盘曲的样子。磊硊（wěi）：又作“磥硊”，高耸的样子。

④鹓（yuān）鸾：神话传说中的两种瑞鸟。颠：顶。

⑤得：通“德”，恩惠。

⑥柯：草木的枝茎。

⑦蘖：树木新生的枝芽。

⑧周鸡断尾，获免于牺：据《国语·周语下》，有个叫宾孟的人在郊外看见一只公鸡正咬断自己的尾巴，问随从，随从说这只鸡知道自己毛色合度，于是故意弄坏尾巴，这样就不会被用于宗庙祭祀，

而可以免除一死。牺，宗庙祭祀用的纯色牲畜，此指宗庙中祭神的用品。

⑨山狙见巧，终必招害：据《淮南子·说山》，楚王养了只白猿，准备亲自射猿来取乐，还没等动手，白猿已夺过箭和楚王嬉戏起来了。楚王于是让神射手养由基来射白猿，可是在养由基张弓搭箭，瞄准却还没发射之前，白猿就已经抱着柱子悲号起来，虽未射却已经有了必定能射中的征兆。狙，猿猴之类。见，同"现"，表露出。

⑩出处：指去就、进退。

【译文】

因而深山幽谷中丛聚的树木，生长在积聚的岩石上，端梢直穿青天，根须扎于黄泉，枝叶散布，盘曲高耸，麒麟在下嬉戏，鹓鸾在上盘旋，浮云飘浮其侧，清风荡漾其间，终生没有丝毫的忧患，能够免于刀斧的损毁，并非于人有恩惠，而是因为能够收敛光芒、隐匿特性，以致保全性命。路旁的榆树，樵夫采集枝条，木匠砍伐枝茎，剩下一尺来长的枝芽又被行人折断，榆树并非与人有仇怨，然而招致砍伐，是不知隐藏形迹的原因。因而雄鸡咬断自己的尾巴，免于作为牺牲；山狙炫耀它的敏捷灵活，必将招致杀害。由此说来，显露与隐没的道理便可从中得知了。

是以古之有德者，韬迹隐智，以密其外；澄心封情①，以定其内。内定则神府不乱②，外密则形骸不扰。以此处身，不亦全乎？

【注释】

①澄心：使内心清净。

②神府：精神所居之处。

【译文】

因而古代的有德之人，都懂得不露踪迹、隐匿才智，与俗世隔离；清净心神、收敛情感，以安定内心。内心安定就会使精神不被搅乱，与世隔离就会使形体不受侵扰。以这样的方式立身处世，不是可以保全生命吗？

崇学章五

至道无言①，非立言无以明其理；大象无形②，非立形无以测其奥。道象之妙，非言不传；传言之妙，非学不精。未有不因学而鉴道③，不假学以光身者也④。夫茧缫以为丝⑤，织为缣纨⑥，缋以黼黻⑦，则王侯服之；人学为礼仪，丝以文藻⑧，而世人荣之。茧之不缫，则素丝蠹于筐笼⑨；人之不学，则才智腐于心胸。海蚌未剖，则明珠不显；昆竹未断，则凤音不彰⑩；情性未炼，则神明不发⑪。譬诸金木，金性苞水⑫，木性藏火。故炼金则水出，钻木而火生。人能务学，钻炼其性，则才惠发矣⑬。

【注释】

①至道：大道，至极至善之道。

②大象无形：《老子·第四十一章》："大方无隅，大器晚成，大音希声，大象无形。"意指宏大的境界往往不拘泥于一定的形象，而是兼容百态、气象万千。大象，指无形无象的"道"。

③鉴：照察。

④假：凭借。

⑤缫（sāo）：缫丝，抽茧出丝。

⑥缣纨（jiān wán）：指细密的丝织品。缣，双丝织的黄色细绢。纨，白色细绢。

⑦缋（huì）：绘画。黼黻（fǔ fú）：泛指礼服上所绣的华美花纹。白与

黑相间谓黼，黑与青相间谓黻。

⑧丝：据傅亚庶师说，通“饰”。文藻：词采，文采。

⑨素丝：未染色的丝。蠹（dù）：蛀蚀。

⑩昆竹未断，则凤音不彰：据《吕氏春秋·古乐》，黄帝让伶伦创作乐律，伶伦采伐嶰谿谷的竹子作成律管吹奏，带到昆仑山下，听凤凰的鸣叫声，借以区分出了十二乐律。凤音，比喻美妙的音乐，多指笙箫等细乐。

⑪神明：指人的精神和智慧。

⑫苞：通“包”，包裹，包含。

⑬才惠：才能和智慧。惠，通“慧”。

【译文】

大道是无以言说的，但如果不创立学说就不能阐明其中的道理；大象是没有特定形象的，但如果不赋予形象就不能揣度其中的奥妙。道与象的神妙，不通过言论就无法流传；其学说所阐释的奥妙，不通过学习则难以精通。没有不经过学习而能明察大道、不通过治学而能名显于世的人。剥茧抽丝，织成细绢，绘以花纹，就可做成王侯穿的衣服；人通过学习而掌握礼仪，以文采充实自己，将得到世人的赞誉。蚕茧不拿来抽丝，素丝就会在筐笼里被蛀蚀；人不学习，才智就将朽烂在心中。就像海里的蚌不被剖开，体内的珍珠就不会显露；昆仑山的竹子不被砍断，美妙的音色就不会彰闻；人的性情不经过磨练，聪明智慧就不会开启。就像金和木，金本含水，木本藏火。因而炼金就会出水，钻木则可生火。人若专心致力于学习，磨砺本性，才能和智慧就会被发掘出来。

青出于蓝而青于蓝，染使然也；冰生于水而冷于水，寒使然也①；镜出于金而明于金，莹使然也②；戎夷之子，生而同声，长而异语，教使然也③。山抱玉而草木润焉，川贮珠而岸不枯焉④，口内滋味而百节肥焉⑤，心受典诰而五性通焉[6]。故不登峻岭，不知天之高；不瞰深谷，不知地之厚；不游六艺，不知智之深[7]。远而光华者，饰也；近而愈明者，学也[8]。故吴簳质劲[9]，非筈羽而不美[10]；越剑性利，非淬砺而不铦[11]；人性谖惠[12]，非积学而不成。沿浅以及深，披暗而睹明[13]，不可以传闻称，非得以泛滥善也。

【注释】

①"青出于蓝而青于蓝"以下四句：《荀子·劝学》："青，取之于蓝而青于蓝；冰，水为之而寒于水。"青，靛青。蓝，蓝草，可以制蓝靛作染料的植物。

②莹：磨拭，使明洁。

③"戎夷之子"以下四句：《荀子·劝学》："干越夷貉之子，生而同声，长而异俗，教使之然也。"戎夷，泛指古代的周边民族。东方为夷，西方为戎。

④山抱玉而草木润焉，川贮珠而岸不枯焉：《荀子·劝学》："玉在山而草木润，渊生珠而崖不枯。"

⑤内：同"纳"，使入。百节：全身骨节。代指整个身体。

⑥典诰：《尚书》中《尧典》《汤诰》等篇的并称，泛指经书典籍。五性：指仁、义、礼、智、信。

⑦"故不登峻岭"以下六句：《荀子·劝学》："故不登高山，不知天之高也；不临深溪，不知地之厚也；不闻先王之遗言，不知学问之大也。"六艺，古代称《易》《书》《诗》《礼》《乐》《春秋》六种儒家经典。

⑧"远而光华者"以下四句：《孔子家语·致思》："夫远而有光者，饰也；近而愈明者，学也。"

⑨吴簳（gǎn）：古代吴地出产的箭。

⑩筈（kuò）羽：谓箭末扣弦处的羽毛，用来保持飞行平衡。筈，箭尾。

⑪淬砺：淬火磨砺。铦（xiān）：锋利。

⑫譞（xuān）惠：聪明。

⑬披：拨开。

【译文】

靛青从蓝草中提取，颜色却青于蓝草，是浸染使它如此；冰由水凝结而成，却比水冰冷，是寒冷使它如此；镜子由金属做成却比一般的金属明亮，磨拭使它如此；戎、夷民族的孩子，出生时声音相同，长大后语言各异，是后天的教育使他们如此。山里藏玉，其草木便会润泽；河中存珠，两岸便不会干涸；人吸收美味，身体便会健壮有力；心灵接受经典的洗礼，便能领悟仁、义、礼、智、信。因此不攀登高峰，就不了解苍天的高远；不俯瞰深谷，就不知晓大地的广厚；不研习经典，就不懂得智慧的深邃。远看有光彩的，是修饰的结果；近看更加明亮的，是学习的功效。因此吴地产的箭虽然强劲，但没有箭末的羽毛则不美观；越地铸的剑虽然锋利，但不经过淬火磨砺则不锋利；人虽然本性聪慧，但不积累学问则不会有所成就。学习中，通过浅显到达深刻，拨开昏昧获得彻悟。不可以道听途说为好，不应以浮浅驳杂为优。

夫还乡者心务见家，不可以一步至也；慕学者情缠典素[①]，不可以一读能也。故为山者基于一篑之土[②]，以成千丈之峭；凿井者起于三寸之坎[③]，以就万仞之深[④]。灵珠如豆[⑤]，不见其长，叠岁而大；铎舌如指[⑥]，不觉其损，累时而折。悬岩滴溜[⑦]，终能穴石[⑧]；规车牵索[⑨]，卒至断轴。水非石之钻，绳非木之锯，然而断穴者，积渐之所成也[⑩]。耳形完而听不闻者[⑪]，聋也；目形全而视不见者，盲也；人性美而不监道者[⑫]，不学也。耳之初窒[⑬]，目之始昧，必不吝百金，而迎医千里。人不涉学，犹心之聋盲，不知远祈明师，以攻心术[14]，性之蔽也。故宣尼临殁[15]，手不释卷；仲舒垂卒[16]，口不辍诵；有子恶卧，自焠其掌[17]；苏生患睡，亲锥其股[18]。以圣贤之性，犹好学无倦，矧伊佣人而可怠哉[19]？

【注释】

①典素：犹言典籍。素，白色生绢，古代曾用来作为书写材料。

②篑：盛土的筐。

③坎：坑穴。

④仞：古代长度单位。八尺为一仞，一说七尺。

⑤灵珠：传说中灵蛇报恩于隋侯的宝珠。据《淮南子·览冥》高诱注，一次隋侯看见路边有一条受伤的大蛇，于是救回来并为它敷药。后来，蛇从江中衔了一颗宝珠来报恩，称为“隋侯珠”，又称“灵蛇珠”。

⑥铎舌：铃铎中的悬垂物，其状如舌，摇荡时击铃作声，用木或金属小丸制成。

⑦滴溜：水一滴一滴落下。

⑧穴：穿。

⑨规车：指绞车一类的器具。

⑩“水非石之钻”以下四句：枚乘《上书谏吴王》：“水非石之钻，索非木之锯，渐靡使之然也。”积渐，逐渐形成。

⑪完：完好无损。

⑫监：通“鉴”，明察。

⑬窒：堵塞。

⑭心术：内心。

⑮宣尼：指孔子，名丘，字仲尼，春秋末鲁国陬邑（今山东曲阜）人，儒家学派创始人。汉平帝时追谥孔子为“褒成宣尼公”，故称“宣

尼”。殁(mò):死。

⑯仲舒:指董仲舒,广川(今河北景县)人,西汉名儒。提倡独尊儒术,著有《春秋繁露》等书。晚年托病辞官,专事修学著书。

⑰有子恶卧,自焠(cuì)其掌:《荀子·解蔽》:“有子恶卧而焠掌。”有子,即有若,字子有,春秋时鲁国人,孔子弟子。记性佳,好古道,主张“礼之用,和为贵”。焠,烧灼。

⑱苏生患睡,亲锥其股:据《战国策·秦策一》,苏秦夜里伏案诵读,昏昏欲睡之时,便用锥子扎自己的大腿来振作精神,以至血流到脚。苏生,即苏秦,字季子,雒阳(今河南洛阳)人,战国时期纵横家,主张合纵攻秦。

⑲矧(shěn):何况。佣:通“庸”,平凡。

【译文】

归乡的人一心想要到家,却不能够一步到达;好学的人情系典籍,却不能够读一遍就掌握。所以堆山的人从一筐土开始,才堆到千丈之高;凿井的人从三寸坑开始,才挖成万仞之深。灵珠起初大小如豆粒,没有发现它在生长,经年累月却渐渐变大;铎舌最初粗如手指,没有感觉到它的磨损,时间长久则变细而折。崖壁上滴落的水滴,终究能穿石成穴;用绳索拉动绞车,最终使轮轴折断。水滴并非可以穿石,绳索并非可以锯木,然而木轴被折断、石头被洞穿,都是日积月累的结果。耳朵完好却听而不闻,是失聪;眼睛健全却视而不见,是失明;人性美好却不明察道理,是不学习。耳朵刚刚堵塞,眼睛刚刚模糊,一定不吝惜大量钱财,不远千里地求医治疗。人不治学,就如精神的失明、失聪一样,却还不知到远方请求圣明之师,以拯救内心,是心性的蔽塞。因此孔子临终时,手里依然不放下书卷;董仲舒去世前,口中依然不停地诵读;有若害怕躺下,读书疲惫时就灼烧手掌;苏秦担心瞌睡,读书困倦时就用锥子刺扎大腿。他们具有圣贤的心性,尚且孜孜不倦地学习,何况那些平凡之人,又怎么可以懈怠呢?

专务章六

学者出于心也，心为身之主，耳目候于心。若心不在学，则听讼不闻[①]，视简不见[②]。如欲炼业[③]，必先正其心，而后理义入焉。

【注释】

①讼：通"诵"。

②简：古代用来写字的竹板。

③炼业：修营功业。

【译文】

学习是由心而发的，心是身体的主宰，耳目都听从心的指令。如果心思没有在学习上，那么听了读书声也会听而不闻，阅读简牍也会视而不见。想要修营功业，先要端正心思，然后名理经义才会与思想相融。

夫两叶掩目，则冥默无睹[①]；双珠瑱耳[②]，必寂寞无闻。叶作目蔽，珠为耳鲠[③]，二关外拥[④]，视听内隔，固其宜也。而离娄察秋毫之末[⑤]，不闻雷霆之声；季子听清角之韵[⑥]，不见嵩、岱之形[⑦]。视不关耳而耳不闻，听不关目而目不见者，何也？心溺秋毫[⑧]，意入清角故也。

【注释】

①冥默：玄深。此谓黑暗。

②瑱（tiàn）：通"填"，充填。

③鲠（gěng）：阻塞，堵塞。

④二关：此指耳目。拥：通"壅"，堵塞。

⑤离娄：黄帝时人，相传能视百步之外，见秋毫之末。秋毫：鸟兽秋季换毛后生出的细毛。以喻细微事物。

⑥季子：即季札，春秋时吴国公子。据《左传·襄公二十九年》，季札曾到鲁国观周礼乐，有对乐音的评价。清角（jué）：古人以为角音清，故曰清角。角，古代五音之一。

⑦岱：泰山的别称。

⑧溺：沉湎。

【译文】

用两片树叶遮住双眼，就会感到黑暗而看不见东西；用两颗珠子堵住双耳，一定会感到寂静而听不到声音。树叶遮蔽眼睛，珠子阻住耳朵，耳目被外物堵塞，视觉和听觉便无法与内心相合，自然就会这样了。离娄可以看清鸟兽细毛的末端，却听不到惊雷的响声；季札可以听出清角的韵律，却看不见嵩山、泰山的形貌。离娄看东西与耳朵无关，却还是没有听到雷声；季札听声音与眼睛无关，却还是没有看见山形，为什么呢？是他们的心思专注于察秋毫、闻清角的缘故。

是以心驻于目，必忘其耳，则听而不闻；心驻于耳，必遗其目，则视而不见也。使左手画方，右手画圆，令一时俱成，虽执规矩之心[1]，回剞劂之手[2]，而不能者，由心不两用，则手不并运也。

【注释】

①规矩：画圆、画方的工具。

②剞劂（jī jué）：雕刻用的刀具。

【译文】

因此心思专注于眼睛所看，则会忽略耳朵听到的声音，就会听而不闻；心思集中于耳朵所听，则会忽略眼睛看见的事物，就会视而不见。如果用左手画方形，右手画圆形，想要同时全都完成，即使心里有规矩的尺度，双手自如运用刀具，却还是不能做到，这是由于心思不能同时集中于两件事，从而双手不能同时做好两件事。

奕秋，通国之善奕也[①]。当奕之思，有吹笙过者，倾心听之，将闻未闻之际，问以奕道，则不知也。非奕道深微，情有暂暗，笙滑之也[②]。隶首[③]，天下之善筭也[④]。当筭之际，有鸣鸿过者[⑤]，弯弧拟之[⑥]，将发未发之间，问以三五，则不知也。非三五难筭，意有暴昧，鸿乱之也。以奕秋之奕，隶首之筭，穷微尽数，非有差也。然而心在笙鸿，而奕败筭挠者[⑦]，是心不专一，游情外务也。瞽无目而耳不可以察[⑧]，专于听也；聋无耳而目不可以闻，专于视也。以瞽聋之微，而听察聪明者，用心一也。

【注释】

①奕秋，通国之善奕也：《孟子·告子上》："弈秋，通国之善弈者也。"奕秋，即弈秋，春秋时的围棋高手，人们不知道他姓什么，而他因下围棋出名，所以称之为"弈秋"。奕，通"弈"，下棋。

②滑（gǔ）：通"汩"，扰乱。

③隶首：黄帝之臣，擅长算术。

④筭（suàn）：同"算"。

⑤鸿：大雁。

⑥弯弧：拉弓。拟：指向。

⑦挠：扰乱，阻止。

⑧瞽（gǔ）：盲人。

【译文】

弈秋是全国擅长下棋的人。当他思考的时候，有吹笙的人路过，弈秋专心听吹笙，在他要听却还没有听到的时候，问他下棋的方法，他也无法回答。并非下棋的方法对他来说精深微妙，意识出现一时的不明，是因为笙的扰乱。隶首是天下精通算术的人。当他计算的时候，有鸣叫的大雁飞过，隶首弯弓瞄准，当箭快要发射却还没有射出的时候，问他三个五是多少，他也会答不出来。并非三个五相加对他来说难以计算，神思出现突然的混乱，是因为大雁的扰乱。以弈秋的棋艺、隶首的算功，能够深究弈道之妙、算术之理，不应有差错。然而他们心思集中于笙和大雁时，则不知如何下棋和如何计算，是用心不专、心思游于外物的缘故。盲人失明但耳朵不可以用来看东西，只能专注于听；聋人失聪但眼睛不可以用来听声音，只能专注于看。盲人的视力、聋人的听力如此衰弱，却能够听得清楚、看得明白，是用心专一的缘故。

夫蝉之难取，而黏之如掇①；卷耳易采，而不盈倾筐②，专与不专也。是故学者必精勤专心，以入于神。若心不在学而强讽诵之者，虽入于耳而不谛于心，譬若聋者之歌，效人为之，无以自乐，虽出于口则越而散矣③。

【注释】

①夫蝉之难取，而黏之如掇（duó）：《庄子·达生》："仲尼适楚，出于林中，见痀偻者承蜩，犹掇之也。"掇，拾取，摘取。

②卷耳易采，而不盈倾筐：《诗经·周南·卷耳》："采采卷耳，不盈顷筐。"卷耳，植物名，茎叶皆有细毛，叶作长卵形，嫩叶可食。倾筐，又作"顷筐"，口略倾斜的竹筐，形如畚箕。

③"若心不在学而强讽诵之者"以下六句：《淮南子·原道》："夫内

不开于中而强学问者，不入于耳而不著于心，此何以异于聋者之歌也，效人为之而无以自乐也，声出于口则越而散矣。”讽诵，抑扬顿挫地诵读。谛，领悟。效，模仿。越，消散，散失。

【译文】

鸣蝉难以捕捉，有人却可以轻易粘取；卷耳容易采摘，却总是装不满浅筐，这正是专心与不专心的区别。因此治学之人必须勤勉专心，入于心神。如果心思不在学习上而只是勉强地诵读，即使入于耳也不会领悟于心，就像聋人唱歌，只是模仿别人去唱，却无法使自己感到快乐，即使口中发出声音，也会随即消失而不成声调。

卷二

【题解】

本卷主要讨论道德品质的修炼，包括《辨乐》《履信》《思顺》《慎独》四章。

《辨乐》谓辨正音乐。乐，谓乐舞，在古代与礼具有同等的社会地位。不同时期有不同的“乐”，因而要顺应历史的发展，不拘泥于前代沿袭下来的乐，建立当代的“雅乐”。乐在同一历史时期也有地域之别，那些淫泆、凄怆、愤厉、哀思之声，都要在“雅乐”的标准下统一起来，“使其声足乐而不淫，使其音调伦而不诡，使其曲繁省而廉均，足以感人之善心，不使放心邪气得接焉”。辨乐的意义在于“上能感动天地，下则移风易俗”，“使人心和而不乱”。文中多处承袭《礼记·乐记》《吕氏春秋·音初》以及阮籍《乐论》等文献中的内容和观点，在对“雅乐”源流演变的梳理中，体现了儒家“致中和”的诗乐观。

《履信》谓笃守信用。为人处世要守持诚信，不逾底线。春风、夏炎、秋雨、冬寒应时而至，暗示“信”本源于自然，而背信弃义则是违逆自然的表现。人应该遵守自然的规律，“信之为行，其德大矣”。

《思顺》谓顺应事物的内在规律。天象、事物、人性的存在，都有其内在的规律，人们处事要顺势而为，不能违背规律。“行象为美，美于顺也”，顺势则无往不利，逆势则必有灾祸。“履信思顺”作为当时社会的主体观念之一，正如《周易·系辞上》所言："天之所助者，顺也；人之所助者，信也。履信思乎顺，又以尚贤也。是以自天佑之，吉无不利也。"

《慎独》谓人在独处时需循理守常。"慎独"语出《礼记·中庸》："莫见乎隐，莫显乎微，故君子慎其独也。"有节操的人在任何时候和任何环境都会注重保持高洁的本质，正如《礼记·大学》所云："所谓诚其意者，毋自欺也。如恶恶臭，如好好色，此之谓自慊，故君子必慎其独也。"因而"慎独"的意义不仅在于严于律己，同时也在于时刻面对和正视自己。

本卷以儒家道德观念为核心，提出立德、立信、顺理、律己的处世准则，体现了作者寄托于"圣君贤臣"的治国理想。而从循理处情、履信思顺的角度所延伸出的不逆天时、不逆地势、不逆人道的观点，在今天依然值得我们重视和借鉴。

辨乐章七

乐者，天地之齐，中和之纪，人情之所不能免也①。人心喜则笑，笑则乐，乐则口欲歌之，手欲鼓之②，足欲舞之。歌之舞之，乐发于音声，形于动静，而入于至道，音声动静，性术之变，尽于此矣③。故人不能无乐，乐则不能无形，形则不能无道，道则不能无乱④。先王恶其乱也，故制雅乐以道之，使其声足乐而不淫，使其音调伦而不诡，使其曲繁省而廉均，足以感人之善心，不使放心邪气得接焉。是先王立乐之情也⑤。

【注释】

①"乐者"以下四句：《礼记·乐记》："乐者，天地之命，中和之纪，人情之所不能免也。"齐，齐同。中和，儒家以中正平和为中庸之道

的精神修养。《礼记·中庸》："喜怒哀乐之未发谓之中，发而皆中节谓之和。中也者，天下之大本也；和也者，天下之达道也。致中和，天地位焉，万物育焉。"纪，法则，准则。

②鼓：拍打。

③"乐发于音声"以下六句：《礼记·乐记》："乐必发于声音，形于动静，人之道也。声音动静，性术之变，尽于此矣。"形，表现，表达。至道，至善至美之道。性术，性情的表现形式。

④形则不能无道，道则不能无乱：此二句疑有误，据《礼记·乐记》《荀子·乐论》，应作"形而不为道，则不能无乱"。道，同"导"，引导。

⑤"先王恶其乱也"以下八句：《礼记·乐记》："先王耻其乱，故制《雅》《颂》之声以道之，使其声足乐而不流，使其文足论而不息，使其曲直、繁瘠、廉肉、节奏足以感动人之善心而已矣，不使放心邪气得接焉。是先王立乐之方也。"先王，指上古贤明君王。雅乐，古代用于郊庙朝会的正乐。淫，放纵。调伦，指和谐有条理。诡，怪异，出乎寻常。繁省，繁密与简约。廉均，乐声清亮平和。放心，放恣、放纵之心。

【译文】

乐，体现了天地的和同，是中正谐和的准则，是人之性情所必不可少的。人心情愉快就会笑，笑就会快乐，快乐就想要唱歌，想要拍手，脚下就想跳动。唱歌跳舞，快乐通过声音来表现，通过动作来表达，而归结于至道，声音举止，情绪变化，全都表现其中。因而人们不能缺少乐，乐不能没有表现的形式，表现形式如果不加以引导，就不能不发生邪乱。先代君王憎恶邪乱，所以创制雅乐以引导民众，使乐声足以表达快乐而不放纵，使音律和谐而不怪异，使曲调繁省相济而清亮平和，足以激发人们的向善之心，不让放纵邪恶的念头靠近。这就是先代君王创立雅乐的宗旨。

五帝殊时，不相沿乐；三王异世，不相袭礼[①]。各像勋德，应时之变。故黄帝乐曰《云门》[②]，颛顼曰《五茎》[③]，帝喾曰《六英》[④]，尧曰《咸池》[⑤]，舜曰《箫韶》[⑥]，禹曰《大夏》[⑦]，汤曰《大濩》[⑧]，武王曰《大武》[⑨]，此八代之乐所以异名也。先王闻五声[⑩]，播八音[⑪]，非苟欲愉心娱耳，听其铿锵而已[⑫]。将以顺天地之体，成万物之性，协律吕之情，和阴阳之气，调八风之韵，通《九歌》之分[⑬]。奏之圆丘，则天神降；用之方泽，则幽祇升[⑭]。击拊球石，即百兽舞[⑮]；乐终九成，则瑞禽翔[⑯]。上能感动天地，下则移风易俗，此德音之音，雅乐之情，盛德之乐也。

【注释】

①“五帝殊时”以下四句：《礼记·乐记》：“五帝殊时，不相沿乐；三王异世，不相袭礼。”五帝，上古传说中的五位帝王，说法不一，此指黄帝、颛顼、帝喾、尧、舜。三王，指夏、商、周三代之君，此指夏禹、商汤、周武王。袭，沿袭。

②黄帝：传说中的上古帝王，居五帝之首，号轩辕氏。曾击败炎帝，擒杀蚩尤，诸侯共尊为天子。因有土德之瑞，故称黄帝。《云门》：即《云门大卷》，用于祭祀天神，相传为黄帝时所作。谓圣德如云，自门而出。

③颛顼（zhuān xū）：传说中的上古帝王。相传为黄帝之孙，二十岁即帝位，最初建国于高阳，故号高阳氏。《五茎》：相传为颛顼时乐歌。谓圣德被万物尽有根茎。

④帝喾（kù）：传说中的五帝之一，号高辛氏。相传为黄帝曾孙，尧之父，代颛顼为帝，在位七十年。《六英》：相传为帝喾或颛顼之乐。谓圣德被万物自有英华。

⑤尧：上古五帝之一，名放勋。初封于陶，后迁于唐，故号陶唐氏，史称唐尧。曾制定历法，推广农耕，后禅位于舜。《咸池》：相传为尧乐。谓圣德遍布天下。咸，皆。池，布，施。《礼记·乐记》：“《咸池》，备矣。”郑玄注：“池之言施也。”

⑥舜：上古五帝之一，姚姓，有虞氏，名重华，史称虞舜。相传受尧禅让即帝位，命禹治洪水，后禅位于禹，死于苍梧。《箫韶》：舜所制乐曲。谓舜能继承尧的功德。韶，继承。《礼记·乐记》：“《韶》，继也。”郑玄注：“韶之言绍也。言舜能继绍尧之德。”

⑦禹：又称大禹、夏禹，夏朝开国国君。受舜任用治水有功，被选为继承人，舜死，各部落尊为天子，建立夏朝，号夏后。相传曾铸九鼎，以为国之神器。《大夏》：相传大禹治水有功，皋陶作以颂之。谓禹能光大尧、舜的圣德，广袤如天。

⑧汤：又称商汤、成汤，商朝开国国君。原为商族首领，任用贤相伊尹，历十一战而灭夏，建立商朝，都于亳。《大濩（hù）》：相传为商汤时作。谓圣德广大，能驱除邪恶，保护民众。

⑨武王：指周武王，姬姓，名发，周文王之子，周朝的建立者。即位后以吕尚为师，会诸侯于盟津，牧野之战大败商军，灭商建周，定都镐京。《大武》：周代乐舞之一。歌颂武王伐纣的武功，用以作为宗庙之乐，祭祀祖先。

⑩五声：古乐的五个音阶名，即宫、商、角、徵（zhǐ）、羽，也称“五音”。

⑪八音：古代对乐器的统称，即金、石、丝、竹、匏（páo）、土、革，木。钟为金，磬为石，琴瑟为丝，管箫为竹，笙竽为匏，埙为土，鼓为革，柷敔（zhù yǔ）为木。

⑫非苟欲愉心娱耳，听其铿锵而已：《礼记·乐记》：“君子之听音，非听其铿锵而已也。”铿锵，形容乐器声音响亮、节奏分明。

⑬“将以顺天地之体”以下六句：阮籍《乐论》：“昔者圣人之作乐也，将以顺天地之体，成万物之性也，故定天地八方之音，以迎阴

阳八风之声，均黄钟中和之律，开群生万物之情。”律吕，古代用竹管制成的校正乐律的器具，以管的长短来确定音的不同高度，从低音管算起，成奇数的六个管叫做“律”，成偶数的六个管叫做“吕”，后来用以作为音律的统称。八风，指八方之风。《九歌》，相传为禹时乐歌。《楚辞·离骚》：“奏《九歌》而舞《韶》兮，聊假日以媮乐。”王逸注：“《九歌》，九德之歌，禹乐也。”

⑭“奏之圆丘”以下四句：阮籍《乐论》：“奏之圜丘而天神下，奏之方丘而地祇上。”圆丘，古代祭天的圆形高坛。方泽，即方丘，古代夏至祭地祇的方坛，因坛设于泽中，故称。幽祇（qí），指地神。

⑮击拊（fǔ）球石，即百兽舞：语本《尚书·尧典》：“予击石拊石，百兽率舞。”拊，拍。球石，玉磬。

⑯乐终九成，则瑞禽翔：《尚书·皋陶谟》：“箫韶九成，凤皇来仪。”九成，指九次演奏，音乐奏完一曲叫一成。瑞禽，象征吉祥之鸟。

【译文】

五帝时代不同，不互相沿用乐制；三王朝代有异，不互相沿袭礼制。他们的音乐体现各自的功勋德行，随着时代而变化。因此黄帝的乐舞名为《云门》，颛顼的乐舞名为《五茎》，帝喾的乐舞名为《六英》，尧的乐舞名为《咸池》，舜的乐舞名为《箫韶》，禹的乐舞名为《大夏》，汤的乐舞名为《大濩》，武王的乐舞名为《大武》，这八代的乐名各不相同。先王传扬五声，布设八音，并非为了使身心愉悦，聆听其响亮激越的声音而已。将以顺应天地的质态，成就万物的本性，协调音律的情素，调和阴阳的平衡，均匀八风的韵律，贯通《九歌》的功用。在祭天的圆丘演奏，天神就会降临；在祭地的方丘演奏，地神就会升出。敲击玉磬，百兽随之起舞；奏毕九成，瑞禽飞翔。对上可以感动天地，对下可以改变风俗，这是有德之音，雅乐之情，盛世正德的音乐。

明王既泯[①]，风俗陵迟[②]，雅乐残废，溺音竞兴[③]。故夏孔甲作《破斧》之歌，始为东音[④]；殷辛作靡靡之乐，始为北声[⑤]。郑、卫之俗好淫，故有《溱洧》《桑中》之曲；楚、越之俗好勇，则有赴汤蹈火之歌。各咏其所好，歌其所欲。作之者哀叹，听之者泫泣[⑥]。由心之所感，则形于声，声之所感，必流于心。故哀乐之心感，则焦杀啴缓之声应[⑦]；濮上之音作[⑧]，则淫泆邪放之志生[⑨]。故延年造倾城之歌，汉武思靡嫚之色[⑩]；雍门作松柏之声，齐湣愿未寒之服[⑪]。荆轲入秦，宋意击筑，歌于易水之上。闻者瞋目，发直穿冠[⑫]。赵王迁于房陵，心怀故乡，作《山木》之讴。听者呜咽，泣涕流连[⑬]。此皆淫泆、凄怆、愤厉、哀思之声[⑭]，非理性和情、德音之乐也。桓帝听楚琴，慷慨叹息，悲酸伤心，曰："善哉！为琴若此，岂非乐乎？"夫乐者，声乐而心和，所以为乐也。今则声哀而心悲，洒泪而歔欷，是以悲为乐也。若以悲为乐，亦何乐之有哉[⑮]！

【注释】

①泯：消除，消失。此为"死"的婉称。

②陵迟：败坏，衰败。

③溺音：古谓淫溺的音乐，与正音、雅音相对言。

④夏孔甲作《破斧》之歌，始为东音：据《吕氏春秋·音初》，孔甲外出行猎，入于民家，见主人之子出生。后来孩子长大成人，不慎用斧子砍伤自己的脚，孔甲认为是命中注定，于是有感而作此歌。夏孔甲，夏朝国君，名孔甲，禹后十四世。东音，按五行之说，东方木主角音，即雍和治性育养之音。

⑤殷辛作靡靡之乐，始为北声：据《史记·殷本纪》："（帝纣）使师涓作新淫声，北里之舞，靡靡之乐。"殷辛，即商纣王，又称"帝辛"，商末有名的暴君。北声，纣王淫靡之声。

⑥"郑、卫之俗好淫"以下八句：阮籍《乐论》："楚越之风好勇，故其俗轻死；郑卫之风好淫，故其俗轻荡。轻死，故有蹈火赴水之歌；轻荡，故有桑间、濮上之典。各歌其所好，各咏其所为。歌之者流涕，闻之者叹息。"《溱洧（zhēn wěi）》，指《诗经·郑风·溱洧》。《桑中》，指《诗经·鄘风·桑中》。旧说这两首诗都为讽刺男女淫乱之作。泫（xuàn）泣，流泪。

⑦哀乐之心感，则焦杀（shài）啴（chǎn）缓之声应：《礼记·乐记》："其哀心感者，其声噍以杀；其乐心感者，其声啴以缓。"焦杀，同"噍杀"，指声调急促。杀，衰微，消减。啴缓，柔和舒缓。啴，宽舒。

⑧濮上之音：指靡靡之音。《礼记·乐记》："桑间、濮上之音，亡国之音也，其政散，其民流，诬上行私而不可止也。"

⑨淫泆（yì）：纵欲放荡。

⑩延年造倾城之歌，汉武思靡嫚之色：据《汉书·外戚传上》，李延年在汉武帝面前起舞而歌曰："北方有佳人，绝世而独立，一顾倾人城，再顾倾人国。宁不知倾城与倾国，佳人难再得！"汉武帝感叹道："世上真有这样的人吗？"于是召见李延年之妹，封为夫人。延年，即李延年，中山（今河北定州）人，西汉乐官，任协律都尉，其妹李夫人受武帝宠爱。汉武，即汉武帝刘彻。靡嫚，又作"靡曼"，华美，华丽。

⑪雍门作松柏之声，齐湣愿未寒之服：此二句本阮籍《乐论》："雍门作松柏之音，愍王念未寒之服。"《刘子》袁孝政注："雍门乐人者，齐人也。为齐王弹《秋风入松柏》曲，声极惨凄。奏曲之时，王寒思著纩服也。"纩服即充绵絮之衣，可以御寒。据《战国策·齐策

六》,秦国派人诱使齐王建降秦,齐王中计,被流放到共邑,饿死在松柏间。齐国人作歌道:"松树啊!柏树啊!让齐王在共邑饿死的,就是那些诡诈的说客啊!"或为其所本。雍门,齐城门名。齐湣,疑当为齐王建,齐国的最后一位国君。

⑫"荆轲入秦"以下五句:据《史记·刺客列传》,荆轲奉命至秦国刺杀秦王。太子丹送他至易水上,高渐离为他击筑。荆轲拔剑起舞而歌:"风萧萧兮易水寒,壮士一去兮不复还。"听者无不瞪大眼睛,竖发冲冠。荆轲,战国末年著名刺客。宋意,太子丹的门客。《太平御览》卷五七二引《燕丹子》:"高渐离击筑,宋意和之。"筑(zhú),古弦乐器名,形似筝,有五弦、十三弦、二十一弦不等。易水,水名,在今河北西部。瞋目,瞪大眼睛。直,竖起。

⑬"赵王迁于房陵"以下五句:《淮南子·泰族》:"赵王迁流于房陵,思故乡,作为《山水》之讴,闻者莫不殒涕。"赵王,指赵幽缪王,赵国最后一位国君。迁,流放。房陵,古地名,在今湖北房县。讴,歌。

⑭愤厉:激愤。

⑮"桓帝听楚琴"以下十五句:阮籍《乐论》:"桓帝闻楚琴,凄怆伤心,倚房而悲,慷慨长息曰:'善哉乎!为琴若此,一而已足矣。'顺帝上恭陵,过樊衢,闻鸟鸣而悲,泣下横流,曰:'善哉鸟声!'使左右吟之,曰:'使丝声若是,岂不乐哉!'夫是谓以悲为乐者也。诚以悲为乐,则天下何乐之有?"文中"为琴若此,岂非乐乎"当指汉顺帝。桓帝,指东汉桓帝刘志。《东观汉记》载:"桓帝好音乐,善琴笙。"歔欷,同"欷歔",叹息声。

【译文】

随着明君的消逝,社会风俗败坏,雅乐逐渐衰落,淫乐竞相兴起。因此夏孔甲作《破斧》之歌,是雍和治性之乐的起源;商纣王作靡靡之声,是放纵淫乐之音的开始。郑、卫之地风俗淫纵,所以有《溱洧》《桑中》

那样的乐曲；楚、越之地崇尚勇敢，所以有赴汤蹈火之歌声。它们吟唱出各自的追求和愿望。作乐的人悲哀叹息，听到的人流泪哭泣。心中有所感，就会表现于音乐，音乐所蕴含的情感，必然传达于心。因此心中有或悲凉或快乐的感受，就会有或急促而衰弱、或宽绰而舒缓的声音相应而出；濮上之音响起，淫纵邪恶的念头便会由此而生。因此李延年作“倾城”之歌，汉武帝由此幻想美色；雍门乐人弹“松柏”之曲，齐王由此想穿可以御寒的衣服。荆轲将要入秦，宋意为之击筑，在易水边上唱歌。听者瞪大眼睛，竖发冲冠。赵王被流放到房陵，心中思念故乡，而作《山木》之歌。听到的人都悲伤啜泣，泪流不止。这些淫纵、悲怆、激愤、哀伤之音，不是涵养性情、调和情感的正统音乐。汉桓帝听楚地的琴声，激动慨叹，悲痛心酸，说：“好啊！这样的弹奏，难道不是乐吗？”所谓乐，声音和乐而使内心平和，这才是真正的乐。如今声音悲凉而使内心哀痛，听到后落泪而叹息，这是把悲当作乐。如果把悲当作乐，还会有什么乐呢？

今怨思之声施于管弦，听其音不淫则悲。淫则乱男女之辨，悲则感怨思之声，岂所谓乐哉①？故奸声感人而逆气应之，逆气成象而淫乐兴焉。正声感人而顺气应之，顺气成象而和乐兴焉②。乐不和顺，则气有蓄滞③。气有蓄滞则有悖逆诈伪之心，淫泆妄作之事④。是以奸声乱色，不留聪明；淫乐慝礼，不接心术⑤。使人心和而不乱者，雅乐之情也。故为《诗·颂》以宣其志⑥，钟鼓以节其耳，羽旄以制其目，听之者不倾，视之者不邪⑦。耳目不倾不邪，则邪音不入。邪音不入，则情性内和。情性内和，然后乃为乐也。

【注释】

①“今怨思之声施于管弦”以下五句：《淮南子·泰族》：“今取怨思

之声，施之于弦管，闻其音者，不淫则悲，淫则乱男女之辨，悲则感怨思之气，岂所谓乐哉？”怨思，幽怨哀伤。管弦，管乐器与弦乐器，亦泛指乐器。辨，分别，区别。

②“故奸声感人而逆气应之”以下四句：《礼记·乐记》：“凡奸声感人而逆气应之，逆气成象而淫乐兴焉；正声感人而顺气应之，顺气成象而和乐兴焉。”逆气，违逆不顺之气。

③蓄滞：郁积，积压。

④气有蓄滞则有悖逆诈伪之心，淫泆妄作之事：《礼记·乐记》：“于是有悖逆诈伪之心，有淫泆作乱之事。”诈伪，巧诈虚伪。妄作，胡作非为。

⑤“是以奸声乱色”以下四句：《礼记·乐记》：“奸声乱色不留聪明，淫乐慝礼不接心术。”聪明，此谓耳目。慝（tè）礼，不正之礼。慝，邪恶。心术，此指内心。

⑥《诗·颂》：指《诗经》中的《颂》。《礼记·乐记》：“天下大定，然后正六律，和五声，弦歌《诗·颂》。”

⑦“钟鼓以节其耳”以下四句：阮籍《乐论》：“钟鼓所以节耳，羽旄所以制目，听之者不倾，视之者不衰。”羽旄（máo），乐舞时所执的雉羽和旄牛尾。倾，倾颓，颓废。

【译文】

如今把幽怨之声用乐器演奏出来，听到的声音不是淫纵就是悲哀。淫纵会破坏男女有别的秩序，悲哀会触发幽怨哀伤的声音，难道这就是所谓的乐吗？因此奸邪之音侵蚀人们时，人们就会以邪逆之气应和；邪逆之气显现出来，淫靡之乐就将兴起。雅正之音感动人们时，人们就会以和顺之气应和；和顺之气显现出来，和谐之乐就将兴盛。音乐不和顺，气就会积郁。气积郁就会产生悖乱忤逆、欺诈虚伪的念头，发生纵情放荡、为非作歹的事情。因此奸邪之声、迷乱之色不留于耳目，淫纵之音、不正之礼不接近内心。使人精神和乐而不烦乱，正是雅乐的情感。因此以《诗经》中的《颂》来表达情志，以钟鼓、羽旄等礼乐来调节视听，听到的人不会颓废，看到的人不会邪靡。耳目所听所看不颓废、不邪靡，有害的音乐便不会入心。有害的音乐不入心，精神性情便会和顺。精神性情和顺，然后才能产生乐。

履信章八

信者，行之基；行者，人之本。人非行无以成，行非信无以立。故行之于人，辟济之须舟也①；信之于行，犹舟之待楫也②。将涉大川③，非舟何以济之？欲泛方舟④，非楫何以行之？今人虽欲为善而不知立行，犹无舟而济川也；知欲立行而不知立信，犹无楫而行舟也。是适郢土而首冥山⑤，背道愈远矣。

【注释】

①辟：通“譬”，譬如。济：渡河。

②楫（jí）：船桨。

③涉：步行过河。泛指渡河。

④泛方舟：指乘船浮游。方舟，两船相并。

⑤适：到。郢土：指郢都，春秋时楚国都城，在今湖北江陵附近。首：面向。冥山：即石城山，在今河南信阳。郢土在南，冥山在北。

【译文】

信用，是品行的根基；品行，是做人的根本。人没有良好的品行就不会有所成就，品行中缺少诚信人就不能立足。因而品行对于人来说，就像过河需要舟船；信用对于品行来说，就像行船需要船桨。想要渡过大河，没有船怎么能够过去？想要行船，没有桨怎么能够行驶？如今人们虽然想要行善却不知道树德修行，就像没有舟船而想过河；知道树德修行却不明白坚守信用，就像没有桨而要行船。这等于是要去郢都却面向冥山，朝相反方向走得越来越远了。

自古皆有死，人非信不立①。故豚鱼，著信之所及也②。允矣哉③！言非信不成。齐桓不背曹刿之盟④，晋文不弃伐原之誓⑤，吴起不亏移辕之赏⑥，魏侯不乖虞人之期⑦。用能德光于宇宙⑧，名流于古今，不朽者也。故春之得风，风不信则花萼不茂，花萼不茂，则发生之德废。夏之得炎，炎不信则卉木不长，卉木不长则长嬴之德废。秋之得雨，雨不信则百谷不实，百谷不实则收成之德废。冬之得寒，寒不信则水土不坚，水土不坚则安静之德废⑨。以天地之灵，气候不信，四时犹废，而况于人乎？

【注释】

①自古皆有死，人非信不立：《论语·颜渊》："自古皆有死，民无信不立。"

②豚鱼，著信之所及也：指猪和鱼能显示出诚信所达到的程度。《周易·中孚·彖传》："豚鱼吉，信及豚鱼也。"指心怀诚信能感化猪和鱼这样的小动物，也就会获得吉祥。豚，小猪。著，显示。

③允：确实，果真。

④齐桓不背曹刿之盟：据《春秋公羊传·庄公十三年》，齐桓公与鲁庄公在柯地会盟，曹刿用剑劫持齐桓公，逼迫齐国承诺将"汶阳之田"归还鲁国。齐桓公答应了这一要求，并与鲁国结盟。《公羊传》评价道，受到要挟而订立的盟约是可以违背的，但桓公并没有违背，曹刿以臣劫君，其罪可仇，桓公也并不怨恨，"桓公之信著

乎天下，自柯之盟始焉”。齐桓，指齐桓公，姜姓，名小白，春秋时齐国国君，“春秋五霸”之首。曹刿，即曹沫，春秋时鲁国人，曾在长勺之战中随从指挥，大败齐师。

⑤晋文不弃伐原之誓：据《左传·僖公二十五年》，晋文公率兵围攻原邑，命士卒每人携带三天粮食。三天后，原邑却不投降。文公准备撤退时，城中有人来说原邑正准备投降。晋国的军官请文公再等等看。文公说：“信，国之宝也，民之所庇也。得原失信，何以庇之？所亡滋多。”于是撤军三十里。城中听说后，便请求投降，诸侯自此归附。晋文，指晋文公，姓姬，名重耳，春秋时晋国国君，“春秋五霸”之一，与齐桓公并称“齐桓晋文”。原，西周所封伯国，在今河南济源一带。

⑥吴起不亏移辕之赏：据《韩非子·内储说上七术》，吴起任魏西河之守。秦国有座小亭靠近边境，如果不除去，则对种田不利，除去，又不值得调兵遣将。吴起想攻克它，怕不能取信于士卒，于是他把一个车辕放在北门外，下令说：“有能把车辕移到南门外的人，赐予上田上宅。”等有人搬去之后，立刻如所说的那样被赐予了财物。吴起，卫国左氏（今山东曹县）人，战国初期兵家代表人物。曾入魏为将，后辅佐楚悼王进行变法。著作《吴子》传于世，与孙武并称“孙吴”。

⑦魏侯不乖虞人之期：据《战国策·魏策一》，魏文侯与掌管山泽的小官相约打猎，但当天文侯与众人饮酒，非常高兴，天又下起了大雨。左右人劝他取消约定，文侯却说：“我们约好打猎，喝得再高兴，怎能不赴约呢？”于是冒雨赴约。魏侯，指魏文侯，魏氏，名斯，战国初年魏国贤君。乖，违背，不符合。虞人，掌管山泽之官，亦主苑囿田猎。

⑧用：因而，因此。宇宙：天地，天下。

⑨“故春之得风”以下十三句：《吕氏春秋·贵信》：“春之德风，风不

信，其华不盛，华不盛则果实不生。夏之德暑，暑不信，其土不肥，土不肥则长遂不精。秋之德雨，雨不信，其谷不坚，谷不坚则五种不成。冬之德寒，寒不信，其地不刚，地不刚则冻闭不开。”得，通“德”，表征，象征，这里指气候的特征。信，谓如期而至。花萼，此指花。发生、长嬴、收成、安静，分别为四季的代称。《尔雅·释天》：“春为发生，夏为长嬴，秋为收成，冬为安宁。”

【译文】

自古以来人都难免一死，如果没有信用就无以立足。因此豚和鱼能显示出诚信所达到的程度。确实如此啊！是说不讲信用就做不成事。齐桓公不违背与曹刿订立的盟约，晋文公不放弃征讨原邑时的承诺，吴起不亏欠移动车辕的奖赏，魏文侯不改变与虞人的约定。因此品德能在天地间发扬光大，美名流传千古，是永不磨灭的。因此春天会刮风，风不应时花就不盛开，花不盛开植物萌发的规律就会破坏。夏天会炎热，暑气不应时草木就不生长，草木不生长植物茂盛的规律就会破坏。秋天会降雨，雨水不应时百谷就不结实，百谷不结实植物成熟的规律就会破坏。冬天会寒冷，严寒不应时水土就不坚固，水土不坚固植物休眠的规律就会破坏。以天地的灵秀，如果节候不能应时而至，四季的规律尚且会废止，更何况人呢？

昔齐攻鲁，求其岑鼎。鲁侯伪献他鼎而请盟焉。齐侯不信，曰：“使柳季云是，则请受之。”鲁使柳季，柳季曰：“君以鼎免国，信者，亦臣之国。今欲破臣之国，全君之国，臣所难也。”乃献岑鼎[①]。小邾射以邑奔鲁，曰：“使季路要我，吾无盟矣。”乃使子路，子路辞焉。季孙谓之曰：“千乘之国，不信其盟而信子之一言，子何辱焉？”子路曰：“彼不臣而济其言，是义之也。由不能矣[②]。”

【注释】

①“昔齐攻鲁”以下十六句：事见《吕氏春秋·审己》。岑鼎，鲁国宝鼎，以形状高而锐得名。岑，指小而高的山。柳季，即展获，字季禽，春秋时鲁国大夫，因食邑柳下，故称柳下季，谥号惠，又称柳下惠，以遵信守礼著称于世。免国，使国家免除灾难。

②“小邾射以邑奔鲁”以下十四句：事见《左传·哀公十四年》。小邾射，小邾国的大夫。小邾，西周诸侯国名，在今山东滕州一带。邑，这里指小邾国的句绎。季路，即仲由，字子路，一字季路，春秋时鲁国卞（今山东泗水）人，孔子弟子，“孔门十哲”之一，受儒家祭祀。要，同“邀”，约定，立约。季孙，指季孙肥，谥号康，史称季康子，鲁国正卿。千乘（shèng）之国，拥有一千辆兵车的国家，春秋时指中等诸侯国，此指鲁国。乘，兵车，四马一车为一乘。济，犹谓成。

【译文】

从前齐国攻打鲁国时，索要鲁国的岑鼎。鲁侯献出另外一个鼎企图骗取结盟立约。齐侯不相信他，说：“如果柳季说是真鼎，我就可以接受。”鲁侯派出柳季，柳季说：“您用鼎使国家免除灾难，而信用也是臣立身处世的根本。如今要破坏臣之根本，而保全您的国家，这是臣难以办到的事。”鲁侯于是献出岑鼎。小邾射献上句绎逃亡到鲁国，说：“如果子路和我约定，我就不用盟誓了。”于是派子路去，子路推辞。季康子对他说：“对于千乘之国，不相信盟誓而相信您的一句话，您又有什么屈辱呢？”子路说：“小邾射不尽为臣之道，而我却使他的话得以实现，这是把不尽臣道当作正义。我不能这样做。”

夫柳季、季路，鲁之匹夫①，立信于衡门②，而驰声于天下③。故齐、邾不信千乘之盟，而重二子之言，信之为德，岂不大哉！

【注释】

①匹夫：泛指平民百姓。

②衡门：横木为门。指简陋的房屋。

③驰声：声明远播。

【译文】

柳季、子路只是鲁国的普通人，身居简陋却坚守信用，声名远播于世。因而齐、邾二国不相信与千乘之国的盟誓，而相信二人的话，诚信的品德，难道不重要吗！

秦孝公使商鞅攻魏①，魏遣公子昂逆而拒之②。鞅谓昂曰："昔鞅与公子善，今俱为两国将，不忍相攻，愿一饮宴，以休二师。"公子许焉，遂与之会。鞅伏甲虏公子③，击破魏军。及惠王即位④，疑其行诈，遂车裂于市⑤。

【注释】

①秦孝公使商鞅攻魏：事见《史记·商君列传》。秦孝公，嬴姓，名渠梁，战国时期秦国国君，在位期间起用商鞅进行变法，迁都咸阳，使国力日强，为秦统一中国奠定基础。商鞅，公孙氏，名鞅，卫国人，又称"卫鞅""公孙鞅"，战国时法家代表人物。辅助秦孝公变法，后因在河西之战中立功，获封於、商十五邑，号为"商君"，故称"商鞅"。

②公子昂：一作"公子卬"，战国时期魏国公族。逆：迎。

③伏甲：暗中埋伏甲士。

④惠王：即秦惠王，嬴姓，名驷，战国时期秦国国君。

⑤车裂：古代一种酷刑，用五辆车把人分拉撕裂致死。

【译文】

秦孝公命商鞅攻打魏国，魏国派公子昂来迎击商鞅。商鞅对公子昂说："以前我与公子友好，如今分别作为两国的将领，不忍心相互攻打，愿意以一次宴饮，来使两国罢兵。"公子昂答应了，于是与商鞅相会。商鞅埋伏士兵俘虏了公子昂，击败魏军。等到秦惠王即位后，怀疑商鞅行为诡诈，于是将他车裂于集市。

夫商鞅，秦之柱臣①，名重于海内，贪诈伪之小功，弃诚信之大义，一为不信，终身见尤②，卒至屠灭，为天下所笑也。呜呼！无信之弊，一至于此，岂不重乎？

【注释】

①柱臣：国家的重臣。

②尤：责怪，怨恨。

【译文】

商鞅是秦国的重臣，驰名于天下，却贪图欺诈的小功，抛弃诚信的大义，一次做了不守信用的事，终身都被怨恨，最终被杀死，为世人所嘲笑。唉！不守信用的弊端，一下到了这种地步，难道还不严重吗？

故言必如言，信之符也①。同言而信，信在言前；同教而行，诚在言外。君子知诚信之为贵，必抗信而后行②。指麾动静③，不失其符。以施教则立，以莅事则正④，以怀远则附⑤，以赏罚则明。由此而言，信之为行，其德大矣。

【注释】

①符：凭证。

②抗信：犹言举信。

③指麾：同"指挥"。此指人的言行举止。

④莅事：视事，处理公务。莅，治理。

⑤怀远：安抚边远的人。

【译文】

因而说出的话就一定遵守，这是守信的标准。同样的话说出，有的人就令人相信，因为他在说话之前就有信用；同样的教令发布，有的人就施行顺利，因为他在言语之外就有诚信。君子明白诚信的可贵，必定先举信再行事。言行举止，不失标准。以诚信实施教化则行之有效，以诚信处理事务则合于规范，以诚信安抚远人则使之归附，以诚信行赏施罚则公正清明。由此说来，以诚信作为行事的准则，功德巨大。

思顺章九

七纬顺度①，以光天象；五性顺理②，以成人行。行象为美，美于顺也。夫为人失，失在于逆。故七纬逆则天象变，五性逆则人行败。变而不生灾，败而不伤行者，未之有也。山海争水，水必归海，非海求之，其势顺也。蹇利西南，就土顺也；不利东北，登山逆也③。是故去湿就燥，火之势也；违高从下，水之性也④。今导泉向涧，则为易下之流；激波陵山⑤，必成难升之势。水之无情，犹知违逆趣顺⑥，矧人心乎⑦？故忠孝仁义，德之顺也；悖傲无礼，德之逆也。顺者福之门，逆者祸之府⑧。由是观之，逆性之难，顺性之易，断可识矣。

【注释】

①七纬：指日、月和金、木、水、火、土五星。

②五性：此指仁、义、礼、智、信。

③“蹇（jiǎn）利西南”以下四句：《周易·蹇卦》：“蹇，利西南，不利东北。”王弼注：“西南，地也；东北，山也。”孔颖达疏：“西南，顺位，平易之方；东北，险位，阻碍之所。世道多难，率物以适平易，则蹇难可解。”意思是说向西南平易之地行走就有利，向东北山地行走就不利。应顺应规律行事而不违逆行险。蹇，困苦，困厄。《周易·蹇卦·彖传》：“蹇，难也，险在前也。”土，指平易之地。

④“是故去湿就燥”以下四句：《周易·乾卦·文言》：“水流湿，火就燥。”

⑤陵：登上。

⑥趣：通“趋”，趋向，奔向。

⑦矧（shěn）：何况。

⑧府：聚集之处。

【译文】

日月星辰遵循规律，呈现出天空变化的现象；人之五性遵循道义，形成了人的道德品行。天象与品行的美好，美在顺应。为人存在过失，失在违逆。因而日月星辰违背了规律，天象就会异常；人之五性违背了道义，品行就会败坏。天象异常而不生成灾难，品行败坏而不有损行为，这样的事情并不存在。山与海争夺水，水一定流归大海，并非海的招引，而是因为顺应地势。卜得《蹇卦》，利于向西南而行，因为向平地走则顺；不利于向东北而行，因为登山则不顺。所以远离潮湿接近干燥，是火的走势；避开高处流向低处，是水的特点。如果把泉水引向山涧，则形成容易向下的水流；使水流冲上山峰，必然出现难以上升的局面。水本没有感情，尚且知道躲避逆势而趋向顺势，又何况人心呢？因而忠孝仁义是顺应道德，狂悖傲慢是违背品行。顺应是祥福发生之地，违逆是灾祸聚集之所。由此可见，逆势做事之难和顺势做事之易，便一目了然。

今使孟说引牛之尾①，尾断脏裂②，不行十步。若环桑之条以贯其鼻[③],縻以寻绹[④],被发童子骑而策之[⑤],风于广泽[⑥],恣情所趣。何者?十步之行,非远于广泽,被发之童,非勇于孟说,然而近不及远,强不如弱者,逆之与顺也。

【注释】

①孟说:即孟贲,战国时著名的勇士。

②髌:膝盖骨。

③贯:穿,通。

④縻(mí):拴缚。寻:古代长度单位,八尺为一寻。绹(táo):绳索。

⑤被发童子:古代以结发标志成年,童子散发,故称。被,通“披”,披散。策:驱赶。

⑥风:放。

【译文】

如果让孟说牵着牛的尾巴赶牛,即使牛尾折断、膝盖骨开裂,也走不出十步的距离。但如果将桑树的枝条环绕着穿过牛的鼻孔,用八尺长的绳索拴住,让散发的孩童骑上驱赶,就可以放逸到广阔的草泽,向任何方向纵情奔跑。这是为什么呢?十步的距离,并不比广阔的草泽遥远,散发的孩童,也并不比孟说力大,然而使牛近走不如远跑,强壮的力士不如弱小的孩童,是前者违背规律而后者顺应情势的缘故。

司马蒯聩[①],天下之攻击剑者也[②]。令提剑锋而掉剑觚[③],必刎其指[④],而不能以陷腐木[⑤],而况金甲乎?若提其觚而掉其锋,则虽凡夫,可以陆斩犀象,水截蛟龙矣。顺理而行,若执剑觚;逆情而动,如执剑锋。欲无伤乎,其可得乎?后稷虽善播植[⑥],不能使禾稼冬生,逆天时也;禹虽善治水,凿山穴川,不能回水西流,逆地势也;人虽材艺卓绝,不能悖理成行，逆人道也。故循理处情，虽愚蠢可以立名；反道为务，虽贤哲犹有祸害。君子如能忠孝仁义，履信思顺，自天祐之，吉无不利也⑦。

【注释】

①司马蒯（kuǎi）聩：战国时赵国著名剑客。

②攻：通“工”，善于。

③掉：摇动，振动。觚（gū）：剑柄。

④刎：割。

⑤陷：刺入。

⑥后稷：周朝的先祖。帝尧举之为农师，教民种植百谷，号为“后稷”。

⑦“履信思顺”以下三句：《周易·系辞上》：“履信思乎顺，又以尚贤也，是以自天佑之，吉无不利也。”履信，践行诚信。思顺，追求和顺、顺理。祐，保佑，佑助。

【译文】

司马蒯聩是天下擅长击剑的人。让他手握剑锋而使剑柄摇动，必然会割伤手指，这样连腐烂的木头都无法刺入，何况坚硬的铠甲呢？如果手握剑柄而使剑锋下落，那么即使是普通人，也能砍杀陆地上的犀象，斩杀水里的蛟龙。顺应规律行事，就像手握剑柄；违背情势做事，正如手握剑锋。想要不受伤，怎么可能呢？后稷即使擅长种植，也不可能使庄稼在冬天生长，那样就违背了四时运转的法则；大禹即使善于治水，开山掘河，也不能使水向西逆流，那样就违背了地势的规律；人即使才艺高超，也不能违背规律做事，那样就违背了做人的道德标准。所以顺应规律、依据情势行事，即使愚笨无知也可以树立名声；违反规律来做事，即使贤明睿智也可能招致祸害。君子如果能够忠孝仁义，践行诚信追求和顺，便会得到上天的保佑，只有吉祥而没有灾祸了。

慎独章十

善者，行之总，不可斯须离也，若可离，则非善也[①]。人之须善，犹首之须冠，足之待履。首不加冠，是越类也[②]；足不蹑履[③]，是夷民也。今处显而循善，在隐而为非，是清旦冠履而昏夜倮跣也[④]。

【注释】

①“善者”以下五句：《礼记·中庸》：“道也者，不可须臾离也，可离非道也。”斯须，指很短的时间。

②越类：古代散居在南方各地的越族人的总称，其习俗为断发、纹身等。

③蹑：指穿鞋。

④清旦：清晨。倮跣（luǒ xiǎn）：露身赤足。倮，同“裸”。

【译文】

善，是一切行为的主宰，不可有片刻的背离，如果可以背离，就不能称之为善了。人需为善，就如头上需要戴冠，脚上需要穿鞋。头上不戴冠，是越人的习俗；脚上不穿鞋，是夷人的习俗。如果人们表面行善而背后作恶，就如同早晨戴冠穿鞋而夜晚露身赤足。

荃荪孤植[①]，不以岩隐而歇其芳[②]；石泉潜流，不以涧幽而不清；人在暗密，岂以隐翳而回操[③]？是以戒慎所不睹，恐惧所不闻[④]。居室如见宾，入虚如有人[⑤]。故蘧瑗不以昏行变节[⑥]；颜渊不以夜浴改容[⑦]；勾践拘于石室，君臣之礼不替[⑧]；冀缺耕于坰野，夫妇之敬不亏[⑨]。斯皆慎乎隐微，枕善而居[⑩]，不以视之不见而移其心，听之不闻而变其情也。

【注释】

①荃荪（quán sūn）：香草。

②歇：消失。

③隐翳（yì）：隐蔽，遮蔽。回操：谓改变操守。

④戒慎所不睹，恐惧所不闻：《礼记·中庸》："君子戒慎乎其所不睹，恐惧乎其所不闻。"

⑤入虚：谓走进没有人的屋子。

⑥蘧瑗（qú yuàn）不以昏行变节：据《列女传·仁智传·卫灵夫人》，蘧瑗夜里行车从卫灵公门前经过，下车恭敬行礼之后才离去。卫灵公听见声音，问此人是谁，夫人说一定是蘧瑗，并称赞他"不以暗昧废礼"，即不因为天色昏暗就废弃君臣礼节。蘧瑗，字伯玉，春秋时卫国大夫，与孔子交好。昏行，在夜间行走。变节，改变节操。

⑦颜渊不以夜浴改容：《抱朴子外篇·讥惑》："出门有见宾之肃，闲居有敬独之戒。颜生整仪于宵浴，仲由临命而结缨。"颜渊，即颜回，字子渊，春秋末期鲁国人，孔门七十二贤之首，被尊称为"复圣颜子"。

⑧勾践拘于石室，君臣之礼不替：据《吴越春秋·勾践入臣外传》，勾践被吴国击败后，与大臣范蠡入吴，一同被囚于石室。过了三年，君臣之礼如故。吴王看到不禁感叹："虽在穷厄之地，不失君臣之礼，寡人伤之。"勾践，春秋末年越国国君，曾大败于夫椒，与范蠡入臣于吴，回国后卧薪尝胆，发愤图强，最终灭亡吴国。替，废弃。

⑨冀缺耕于坰（jiōng）野，夫妇之敬不亏：据《左传·僖公三十三年》，冀缺曾被废为庶人，在田间耕作时，妻子来送饭，夫妻依旧相敬如宾。冀缺，即郤缺，春秋时晋国大夫，因其父封于冀，故又称"冀缺"。坰野，郊野，远郊。

⑩枕善：犹守善。

【译文】

荃荪独自生长，不因岩石隐蔽而使芳香消散；石间泉水暗暗流淌，不因山谷幽深而变得不清澈；人在不被发现的地方，难道可以因为隐蔽就改变操守吗？因而要警惕谨慎别人看不到的地方，小心畏惧别人听不到的地方。居处室内像接见宾客一样，进入空屋像屋里有人一样。因此蘧瑗不因在黑暗中行车而改变节操；颜渊不因在夜晚沐浴而改变仪容；勾践被囚禁在石屋，但没有丧失君臣礼节；冀缺在郊野耕种，但没有缺少夫妻间的尊敬。这些人都能够在隐没的地方谨慎遵礼，守善而居，不因为没人看见就改变善心，没人听见就改变操守。

谓天盖高而听甚卑①，谓日盖远而照甚近，谓神盖幽而察甚明。《诗》云：“相在尔室，尚不愧于屋漏。无曰不显，莫予云觏②。”暗昧之事③，未有幽而不显；昏惑之行，无有隐而不彰。修操于明，行悖于幽，以人不知。若人不知，则鬼神知之，鬼神不知，则己知之。而云不知，是盗钟掩耳之智也④。

【注释】

①卑：低下。此指人间最卑微的地方。

②“相在尔室”以下四句：此引《诗经·大雅·抑》之文。相，看。一说譬如。不愧于屋漏，谓不愧于神明。古代在室内西北角施设小帐以安藏神主，称作“屋漏”。觏（gòu），遇见，看见。

③暗昧：不光明磊落。

④盗钟掩耳之智：《吕氏春秋·自知》：“范氏之亡也，百姓有得钟者，欲负而走，则钟大不可负，以椎毁之，钟况然有音。恐人闻之而夺己也，遽掩其耳。恶人闻之可也，恶己自闻之，悖矣。”后以此指

自欺欺人的行为。

【译文】

天高高在上却能听察人间的善恶，太阳很远却能照到很近的地方，神灵隐秘却能够明察一切。《诗经》中说："比如独处居室中，也要无愧于神明。不要说屋里昏暗，没有什么人能看见。"不坦荡之事，不会因为隐藏就不被发现；昏乱的行为，不会因为隐蔽就不表现出来。在明处修炼德行，在暗处行为悖谬，以为人们不会知晓。就算人不知道，鬼神也会知道，鬼神不知道，自己还会知道。而说无人知道，是自欺欺人的想法。

孔徒晨起，为善孳孳[①]；东平居室，以善为乐[②]。故身恒居善，则内无忧虑，外无畏惧。独立不惭于影，独寝不愧于衾[③]，上可以接神明，下可以固人伦。德被幽明，庆祥臻矣[④]。

【注释】

①孔徒晨起，为善孳孳：《孔丛子·居卫》："孟轲问子思曰：'尧、舜、文、武之道，可力而致乎？'子思曰：'彼，人也。我，人也。称其言，履其行，夜思之，昼行之。滋滋焉，汲汲焉，如农之赴时，商之趣利，恶有不致者乎？'"孔徒，此指孔门弟子子思。孳孳，同"孜孜"，勤勉不懈。

②东平居室，以善为乐：据《后汉书·东平宪王苍传》，汉明帝曾问东平王以什么事为乐，他回答说以行善为乐。东平，指东汉东平宪王刘苍，光武帝之子，明帝同母弟。

③衾（qīn）：被子。

④庆祥：吉祥之兆。臻（zhēn）：至。

【译文】

孔门弟子清早就起来，勤勉行善；东平王居处家中，以行善为乐。因而常常行善，便会使内心没有忧愁，行事无所畏惧。独自站立不愧对于身影，独自就寝不愧对于被子，对上可以沟通神明，对下可以安定人伦关系。在看见和看不见的地方都坚守道德，幸福吉祥就会到来。

卷三

【题解】

本卷主要讨论施政方略，包括《贵农》《爱民》《从化》《法术》《赏罚》《审名》六章。

《贵农》谓重视农业生产。基于衣与食的重要性，作者提出“以农立国”的主旨，从不同角度强调民众衣食饶足是社会稳定的基础，并提出减轻农民徭役负担等一系列基本方略，充分体现了儒家思想的核心内容。

《爱民》谓爱护民众，以民为本。文中“宽宥刑罚”“省彻徭役”“轻约赋敛”“不夺农时”等策略，体现了作者寄托于圣君“其仁如春，其德如雨”的理想，亦如刘向《新序·杂事一》所言：“良君将赏善而除民患，爱民如子，盖之如天，容之若地。”与《贵农》章一致，本章亦反映了社会民众向往安定生活和发展生产的愿望。

《从化》谓归化，即以教化治民使其归顺。承接《爱民》章的思想，进一步论述君与民的关系。文章强调君主个人的行为示范作用非常重要，明君若行为端正，即使有一些奸佞之徒为乱，天下亦可大治。“善恶性殊者，染化故也”，人性情的善恶转化会受到环境的影响，因而后天的教化对于人的善行的形成非常重要。

《法术》谓以法治国的方略。用以治理的规范制度是“法”，人们不知不觉以之约束的是“术”。法的确立要符合实际，因时制宜，亦应随着时代的变化而改变，以适应社会发展的需求。如墨守成规而不思变革，就等同于“刻舟求剑”“守株待兔”。因而施政者和执法者要适时而行，“为治之所由，而非所以为治也”。以法治人并呼吁变革旧法、建立新法的主张，具有积极而先进的意义。

《赏罚》谓奖赏和惩罚。赏与罚是治理国家的重要手段，要善赏善罚，赏平罚当。赏要明赏有德，罚要显罚有过。而赏与罚归根结底是引导民众向善，“故一赏不可不信也，一罚不可不明也”。这些观点吸收了法家思想的精华，明确了法的重要性以及法治的严肃性，突破了单一的德治观念。

《审名》谓考察名称以明确名实关系。名与实是互为表里的关系，但二者在现实中往往有相互脱节的现象，因而要循名责实。对于传闻和流言以及一些名称和轶事，都要慎重对待，不能仅仅按表面意思来理解。所谓正名，就是要“近审其词，远取诸理，不使名害于实，实隐于名”。

本卷关于君民关系的讨论，体现了民对君的归附，君对民的染化，从而阐释了君民相互依附的关系。而名实之辩，在先秦时期盛极一时，汉代以后的论述则逐渐减少，作者的名实观对于进一步了解南北朝时期的思想发展特点具有一定的参考价值。

贵农章十一

衣食者，民之本也；民者，国之本也①。民恃衣食，犹鱼之须水；国之恃民，如人之倚足。鱼无水，则不可以生；人失足，必不可以步；国失民，亦不可以治。先王知其如此，而给民衣食。

【注释】

①“衣食者”以下四句：《淮南子·主术》：“食者，民之本也；民者，国

之本也。”

【译文】

衣食，是民众的根本；民众，是国家的根本。民众依赖衣服和食物，就像鱼需要水一样；国家依赖民众，就像人依靠脚一样。鱼没有水，就不能生存；人失去脚，就无法行走；国家失去民众，也就无法安定。先王明白这样的道理，所以努力使民众衣食丰足。

故农祥晨正①，辰集娵訾②，阳气愤盈③，土木脉发④。天子亲耕于东郊⑤，后妃躬桑于北郊⑥。国非无良农也，而王者亲耕；世非无蚕妾也，而后妃躬桑。上可以供宗庙，下可以劝兆民⑦。神农之法曰：“丈夫丁壮而不耕，天下有受其饥者；妇人当年而不织，天下有受其寒者⑧。”故天子亲耕，后妃亲织，以为天下先。是以其耕不强者，无以养其生；其织不力者，无以盖其形。衣食饶足，奸邪不生，安乐无事，天下和平。智者无以施其策，勇者无以行其威。故衣食为民之本，而工巧为其末也⑨。

【注释】

①农祥：指房星，二十八星宿之一。晨正：谓某星宿在早晨位于正中。《国语·周语上》：“农祥晨正，日月底于天庙，土乃脉发。”韦昭注：“农祥，房星也。晨正，谓立春之日，晨中于午也。”

②辰：指日、月的交会点。《尚书·胤征》：“辰弗集于房。”孔传：“辰，日月所会。”娵訾（jū zī）：亦作“娵觜”，星次名，在二十八宿为室宿和壁宿，其位置相当于现代天文学黄道十二宫的双鱼宫。

③愤盈：积满，充盈。

④脉发：指春暖地温回升，地下水蒸发，滋润土壤使之冒起，此为春

耕的良时。

⑤亲耕：古礼，天子于每年正月亲自到田间耕作，表示重农。

⑥后妃：皇后和妃嫔。躬桑：古代后妃亲自采桑，借以鼓励并重视蚕事。

⑦兆民：古称天子之民。泛指民众、百姓。

⑧“神农之法曰”以下五句：《淮南子·齐俗》：“故神农之法曰：‘丈夫丁壮而不耕，天下有受其饥者；妇人当年而不织，天下有受其寒者。’故身自耕，妻亲织，以为天下先。”神农，上古传说中的帝王，发明农具，教人农耕，亲尝百草，古史又称“炎帝”或“烈山氏”。当年，正值有为之年，指少年或壮年。

⑨工巧：巧艺，技艺。

【译文】

房星早晨时位于正中，日月交会于娵訾之处，阳气充盈，土木生机勃发。天子亲自在东郊耕作，皇后和妃嫔亲自于北郊采桑。国家并不是没有善于耕种的农夫，君王却亲自耕作；世上并不是没有养蚕的女奴，皇后和妃嫔却亲自采桑。对上可以供奉宗庙祭祀，对下可以勉励百姓。神农的耕作法则讲：“男子健康少壮却不耕作，天下就有挨饿的人；妇女正当壮年却不纺织，天下就有受冻的人。”因而天子亲自耕作，皇后嫔妃亲自纺织，以此为天下人做出表率。所以耕作不尽力，就没有供养身体的食物；纺织不用力，就没有遮掩身体的衣物。衣食富足，奸诈邪恶之事才不会发生，人们平安喜乐而没有灾难，天下才会和洽安宁。智慧的人无需施展策略，勇敢的人无需展示威严。所以说衣食是民众生存的根本，而其他技艺则是次要的。

是以雕文刻镂伤于农事，锦绣纂组害于女工①。农事伤则饥之本也，女工害则寒之源也。饥寒并至，而欲禁人为盗，是扬火而欲无其炎，挠水而望其静②，不可得也。衣食足，知荣辱；仓廪实，知礼节[③]。故建国者必务田蚕之实[④]，而弃美丽之华。以谷帛为珍宝，比珠玉于粪土。何者？珠玉止于虚玩，而谷帛有实用也。假使天下瓦砾悉化为和璧[⑤]，沙石皆变为隋珠[⑥]，如值水旱之岁，琼粒之年[⑦]，则璧不可以御寒，珠未可以充饥也。虽有夺日之鉴[⑧]，代月之光，归于无用也。何异画为西施，美而不可悦[⑨]，刻作桃李，似而不可食也？衣之与食，唯生人之所由，其最急者，食为本也。

【注释】

①雕文刻镂伤于农事，锦绣纂组害于女工：《淮南子·齐俗》："夫雕琢刻镂，伤农事者也；锦绣纂组，害女工者也。"雕文刻镂，谓在器物上雕刻花纹图案，以为文饰。镂，雕刻。锦绣，色彩鲜艳、质地精美的丝织品。纂组，泛指精美的织锦。女工，女子所从事的刺绣、编织等手工劳动。

②挠：搅动。

③"衣食足"以下四句：《管子·牧民》："仓廪实则知礼节，衣食足则知荣辱。"仓廪（lǐn），储藏米谷的仓库。

④田蚕：泛指农桑。

⑤和璧：即和氏璧。据《韩非子·和氏》，楚人卞和在荆山中得一玉璞，献给楚厉王，经玉工鉴定为普通石头，厉王以卞和撒谎，就砍掉了他的左脚。武王即位，卞和再献，仍视为石头，又被砍去右脚。至文王即位，卞和抱着玉石到荆山下大哭三天三夜。文王得知，命玉工加以琢磨，终得一块宝玉，命名为"和氏之璧"。

⑥隋珠：也称"灵蛇珠""隋侯珠"。据《淮南子·览冥》高诱注，隋侯见大蛇受伤，用药为其敷治，蛇伤愈后，由江中衔来大明珠，以报答隋侯恩情，故名"隋珠"。

⑦琼粒：谓米粒贵如珠玉。

⑧鉴：光，光泽。

⑨何异画为西施，美而不可悦：《淮南子·说山》："画西施之面，美而不可说。"西施，春秋时越国美女，又称"西子"。由范蠡献与吴王夫差为妃，深得夫差宠爱。传说吴亡后又归范蠡，同泛五湖而去。

【译文】

因而雕琢刻镂妨碍农业生产，彩绣织锦影响纺纱织布。农事受损是饥饿产生的根本，纺织受害是寒冷产生的根源。挨饿和受冻同时到来，却想要禁止人们偷窃抢劫，就像煽动火却想要使它不燃烧，搅动水却希望它还平静，都是不可能的。吃饱穿暖，才能懂得荣耀和耻辱；粮仓殷实，才能顾及礼仪和规矩。所以施政者一定要重视耕种蚕桑，而抛弃华而不实的事物。把粮食与布帛当作珍宝，把珠宝和玉石等同于粪土。为什么呢？珠宝玉石仅可用来把玩观赏，而粮食和布帛却有实际的用途。就算天下的瓦砾都变成和氏璧，沙石都变成隋侯珠，如果遇上水涝或干旱的年份，米粒贵如珠玉的时候，那么和氏璧也无法用来御寒，隋侯珠也不可用来充饥。即使它们有能胜过太阳的光亮，有能取代月亮的光芒，终归也是没有用处的。这与画出的西施美丽却无法喜欢，雕刻的桃李形似却不可食用又有什么区别呢？穿衣与吃饭，是人们生存所依赖的，其中最为紧要的，食物是根本。

霜雪岩岩[①]，苫盖可以代裘[②]；室如悬磬[③]，草木不可以当粮。故先王治国，有九年之储[④]，所以备非常，救灾厄也[⑤]。尧、汤之时，并有十年之蓄，及遭九年洪水、七载大旱，不闻饥馑相望、捐弃沟壑者[⑥]，蓄积多故也。谷之所以不积者，在于游食者多而农人少故也[⑦]。夫螟螣秋生而秋死[⑧]，一时为灾，如数年乏食[⑨]。今一人耕而百人食之，其为螟螣，亦以甚矣！是以先王敬授民时[10]，劝课农桑[11]，省游食之人，减徭役之费[12]，则仓廪充实，颂声作矣。虽有戎马之兴[13]，水旱之沴[14]，国未尝有忧，民终无害也。

【注释】

①岩岩：通“严严”，寒冷，凛冽。

②苫（shān）盖：茅草编的覆盖物。裘：皮衣。

③室如悬磬：室中空无一物，如磬高悬，比喻极其贫困。《国语·鲁语上》：“室如悬磬，野无青草。”悬磬，又作“悬罄”。

④九年之储：九年的储备。指国家平时有所积蓄，以备非常。《淮南子·主术》：“三年耕而余一年之食，率九年而有三年之畜，十八年而有六年之积，二十七年而有九年之储。虽涔旱灾害之殃，民莫困穷流亡也。”

⑤灾厄：灾难，困苦。

⑥饥馑相望：指因饥荒而挨饿的人接连不断。饥馑，灾荒。饥，粮荒。馑，菜荒。捐弃：舍弃，抛弃。

⑦游食：游荡无业，不劳而食。

⑧螟螣（tè）：两种蛀食禾苗的害虫。《诗经·小雅·大田》：“去其螟螣，及其蟊贼，无害我田稚。”毛传：“食心曰螟，食叶曰螣。”

⑨如：同“而”。

⑩敬授民时：把历法授予百姓，使知时令变化，不误农时。《尚书·尧典》：“乃命羲和，钦若昊天，历象日月星辰，敬授民时。”

⑪劝课：鼓励与督责。农桑：耕种田地与植桑养蚕，泛指一般农事生产。

⑫徭役：旧时官府指派成年男子所承担的义务性劳役，包括力役、杂役、军役等。

⑬戎马：军马，借指战争。

⑭沴（lì）：指天地四时之气不和而生的灾害。

【译文】

在霜雪凛冽的季节，茅草垫子可以代替皮衣；而室内空无一物时，草木却不能够充当粮食。因而先王治理国家，有九年的粮食储备，用来防备意外情况，用以摆脱灾难和困苦。尧帝、商汤时代，都有十年的粮食储备，等到遭遇九年的洪水、七年的干旱，也没有听说食物严重匮乏、把人遗弃在沟壑中的事，这正是积蓄充足的缘故。粮食之所以没有储备，是因为不务农而食的人多而务农的人少。蛀蚀禾苗的螟、螣，秋天生而秋天死，一时成为灾患，会使很多年都粮食匮乏。如果一人耕种却被一百人享用，这就像蛀蚀禾苗的螟、螣，也很严重啊！因此先王将历法授予百姓，鼓励并督责耕田与植桑，减少不务农而食的人，降低征发劳役对人力的耗费，就会使粮仓充实，赞颂兴起。即使有战事发生，有水旱之灾，国家也不曾忧患，民众也终究不会受到伤害。

爱民章十二

天生蒸民而树之君①。君者，民之天也。天之养物，以阴阳为本；君之化民，以政教为务。故寒暑不时则疾疫②，风雨不节则岁饥③。刑罚者，民之寒暑也；教令者，民之风雨也。刑罚不时则民伤，教令不节则俗弊。故水浊则无掉尾之鱼④，土埆则无葳蕤之木⑤，政烦无逸乐之民。政之于人，犹琴瑟也，大弦急则小弦绝，小弦绝则大弦阙矣⑥。

【注释】

①蒸民：众民，百姓。蒸，同“烝”，众多。

②不时：不适时，不合时。疾疫：疫病。

③不节：不遵法度。

④掉尾：摇尾。

⑤埆（què）：土地不平而贫瘠。葳蕤（wēi ruí）：枝叶繁茂下垂的样子。

⑥“政之于人”以下四句：《淮南子·缪称》：“治国辟若张瑟，大弦组则小弦绝矣。”急，紧。

【译文】

上天生养众民又为他们树立君王。君王，是民众的上天。上天生养万物，以阴阳作为根本；君王化育民众，把政教作为要务。因而寒暑不合时令就会发生疫病，风雨没有规律就会导致饥荒。刑罚，对民众来说就像寒暑；教令，对民众来说就像风雨。刑罚不和时令民众就会受到伤害，教令没有标准风俗就会败坏。因而水质浑浊就没有摆尾之鱼，土地贫瘠就没有茂盛之木，政教烦杂就没有安逸快乐的民众。政教对于民众，就如同琴瑟，粗弦紧了细弦就会绷断，细弦绷断粗弦就会损毁。

夫足寒伤心，民劳伤国[①]。足温而心平，人佚而国宁[②]。是故善为理者，必以仁爱为本，不以苛酷为先。宽宥刑罚[③]，以全民命；省彻徭役[④]，以休民力；轻约赋敛[⑤]，不匮人财；不夺农时，以足民用，则家给国富，而太平可致也。人之于君，犹子之于父母也。未有父母富而子贫，父母贫而子富也。故人饶足者，非独人之足，亦国之足也；渴乏者[⑥]，非独人之渴乏，亦国之渴乏也。故有若曰：“百姓足，君孰与不足？百姓不足，君孰与足[⑦]？”此之谓也。

【注释】

①夫足寒伤心，民劳伤国：《申鉴·政体》：“足寒伤心，民寒伤国。”

②佚（yì）：通“逸”，安逸。

③宽宥：宽恕。

④省彻：裁减。彻，通“撤”。

⑤轻约：减少，减省。赋敛：田赋，税收。

⑥渴乏：口干困乏。此指穷困。

⑦“故有若曰”以下五句：《论语·颜渊》：“哀公问于有若曰：‘年饥，用不足，如之何？’有若对曰：‘盍彻乎？’曰：‘二，吾犹不足，如之何其彻也？’对曰：‘百姓足，君孰与不足？百姓不足，君孰与足？’”有若，即有子，字子有，春秋末鲁国人，孔子弟子。

【译文】

脚寒会伤害到心脏，民众劳苦会损害到国家。脚暖就会使心神舒缓，民众安逸就会使国家安定。因而善于治理国家的人，一定会把仁厚慈爱作为根本，而不是以苛刻残酷为先。放宽刑罚，以保全民众的性命；裁减徭役，以蓄养民众的体力；减轻赋税，不使民众的资财匮乏；不误农时，以使民众的物资充足，这样就会使家庭富裕、国家富饶，安宁和平就会到来。民众对于君王，就像子女对于父母。没有父母富裕而子女贫苦或父母贫苦而子女富裕的。所以民众富足，并非只是自己富足，也是国家的富足；百姓穷困，并不只是个人的穷困，也是国家的贫穷。因此有若说：“如果百姓的用度充足，国君怎么会不充足呢？如果百姓的用度不充足，国君又怎么会充足呢？”正是这个道理。

先王之治也，上顺天时，下养万物，草木昆虫，不失其所。獭未祭鱼，不施网罟；豺未祭兽，不修田猎；鹰隼未击，不张罻罗；霜露未沾，不伐草木①。草木有生而无识，禽兽有识而无知，犹施仁爱以及之，奚况生人而不爱之乎？

【注释】

①“獭（tǎ）未祭鱼”以下八句：《淮南子·主术》：“豺未祭兽，罝罦

不得布于野；獭未祭鱼，网罟不得入于水；鹰隼未挚，罗网不得张于溪谷；草木未落，斤斧不得入山林。”獭祭鱼，獭喜吃鱼，常将所捕的鱼井然有序地陈列岸边，如同陈列祭祀的供品，遂称为“獭祭鱼”。《礼记·月令》：“东风解冻，蛰虫始振，鱼上冰，獭祭鱼，鸿雁来。”网罟（gǔ），捕鱼及捕鸟的工具。豺祭兽，豺在深秋时杀兽以备冬粮，陈于四周，似人之陈物而祭。鹰隼（sǔn），鹰和隼，都是捕食小鸟和小动物的猛禽。罻（wèi）罗，捕鸟的网。沾，浸润，浸湿。

【译文】

先王治理国家，上顺应天时，下供养万物，草木昆虫，适得其所。獭祭鱼的时节不到，不撒网捕鱼；豺祭兽的时节不到，不进行打猎；鹰隼没有凶猛搏击的时候，不张网捕鸟；霜露没有打湿植物的时候，不砍伐草木。草木有生命而没有知觉，禽兽有知觉而没有理智，但所施仁厚慈爱尚且要惠及它们，何况对于民众，又怎么能不对其施行仁爱呢？

故君者，其仁如春，其德如雨，泽润万物①，则人为之死矣。昔太王去邠，而人随之②，仁爱有余也；夙沙之君，而人背之③，仁爱不足也。仁爱附人，坚于金石④，金石可销而人不可离⑤。故君者壤地也，人者卉木也。未闻壤地肥而卉木不茂，君仁而万民不盛矣。

【注释】

①泽润：指恩泽普施。

②昔太王去邠（bīn），而人随之：据《史记·周本纪》，周太王在邠地时，狄人进犯。太王不愿意因为争夺土地而伤害民众，于是离开邠地，百姓都争相跟随他到岐山之下建立新的国家。太王，即古公亶父，周文王的祖父。率族人迁居岐下周原，筑城邑，鼓励

农耕，周自此开始强盛。武王有天下，追尊他为太王。邠，又作“豳”，周始祖后稷的曾孙公刘迁居于此，在今陕西彬州一带。

③夙沙之君，而人背之：据《吕氏春秋·用民》：“夙沙之民，自攻其君而归神农。”夙沙，古部落名，在今山东胶东地区。

④金石：金和美石。比喻坚固的东西。

⑤销：熔化。

【译文】

因此作为君王，其仁爱如春天，恩泽如雨水，普施万物，民众就愿意为他而死。从前，周太王离开邠地，众人跟随，是因为仁爱有加；夙沙的国君，遭人背叛，是因为仁爱不够。以仁爱使人归附，比金石还要坚固，即使金石熔化人也不会背叛。因而君王就像土地，民众就如草木。还不曾听说土壤肥沃而草木不茂盛，君王仁爱而子民不兴旺的事情。

从化章十三

君以民为体，民以君为心。心好之，身必安之；君好之，民必从之[①]。未见心好而身不从，君欲而民不随也。人之从君，如草之从风，水之从器。故君之德，风之与器也；人之情，草之与水也。草之戴风也，风鹜东则东靡，风鹜西则西靡，是随风之东西也。水之在器也，器方则水方，器圆则水圆，是随器之方圆也[②]。下之事上，从其所行，犹影之随形，响之应声[③]，言下虚也。上所好物，下必有甚[④]。《诗》云：“诱人孔易[⑤]。”言从上也。

【注释】

①“君以民为体”以下六句：《礼记·缁衣》：“民以君为心，君以民为

体，心庄则体舒，心肃则容敬。心好之，身必安之；君好之，民必欲之。”

②“人之从君”以下十五句：《说苑·君道》：“夫上之化下，犹风靡草。东风则草靡而西，西风则草靡而东，在风所由而草为之靡。”《尸子·处道》：“君者，盂也；民者，水也。盂方则水方，盂圆则水圆。”草之戴风，即草之上风。《论语·颜渊》：“君子之德风，小人之德草，草上之风必偃。”骛，疾驰，此谓风吹。靡，倒下。

③“下之事上”以下五句：《荀子·强国》：“上者，下之师也，夫下之和上，譬之犹响之应声，影之像形也。”

④上所好物，下必有甚：《孟子·滕文公上》：“上有好者，下必有甚焉者矣。”

⑤诱人孔易：诱导民众非常容易。《诗经·大雅·板》：“携无曰益，牖民孔易。”孔，甚。

【译文】

君王把民众看作身体，民众把君王当作心脏。心中有所喜好，身体必定会适应；君王喜好的，民众一定会照样追随。不曾遇到内心喜好而身体不跟从，君王想做而百姓不追随的事情。百姓追随君王，就像草随着风的方向摆动，水根据器皿的形状成型。因而君王的德行，就如风和器皿；百姓的思想，就如草与水。草随风摆动，风吹向东草就向东边倒，风吹向西草就向西边倒，完全随着风吹的方向而向东向西。水在器皿里，器皿是方形水就是方形，器皿是圆形水就是圆形，完全按照器皿的形状或方或圆。处低位者事奉居高位者，会追随他的行为，就像影子跟随身体，回响应和声音一样，是说处低位者要谦虚恭敬。居高位者如果有什么爱好，处低位者一定爱好得更深。《诗经》说：“诱导民众非常容易。”这是说处低位者会跟从居高位者的行为。

昔齐桓公好衣紫，阖境尽被异彩[①]；晋文公不好服羔裘，群臣皆衣牂羊②；鲁哀公好儒服，举国皆着儒衣③；赵武灵王好鵔鸏，国人咸冠鵔冠④。紫非正色，牂非美毳⑤，儒非俗服，鵔非冠饰，而竞亲服之者，随君所好也。楚灵王好细腰，臣妾为之约食，饿死者多⑥。越王勾践好勇而揖斗蛙，国人为之轻命，兵死者众⑦。命者，人之所重；死者，人之所恶。今轻其所重，重其所恶者，何也？从君所好也。

【注释】

①齐桓公好衣紫，阖境尽被异彩：《韩非子·外储说左上》："齐桓公好服紫，一国尽服紫。"齐桓公，春秋时齐国国君，"春秋五霸"之一。阖，全。

②晋文公不好服羔裘，群臣皆衣牂（zāng）羊：据《墨子·兼爱下》，晋文公喜欢粗布衣服，臣下就都穿着粗布衣服和母羊皮衣去见文公。晋文公，春秋时晋国国君，"春秋五霸"之一。羔裘，用紫羔制的皮衣，是皮衣中的佳品，古时为诸侯、卿、大夫的朝服。牂，同"羘"，母羊，牝羊。《广雅疏证·释兽》："吴羊牡一岁曰牡䍬，三岁曰羝；其牝一岁曰牸䍬，三岁曰羘。"

③鲁哀公好儒服，举国皆着儒衣：据《庄子·田子方》，庄子说："鲁国少有儒士。"哀公说："整个鲁国都穿儒衣，怎么能说少有儒士呢？"鲁哀公，姬姓，名将，春秋末鲁国君主。

④赵武灵王好鵔鸏（jùn chóu），国人咸冠鵔冠：据《淮南子·主术》，赵武灵王上朝时腰系贝带，头戴鵔鸏的羽毛装饰的冠帽，国人也都效仿。赵武灵王，即赵雍，战国时赵国君主，在位时推行"胡服骑射"军制政策，推动赵国军力日益强盛。鵔鸏，野鸡的一种，古人用它的羽毛饰冠。

⑤毳（cuì）：鸟兽的细毛。

⑥“楚灵王好细腰”以下三句：据《墨子·兼爱中》，楚灵王喜欢细腰的士人，于是臣子们每天只吃一顿饭，屏气束紧腰带，扶着墙才能站起来。一年后，朝中人大多面黑肌瘦。楚灵王，芈姓，名围，春秋时楚国有名的昏暴之君。

⑦“越王勾践好勇而揖斗蛙”以下三句：据《韩非子·内储说上七术》，越王勾践准备讨伐吴国，希望士兵能够不惧死亡。出门遇见腹部鼓胀有战斗之气的蛙，便以手抚轼行礼，士兵听说后都愿意为他赴汤蹈火。勾践，春秋末越国国君。揖，作揖，行礼。

【译文】

从前，齐桓公喜欢穿紫色衣服，全境之内也都穿色彩奇异的服装；晋文公不喜欢穿紫羔制的皮衣，大臣们就都穿母羊皮制作的衣服；鲁哀公喜欢儒者的服饰，全国民众都穿儒服；赵武灵王喜欢鵔鸃羽毛装饰的帽子，国内百姓也都戴鵔鸃羽毛装饰的帽子。紫色不是正色，母羊没有好看的细毛，儒服不是平常的服装，鵔鸃的羽毛不是帽子的装饰，而民众争相穿着，是为了追随君王的喜好。楚灵王喜欢腰身纤细的人，臣子们因此节制饮食，以致饿死的人很多。越王勾践希望士兵勇敢而向喜斗之蛙行礼，国人都为了他不顾性命，战死的士兵众多。生命，是人们所看重的；死亡，是人们所憎恶的。如今看轻所重视的，追求所厌恶的，为什么呢？是追随君王喜好的缘故。

尧、舜之人，可比家而封；桀、纣之人，可接屋而诛[①]。非尧、舜之民性尽仁义，而桀、纣之人生辄奸邪，而善恶性殊者，染化故也[②]。是以明君慎其所好，以正时俗，树之风声[③]，以流来世。或谓上化而下不必从，君好而人未必同也。故唐尧之世而四凶独纵[④]，殷纣之时而三仁独贞[⑤]，汉文俭而人庶奢[⑥]，齐景奢而晏婴俭[⑦]，此未达之词也。何者？冬之德阴[8]；而有炎震，夏之德阳，而有霜霰[9]。以天地之德，由不能一于阴阳[10]，况其圣贤，岂能一于万民哉？

【注释】

①“尧、舜之人”以下四句：《新语·无为》：“尧、舜之时民，可比屋而封；桀、纣之民，可比屋而诛。”比家、接屋，一家挨着一家，指家家户户，形容众多，普遍。

②染化：熏陶，教化。

③风声：声教，教化。

④四凶：相传为尧舜时代四个恶名昭彰的部族首领，即浑敦、穷奇、梼杌（táo wù）、饕餮（tāo tiè），后被舜流放。《左传·文公十八年》：“舜臣尧，宾于四门，流四凶族浑敦、穷奇、梼杌、饕餮，投诸四裔，以御螭魅。”纵：放纵，不受约束。

⑤殷纣：指商纣王，商代亡国之君。三仁：指殷时的三位仁者，即微子、箕子、比干。《论语·微子》：“微子去之，箕子为之奴，比干谏而死。孔子曰：‘殷有三仁焉。’”贞：坚定，有节操。

⑥汉文：即汉文帝刘恒，尊行道家的无为而治，在历代帝王中以生活简朴著称。人庶：即庶人，指百姓、平民。

⑦齐景：即齐景公，春秋时齐国君主。据《晏子春秋》记载，景公生活十分奢靡，好治宫室，聚犬马，穿戴华贵而不知别人的饥饱冷暖，晏婴常向景公进谏。晏婴：字平仲，夷维（今山东高密）人，春秋时齐国大夫。以有政治远见、具备外交才能和作风朴素闻名诸侯，后世尊称为“晏子”。

⑧德：表征，象征，这里指气候的特征。

⑨霰（xiàn）：雪珠。

⑩由：通“犹”，尚且，还。

【译文】

尧、舜的臣民,可一家一家地受封;桀、纣的臣民,可一家一家地被杀。并非尧、舜时期的民众都本性仁义,而桀、纣时期的百姓都天生奸邪,但仁义和奸邪的性情如此不同,是受到的教化熏陶不同的缘故。因而贤明的君主慎重对待自己的喜好,以端正习俗,树立教化,以流传于后世。也有人说,君王的教化民众不一定都追随,君王的喜好民众也未必都随同。所以唐尧盛世独有浑敦、穷奇、梼杌、饕餮四个凶族不服管制,商纣末世独有微子、箕子、比干三位贤臣忠贞不渝,汉文帝勤俭而百姓奢侈,齐景公奢靡而晏婴简朴,这些都是不通晓事理的言辞。为什么呢?冬日阴气盛行,但也有炎热与惊雷;夏日阳气盛行,但也有冰霜与雪珠。以天地的德性,尚且无法统一阴阳之气,何况是圣贤,难道就一定能使万民行为一致吗?

故权衡虽正,不能无毫厘之差;钧石虽平,不能无抄撮之较[1]。从君之化,以多言之。唐尧居上,天下皆治,而四凶独乱,犹曰尧治,治者多也。殷纣在位,天下皆乱,而三仁独治,犹曰纣乱,乱者众也。汉文节俭,而人有奢,犹曰世俭,俭者多也。齐景太奢而晏婴躬俭,犹曰国奢,奢者众也。水性宜冷,而有华阳温泉,犹曰水冷,冷者多也。火性宜热,而有萧丘寒炎,犹曰火热,热者多也[2]。迅风扬波,高下相临。山隆谷洼,差以寻常[3]。较而望之[4],犹曰水平,举大体也。故世之论事,皆取其多者,以为之节。今观言者,当顾言外之旨,不得拘之以害意也。

【注释】

①“故权衡虽正”以下四句:《淮南子·说林》:“衡虽正,必有差;尺

寸虽齐，必有诡。”权衡，称量物体轻重的器具。权，秤锤。衡，秤杆。钧石，钧和石，古代重量单位。三十斤为钧，四钧为石。抄撮，微细。抄，古代容量单位，约为升的千分之一。撮，抄的十分之一。较，此指误差、偏差。

②“水性宜冷”以下八句：《抱朴子内篇·论仙》：“水性纯冷，而有温谷之汤泉；火体宜炽，而有萧丘之寒焰。”华阳，地区名。《尚书·禹贡》：“华阳黑水惟梁州。”当在华山之南，属梁州，出温泉。萧丘，海岛名，相传在南海中，上有寒火，春生秋灭。

③“迅风扬波”以下四句：《淮南子·泛论》：“水激兴波，高下相临，差以寻常，犹之为平。”迅风，疾劲的风。寻常，古代八尺为一寻，一丈六尺为一常，此处以“寻常”比喻距离大。

④较：大略。

【译文】

所以权衡即使公平，也不能没有毫厘的误差；钧石即使平允，也不能没有细微的偏差。追随君王的教化，还是以多数而论的。唐尧作为君王，天下安定，虽然有四个凶族作乱，但还是说尧时是治世，是因为以安定的局面为主。商纣王在位，天下大乱，虽然有三位仁者安定，但还是说纣王时是乱世，是因为以混乱的局面为主。汉文帝节俭，虽然有人生活奢侈，但仍说世人节俭，是因为节俭的人居多。齐景公太过奢靡，虽然晏婴躬行简朴，但仍说国家奢靡，是因为奢靡的人居多。水的本性当是寒凉，虽然有华阳温泉，但依然说水是寒凉的，因为以寒凉居多。火的本性当是炽热，虽然有萧丘寒火，但依然说火是炽热的，因为以炽热居多。疾风在水面扬起波涛，波峰上下起伏。山峰凸起谷底低洼，高低相差很大。但大致地望去，仍然说水面、山地是平坦的，因为这是从大体上看。所以对世事的评论，都是就多数而言，以便简略。如今看到这些话语的人，应当顾及言外之意，不应受局限而扭曲了本意。

法术章十四

法术者，人主之所执，为治之枢机也①。术藏于内，随务应变；法设于外，适时御人②。人用其道而不知其数者③，术也；悬教设令以示人者④，法也。人主以术化世，犹天以气变万物。气变万物，而不见其象；以术化人，而不见其形。故天以气为灵，主以术为神，术以神隐成妙⑤，法以明断为工⑥。淳风一浇⑦，则人有争心，情伪既动⑧，则立法以检之⑨。建国君人者，虽能善政，未能弃法而成治也。故神农不施刑罚而人善，为政者不可废法而治人；舜执干戚而服有苗，征伐者不可释甲而制寇⑩。

【注释】

①枢机：门轴与弩机。比喻事物的关键。

②御：治理，管理。

③数：策略。

④悬：公布。

⑤神隐：谓神幻幽妙，不易窥测。

⑥工：通“功”，成效。

⑦淳风：敦厚朴实的风俗。浇：薄。

⑧情伪：指弊病。

⑨检：约束。

⑩“故神农不施刑罚而人善”以下四句：《淮南子·泛论》：“夫神农、伏牺不施赏罚而民不为非，然而立政者不能废法而治民；舜执干戚而服有苗，然而征伐者不能释甲兵而制强暴。”干戚，盾与斧，武舞所执的舞具。舜舞干戚比喻以德化仁义服人。《尚书·大禹

谟》:“帝乃诞敷文德,舞干羽于两阶,七旬有苗格。”有苗,古代南方部族名,又称“三苗”。

【译文】

法术,由君主所执掌,是治国的关键。术隐藏于内,随着形势而变化;法设置在外,根据时机来治人。人们遵循其规则却不了解其策略的,是术;作为教令公布出来以警示民众的,是法。君主用术来教化世人,就像天以气来改变万物。气使万物发生变化,却看不到它的形象;君主以术来教化百姓,却看不到它的表现。因此天以气而威灵,君主以术而超凡,术以深奥而神妙,法以严明而有效。敦厚朴实的风俗一旦浇薄,人们就会产生争斗的念头,弊病已然出现,就应制定法令来约束。创建国家治理民众之人,即使擅长政事,也不能不依靠法制而治理好。因而神农不施用刑罚而民众和善,但后世治理国家之人不可废除法令而管理民众;舜帝手执斧盾舞蹈而降服有苗,但后世征伐之人不可放下武器而制服敌寇。

立法者譬如善御①,必察马之力,揣途之数,齐其衔辔②,以其从势。故能登高赴险,无覆辙之败③;乘危涉远,无越轨之患。君犹御也④,法犹辔也,人犹马也,理犹轨也。执辔者,欲马之遵轨也;明法者,欲人之循理也。辔不均齐,马失轨也;法不适时,人乖理也⑤。是以明主务循其法,因时制宜。苟利于人,不必法古;苟周于事,不可循旧。夏、商之衰,不变法而亡;三代之兴,不相袭而王⑥。尧、舜异道而德盖天下,汤、武殊治而名施后代⑦。由此观之,法宜变动,非一代也。

【注释】

①御:驾驶车马。

②衔辔：马嚼子和马缰绳。

③覆辙：翻车的轨迹。

④御：驾驶车马的人。

⑤乖：违背。

⑥“苟利于人”以下八句：《淮南子·泛论》：“苟利于民，不必法古；苟周于事，不必循旧。夫夏、商之衰也，不变法而亡；三代之起也，不相袭而王。”周，适合。

⑦尧、舜异道而德盖天下，汤、武殊治而名施后代：《淮南子·泛论》：“故五帝异道，而德覆天下；三王殊事，而名施后世。”施，及，延及。

【译文】

制定法律就像善于驾驭车马，一定要察看马的体力，预估途中的变化，调整嚼子和缰绳，以使其顺应各种状况。这样便能够攀登高处去往险地，而没有翻车的过失；踏上险地跋涉远方，而没有驶离正道的祸患。君主犹如驾车之人，法令犹如缰绳，民众犹如马，制度犹如轨道。手持缰绳，是要使马遵循轨道；使法令严明，是要使人遵守制度。控制缰绳不均衡，马就会偏离轨道；法律不合时宜，人就会违背情理。因此贤明的君主一定遵循法制，根据不同时代的具体情况采取与之相适应的措施。如果对人有利，就没必要效法古人；如果合乎形势，就不需要遵循旧制。夏朝、商朝衰败，是因为不改变法令制度而灭亡；夏、商、周三代兴盛，是由于不因袭前代制度而得以统治天下。尧和舜的治理方式不同，但恩德都遍及天下，商汤、周武王的统治措施相异，但名声都延及后代。由此看来，法令应当变动，并非只用一代之法。

今法者则溺于古律，儒者则拘于旧礼，而不识情移法宜变改也。此可与守法而施教，不可与论法而立教。故智者作法，愚者制焉；贤者更礼，不肖者拘焉[①]。拘礼之人，不足以言事；制法之士，不足以论理[②]。若握一世之法，以传百世之人，由以一衣碍寒暑[③]，一药治痤瘕也[④]。若载一时之礼[⑤]，以训无穷之俗[⑥]，是刻舟而求剑[⑦]，守株而待兔也[⑧]。

【注释】

①“故智者作法”以下四句：《商君书·更法》：“故知者作法，而愚者制焉；贤者更礼，而不肖者拘焉。”不肖，不贤，无才能。

②“拘礼之人”以下四句：《新序·善谋上》：“拘礼之人，不足与言事；制法之人，不足与论治。”

③由：通“犹”，犹如，好像。

④痤瘕（cuó jiǎ）：痈疮和肿瘤。

⑤载：施行。

⑥训：训导，教化。

⑦刻舟而求剑：《吕氏春秋·察今》：“楚人有涉江者，其剑自舟中坠于水，遽契其舟曰：‘是吾剑之所从坠。’舟止，从其所契者入水求之。舟已行矣，而剑不行，求剑若此，不亦惑乎？”

⑧守株而待兔：《韩非子·五蠹》：“宋人有耕者，田中有株，兔走触株，折颈而死，因释其耒而守株，冀复得兔。兔不可复得，而身为宋国笑。”

【译文】

如今制定法令的人则沉溺于古代律令，研究儒学的人则拘泥于旧时礼制，而不知道形势发生变化法制也应该随之改变。这样的人能够与之遵守法律并推行教化，但不可以与之讨论法律从而树立教化。因而智慧的人创立法律，愚蠢的人受制其中；贤明的人更改礼制，不才的人束缚于此。拘泥于礼制的人，不值得和他讨论事情；受制于法律的人，不值得和他谈论治道。如果谨守着一个时代的法律，留传给百代之后的人，就如同用同一件衣服抵御寒暑，用同一种药物治疗痈疮和肿瘤。如果以一个时期的礼制，来训导各个时代的风俗，就如同在船舷上刻记号再去寻找丢失的剑，守候在树桩旁等待兔子的到来。

故法者，为治之所由，而非所以为治也[①]；礼者，成化之所宗[②]，而非所以成化也。成化之宗，在于随时；为治之本，在于因世[③]。不因世而欲治，不随时而成化，以斯治政，未为忠也。

【注释】

①“故法者”以下三句：《淮南子·泛论》：“法制礼义者，治人之具也，而非所以为治也。”

②成化：成就德化。宗：效法。

③因：依顺，遵循。

【译文】

所以法律是实施统治的途径，而不是为此而统治；礼制是成就德化所应遵从的方法，但不是为此而教化。形成教化所遵从的方法，在于顺应时势；实施统治的根本，在于依循世道。不依循世道而想实现统治，不顺应时势而进行教化，以这样的方法治理国家，算不上诚心尽力。

赏罚章十五

治民御下莫正于法，立法施教莫平于赏罚。赏罚者，国之利器而制人之柄也[①]。

【注释】

①柄：权力，权柄。

【译文】

治理百姓统御下民没有什么比法更公正的了，创立法令施行教化没有什么比奖赏和惩罚更公平的了。奖赏和惩罚，是治理国家的利器和制约民众的权柄。

故天以晷数成岁①，国以法教为治。晷运于天则时成于地，法施于上则治民于下。晷之运也，先春后秋；法之动也，先赏后罚。是以温风发春，所以动萌华也②；寒霜降秋，所以陨茂叶也③；明赏有德，所以劝民善也④；显罚有过，所以禁下奸也。善赏者，因民所喜以劝善；善罚者，因民所恶以禁奸。故赏少而善劝，刑薄而奸息。赏一人而天下喜之，罚一人而天下畏之⑤。用能教狭而治广⑥，事寡而功众也。

【注释】

①晷（guǐ）：日影，日光。

②萌华：初生的花叶。

③陨：坠落。

④劝：鼓励，奖励。

⑤“善赏者”以下八句：《淮南子·泛论》：“古之善赏者，费少而劝众；善罚者，刑省而奸禁……故圣人因民之所喜而劝善，因民之所恶以禁奸。故赏一人而天下誉之，罚一人而天下畏之。”

⑥用：因此。

【译文】

因此上天通过日影的变化形成时间，国家依靠法制的教化进行统治。日光在天上变化而形成世上的时间，法律由君主施行而用以统治民众。日影移动，先春后秋；执行法律，先赏后罚。因此和暖的风唤醒春天，使初生的花叶生长；寒冷的霜露带来秋天，使繁茂的树叶陨落；公正奖赏做好事的人，可以鼓励民众为善；公开惩罚犯错误的人，可以约束民众作恶。善于奖赏之人，是根据民众所好来鼓励其为善；善于惩罚之人，是根据民众所恶来禁止其作恶。所以奖赏不多也可以鼓励为善，刑罚不重也可以制止作恶。奖赏一个人而使天下人都为之欢喜，惩罚一个人而使天下人都因此畏惧。这样才能用很少的教化实现广泛的统治，事半而功倍。

昔王良之善御也①，识马之饥饱规矩，徐疾之节②，故鞭策不载而千里可期，然不可以无鞭策者，以马之有佚也③。圣人之为治也，以爵赏劝善，以仁化养民，故刑罚不用，太平可致。然而不可废刑罚者，以民之有纵也。是以赏虽劝善，不可无罚；罚虽禁恶，不可无赏。赏平罚当，则理道立矣。

【注释】

①王良：春秋时擅长驭马的人。

②徐疾：或慢或快。

③佚：放纵。

【译文】

从前，王良擅长驭马，懂得马的饥饱程度，快慢节奏，因而无需鞭子驱赶就可以行至千里，但是却不能没有驱马的鞭子，因为马也会有放纵的时候。圣明的君主进行统治，用爵禄赏赐来鼓励民众为善，以仁慈教化来培养民众，因而无需动用刑罚，就可以实现安定。但是不能够废除刑罚，是因为民众也会有放纵的时候。所以奖赏虽然可以鼓励向善，但不可以没有刑罚；刑罚虽然可以约束作恶，但不可以没有奖赏。奖赏公平惩罚得当，理政之道就建立起来了。

故君者，赏罚之所归，诱人以趣善也[①]。其利重矣，其威大矣。空悬小利，足以劝善；虚设轻威，可以惩奸。矧复张厚赏以饵下[②]，操大威以驱民哉！故一赏不可不信也，一罚不可不明也。赏而不信，虽赏不劝；罚而不明，虽刑不禁。不劝不禁，则善恶失理。是以明主之赏罚，非为己也，以为国也。适于己而无功于国者，不加赏焉；逆于己而便于国者，不施罚焉[③]。罚必施于有过，赏必加于有功。苟善赏信而罚明，则万人从之。若舟之循川，车之遵路，亦奚向而不济，何行而弗臻矣[④]！

【注释】

①诱：教导，引导。趣：通“趋”，趋向。

②矧（shěn）：况且。饵：引诱。

③“是以明主之赏罚”以下七句：《淮南子·缪称》：“明主之赏罚，非以为己也，以为国也。适于己而无功于国者，不施赏焉；逆于己便于国者，不加罚焉。”

④臻：达到。

【译文】

因此君主是掌握赏罚大权的人，要引导民众向善。其利益厚重，威力巨大。空设一点小利，足够鼓励民众向善；虚置一点威慑，便可警戒民众作恶。何况再设置重赏来吸引下民，使用威力来驱策百姓呢？所以每一次小的奖赏都不能不公正，每一次小的惩罚都不可不严明。奖赏如果不公正，就无法起到鼓励的作用；惩罚如果不严明，就不会起到约束的效果。赏罚失去鼓励和约束的功能，善事和恶事便无法治理。因而明君进行奖赏和惩罚，不是为了自己，而是为了国家。适合自己却对国家无功的人，不进行奖赏；抵触自己而对国家有利的人，不加以惩罚。惩罚必须针对犯错误的人，奖赏必须给予有功绩的人。如果能够做到奖赏公正而惩罚严明，就能赢得众多民众的追随。就像船顺水而行，车沿路而驶，向哪里行船而不能渡，往哪里行驶而无法到达呢？

审名章十六

言以绎理①，理为言本；名以订实②，实为名源。有理无言，则理不可明；有实无名，则实不可辨。理由言明，而言非理也；实由名辨，而名非实也。今信言以弃理，非得理者也；信名而略实，非得实者也。故明者课言以寻理③，不遗理而著言；执名以责实，不弃实而存名，然则言理兼通而名实俱正。

【注释】

①绎：陈述，诠释。

②订：核定。

③课：考核，考查。

【译文】

言辞用以陈述事理，事理是言辞的本原；名称用来核定事实，事实是名称的来源。有事理而没有言辞，那么道理就无法说明；有事实而没有名称，那么事实就无法分辨。事理凭借言辞来说明，但言辞并非事理；事实借助名称来分辨，但名称并不是事实。如果只相信言辞而抛开事理，就不能明白事理；只相信名称而忽略事实，就不会认清事实。因而有智慧的人考查言辞来推求事理，不脱离事理而设立言辞；根据名称来考查事实，不抛开事实而空有名称，这样就会使言辞和事理一致，名称和事实相符了。

世人传言，皆以小成大，以非为是。传弥广而理逾乖[①]，名弥假而实逾反，则回犬似人，转白成黑矣。今指犬似人，转白成黑，则不类矣[②]。转以类推，以此象彼，谓犬似玃，玃似狙，狙似人，则犬似人矣[③]。谓白似缃[④]，缃似黄，黄似朱，朱似紫，紫似绀[⑤]，绀似黑，则白成黑矣。

【注释】

①弥：更加。逾：更加。

②不类：不当。

③“转以类推”以下六句：《吕氏春秋·察传》：“夫得言不可以不察，数传而白为黑，黑为白。故狗似玃，玃似母猴，母猴似人。人之与狗则远矣。”玃（jué），兽名，似猴而形体较大。狙，猕猴。

④缃（xiāng）：浅黄色。

⑤绀（gàn）：深青透红之色。

【译文】

世人传话，都把小说成大，把非说成是。传得越广就越偏离事理，名称越不真实而事实就越颠倒，因而就会把犬说成人，把白说成黑。如果说犬像人，说白为黑，就是不合事理的。辗转地以类相推，把这一个当成那一个，说犬像玃，玃像狙，狙像人，那么犬就像人了。说白像浅黄，浅黄像黄，黄像朱红，朱红像紫，紫像红青，红青像黑，所以白色就成了黑色。

黄轩四面，非有八目[①]。夔之一足，非有独胫[②]。周之玉璞，其实死鼠[③]。楚之凤凰，乃是山鸡[④]。愚谷智叟，而蒙顽称[⑤]。黄公美女，乃得丑名[⑥]。鲁人缝掖，实非儒行[⑦]。东郭吹竽，而不知音[⑧]。四面一足，本非真实；玉璞凤凰，不是定名。鲁人东郭，空揽美称；愚谷黄公，横受恶名。由此观之，传闻丧真，翻转名实，美恶无定称，贤愚无正名。

【注释】

①黄轩四面，非有八目：《太平御览》卷三六五引《尸子》："子贡问孔子曰：'古者黄帝四面，信乎？'孔子曰：'黄帝合己者四人，使治四方，大有成功，此之谓四面也。'"孔子说黄帝派四位大臣去治理四方百姓，此"四面"为"面向四方"之意，而子贡所说"四面"指"四张面孔"，即有"八目"。黄轩，指黄帝轩辕氏，居于轩辕之丘，故得氏"轩辕"。

②夔（kuí）之一足，非有独胫：据《吕氏春秋·本味》，从前舜要以乐传教于天下，于是命令夔为乐正。舜认为："夔能和之，以平天下，若夔者，一而足矣。"此言有夔一人就足够了，后被传言为夔有一足，即只有一只脚。夔，相传为尧、舜时的乐官。胫，腿。

③周之玉璞，其实死鼠：据《战国策·秦策三》，郑人把没有加工的玉叫作璞，周人把没有风干的老鼠叫作朴。周人问郑人是否买朴，郑人以为是玉，便说要买，拿出来一看，原来是死老鼠。玉璞，未经雕琢的玉石。

④楚之凤凰，乃是山鸡：据《尹文子·大道上》，楚国人担着山鸡，路人问他是什么鸟，这个人欺骗说是凤凰。于是路人不惜重金而买下。国人相传，都以为是真凤凰。

⑤愚谷智叟，而蒙顽称：据《说苑·政理》，齐桓公进山打猎，向一位老人询问山谷的名字。老人说因为自己愚蠢，所以此谷叫作愚公谷。当时人们以为这位老人是愚蠢的人，其实是一位智者。叟，老人。蒙，蒙受。顽，愚钝。

⑥黄公美女，乃得丑名：据《尹文子·大道上》，齐国有位黄公，为人十分谦卑，有两个美丽至极的女儿，却说女儿长得很丑，使丑陋之名流传得很远，因此没有人来定亲。卫国有个鳏夫冒然娶了其中

的一个，一看原来是国色天香。于是人们争相来定亲。

⑦鲁人缝掖，实非儒行：据《庄子·田子方》，庄子说鲁国少有儒者，鲁哀公说："整个鲁国的人们都穿儒服，怎么能说少有儒者呢？"庄子说："有道的君子未必穿儒服，穿儒服的人未必懂得道。"缝掖，又作"逢腋"，大袖单衣，古儒者所服。

⑧东郭吹竽，而不知音：古文献中有南郭处士吹竽之事，与此可互参。据《韩非子·内储说上七术》，齐宣王使三百人吹竽，不会吹竽的南郭处士也混杂其中。宣王死后湣王即位，喜欢听人独自吹竽，处士只好逃跑了。

【译文】

轩辕黄帝有四面之使，并不是有四张脸面八只眼睛。夔有一个就足够了，并不是夔只有一只脚。周人所谓玉璞，实际上是死鼠。楚人所说的凤凰，其实是山鸡。愚谷智叟的命名，使自己承受愚钝之称。黄公美丽的女儿，却得到丑陋的传名。鲁国人身着宽袖的儒服，却不是真正的儒者。东郭处士混在人群之中吹竽，却并不懂得音乐。四张脸、一只脚，本不是真实情况；玉璞和凤凰，不是确定的称谓。鲁国人和东郭处士凭空享有美称，愚谷智者和黄公之女却枉受恶名。由此看来，传闻与真相不符，使名称与事实颠倒，从而使美好与丑陋没有确定的称谓，贤明与愚钝没有正确的名字。

俗之弊者，不察名实，虚信传说，即似定真。闻野丈人①，谓之田父②；河上姹女，谓之夫人③；尧浆、禹粮，谓之饮食④；龙胆、牛膝⑤，谓之为肉；掘井得人，谓人自土而出⑥；三豕渡河，云彘行水上⑦。凡斯之类，不可胜言。故狐、狸二兽，因其名便，合而为一⑧；蛩蛩巨虚⑨，其实一兽，因其词烦，分而为二。斯虽成其名，而不知考其实；弗审其词，而不察其形。

【注释】

①野丈人:草药白头翁的别名。

②田父:田间老农。

③河上姹女,谓之夫人:《抱朴子内篇·黄白》:"河上姹女,非妇人也。"河上姹女,亦作"奼女",道家对水银的称呼。

④尧浆、禹粮,谓之饮食:《抱朴子内篇·黄白》:"禹余粮,非米也;尧浆,非水也。"尧浆,药物名。禹粮,即"禹余粮",矿物名,可入药。

⑤龙胆、牛膝:皆为草本植物,根可入药。

⑥掘井得人,谓人自土而出:据《吕氏春秋·察传》,宋国的丁氏因家中无井,经常有一个负责打水的人居住在外。等到家里凿了井,丁氏告诉别人说:"吾穿井得一人。"有听到的人便传言丁氏凿井挖到一个人。宋国国君派人问丁氏,丁氏说:"得一人之使,非得一人于井中。"

⑦三豕(shǐ)渡河,云彘(zhì)行水上:据《吕氏春秋·察传》,有读史书的人说:"晋师三豕涉河。"子夏说:"'三豕'应该是'己亥'。'己'与'三'相近,'豕'与'亥'相似。"豕,猪。彘,猪。

⑧"故狐、狸二兽"以下三句:《淮南子·缪称》:"今谓狐狸,则必不知狐,又不知狸。非未尝见狐者,必未尝见狸也。狐、狸非异,同类也。而谓狐狸,则不知狐、狸。"狐、狸本是两种不同的动物,常被混为一谈。狐,形似狼,肉食,性狡猾多疑。狸,俗称野猫,形似猫,以鸟、鼠等小动物为食,常盗食家禽。

⑨蛩蛩(qióng):古代传说中的兽名,一说即巨虚。巨虚:又作"距虚",兽名。

【译文】

世俗中无学识之人,不考察名称和事实的关系,而凭空相信传闻,进而当作真实的情况。听到野丈人，说成是老农；听到河上姹女，说成是夫人；尧浆、禹粮，说成是食物；龙胆、牛膝，说成是肉类；挖井得一人之使，说成是有人从地下被挖出来；误将“己亥渡河”读成“三豕渡河”，说成是三头猪在水上行走。凡是这样的情况，不可胜数。因而狐、狸是同类的两种兽，为了称呼方便，就合为一个名称；蛩蛩和巨虚，实际是一种兽，因为名称烦琐，便分为两个称谓。这样即使确定了名称，却不知推求事实；不推敲其言辞，就无法考察实体。

是以古人必慎传名，近审其词，远取诸理，不使名害于实，实隐于名。故名无所容其伪，实无所蔽其真，此谓正名也①。

【注释】

①正名：辨正名称、名分，使名实相符。

【译文】

因此古人一定慎重对待传闻，身边的审查其言辞，远方的从事理上推求，不使名称扭曲事实，不使事实隐没在名称里。所以在名称中不包含虚假的东西，在事实中不使真实的东西被遮蔽，这样才是正名。

卷四

【题解】

本卷主要阐述关于辨名和识人的道理，包括《鄙名》《知人》《荐贤》《因显》四章。

《鄙名》谓恶名会带来不好的后果。名称虽然是一种外在形式，却包含着赞扬或贬斥的意义，反映在语言的表述上，则有好坏之分，因而名称须与本质相对应，否则就会产生反向的效应。因此，名称不仅是一种情感的表达，也是一种社会的产物，因而“审名之宜，岂不信哉”？

《知人》谓鉴察人的能力及品行。人有成长的过程，考核人才也应该对其进行全面的了解。“听之于未闻，察之于未形，而鉴其神智”，是最高境界的“知人”；而对于位卑名微、身怀才学的“烈士”，要礼贤下士，放手任用，使他们能成一世之名。总之，君主应具备识别贤能的眼光和能力，以实现人尽其才。

《荐贤》谓举荐贤才。治理国家不是少数智者就可以完成的，而需要各类人才的共同配合，因而对人才的需求也具有多样性。在选择人才时，应该不问出身，不责小节。在举荐贤才时，还要善于发现和推荐才能高于自己的人。可见，荐贤是一种美德，亦是一种功德。

《因显》谓借助外物而彰显光彩。作者认为，事物未能彰显光彩可能是因为缺少外物的助力，正如典故“一顾千金”所体现出的伯乐的重要作用。人居处在世，即使有才干，也需要借助外力得以扬名。

本卷《鄙名》章承接上卷《审名》章，从“名假实反则言理不通”和“取名不善则言害于实”两方面，说明名实不符的弊端，具有实用主义价值。而《知人》章反映了“未有功而知其贤”的识才观，《荐贤》章说明了“进贤受上赏，蔽贤蒙显戮”的献贤观。这些论述相辅相成，不但是相关理论的深化，亦是对现实认知的升华。

鄙名章十七

名者，命之形也；言者，命之名也。形有巧拙，故名有好丑。名有好丑，则言有善恶。名言之善，则悦于人心；名言之恶，则忮于人耳①。是以古人制邑名子②，必依善名。名之不善，则害于实矣。

【注释】

①忮（zhì）：害。

②邑：封地。

【译文】

名称，表示事物的形态；字词，构成事物的名称。事物的形态有优有劣，因此名称也有好有坏。名称有好有坏，用词就有褒有贬。名字取得好，会使人心里愉悦；名字取得差，则使人感到刺耳。因此古人设置封地和为孩子取名，都要用好名字。名字不好，就会对实体有所伤害。

昔毕万以盈大会福①，晋仇以怨偶逢祸②。然盈大者不必尽吉，怨偶者不必皆凶，而人怀爱憎之意者，以其名有善恶也。今野人昼见蟢子者以为有喜乐之瑞③，夜梦雀者以为有爵位之象④。然见蟢者未必有喜，梦雀者未必弹冠⑤，而人悦之者，以其名利人也。水名盗泉，尼父不漱⑥；邑名朝歌，颜渊不舍⑦；里名胜母，曾子还轸⑧；亭名柏人，汉后夜遁⑨。何者？以其名害义也。以蟢、雀之微，无益于人，名苟近善，而世俗爱之；邑、泉之大，生民所庇，名必伤义，圣贤恶之。由此而言，则善恶之义，在于名也。

【注释】

①毕万以盈大会福：据《左传·闵公元年》，毕万事奉晋献公，以灭霍、耿、魏立功，封于魏，为大夫。其后代与韩、赵分晋，成为“战国七雄”之一。毕万，春秋时期晋国大夫，战国时魏国的先祖。

②晋仇以怨偶逢祸：据《左传·桓公二年》，晋穆侯讨伐条戎战败，正在此时夫人姜氏生下太子，故取名为“仇”；后来穆侯在千亩之战时获胜，又生下“仇”的弟弟，故取名为“成师”。师服认为“怨耦曰仇”，这个名字对太子不利。后来成师的后人篡夺了太子仇后人的国君之位，晋国遭受连年动乱之祸。晋仇，晋国太子，后来的晋文侯。怨偶，又作“怨耦”，指结为怨仇的双方。

③蟢（xǐ）子：古书上说的一种蜘蛛，亦作“喜子”。

④夜梦雀者以为有爵位之象：《论衡·感类》：“人且得官，先梦得爵。”古代“雀”“爵”二字谐音，所以梦雀征验得爵。

⑤弹冠：弹去冠上的灰尘，指准备出仕做官。

⑥水名盗泉，尼父不漱：《论语比考谶》：“水名盗泉，仲尼不漱。”盗泉，泉名，在今山东泗水东北。相传孔子因盗泉之名于礼不顺，故渴而不饮其水。尼父，又作“尼甫”，对孔子的尊称，孔子字仲尼，故称。漱，吮吸，饮。

⑦邑名朝歌，颜渊不舍：《论语比考谶》：“邑名朝歌，颜渊不舍。”朝

歌，殷商的都城，商灭亡于此，在今河南淇县。颜渊，即颜回，字子渊，春秋末鲁国人，孔子的弟子。以好学、重德行著称，后世尊称为“复圣”。舍，住。

⑧里名胜母，曾子还轸（zhěn）：《淮南子·说山》：“曾子立孝，不过胜母之闾。”儒家谓子女胜于父母为不孝，所以曾子于胜母里前掉转车头。里，里巷，居民聚落的单位。曾子，名参，字子舆，春秋末鲁国南武城（今山东费县）人，孔子的弟子，儒家学派重要代表人物，以孝著称。还轸，犹回车。轸，车厢底部四周的横木，借指车。

⑨亭名柏人，汉后夜遁：据《史记·张耳陈馀列传》，汉高祖路过某县的驿站想要留宿，得知县名为“柏人”，认为“柏人”即“迫于人”，便没有留宿而离开了。“柏”与“迫”通，“迫于人”即受人迫害之意。亭，驿亭。柏人，在今河北隆尧。汉后，指汉高祖刘邦，字季，沛县丰邑（今属江苏）人，西汉开国皇帝。后，帝王。遁，逃跑。

【译文】

从前，毕万因为名字有盛大之意而获得福禄，晋仇因为名字有仇怨之意而招致灾祸。然而盛大未必都是吉利，仇怨未必都有灾难，可人们却对他们怀有或喜爱或憎恶的情感，是因为其名字的意义有好有坏。如今村野之人白天看到蟢子就认为是喜庆的征兆，夜里梦见鸟雀就当作是获得爵位的预兆。然而看到蟢子未必就有喜事，梦见鸟雀未必就要做官，但人们因此欣喜，因为这些名字的含义对人有利。叫作盗泉的水，孔子不喝；叫作朝歌的城邑，颜渊不住；叫作胜母的里巷，曾参掉转车头；叫作柏人的驿亭，汉高祖连夜逃遁。为什么呢？因为这些名字有伤义理。蟢子、鸟雀如此微小，对人们并没有益处，但只要名字含义美好，人们便会喜爱；城邑、泉水如此广大，是庇护民众的地方，如果名称有伤义理，圣贤便会厌恶。由此说来，好坏之意，在于名字。

昔有贫人，命其狗曰“富”，命其子曰“乐”。方祭，而狗入于室，叱之曰：“富，出！”祝曰：“不祥。”家果有祸，其子后死。哭之曰：“乐！”而不似悲也[①]。庄里有人，字其长子曰“盗”，次子曰“殴”。盗持衣出耨，其母呼之曰：“盗！”吏因缚之。其母呼殴喻吏，遽而声不转，但言：“殴！殴！”吏因殴之，盗几至于殪[②]。立名不善，身受其弊，审名之宜，岂不信哉？

【注释】

①“昔有贫人”以下十五句：又见于《太平御览》卷七三五引《尸子》。祝，祭祀时主持祭礼的人。

②“庄里有人”以下十八句：又见于《尹文子·大道下》。耨（nòu），除草。喻，说明，使人了解。遽，惊惧，慌张。不转，不流利。殪（yì），杀死。

【译文】

从前有一个贫穷的人，给狗取名为“富”，给孩子取名为“乐”。祭祀时，狗闯入屋子，这个人呵斥道：“富，出去！”主持祭礼的人说：“这不吉利。”家里果然有了灾祸，后来孩子死了。这个人哭号道：“乐！”听起来不像悲伤的样子。村里有一个人，给长子取名为“盗”，次子取名为“殴”。盗拿着衣服出去除草，他的母亲喊他：“盗！”官吏于是把他捆绑起来。母亲赶紧叫殴去向官吏解释，但慌乱之中话说得不流利，只是喊道：“殴！殴！”官吏听到就是一顿殴打，盗快要被打死了。名字取得不好，自身就会遭受危害，考虑名字的含义是否恰当，难道不是真的很重要吗？

知人章十八

龙之潜也，庆云未附[①]，则与鱼鳖为邻；骥之伏也[②]，孙阳未赏[③]，必与驽骀同枥[④]；士之翳也[⑤]，知己未顾[⑥]，亦于庸流杂处。自非神机洞明[⑦]，莫能分也。

【注释】

①庆云：五色云，古人以为祥瑞之气。

②骥：良马。

③孙阳：即伯乐，春秋中期郜国（今山东成武）人。以相马之术得到秦穆公信赖，被封为伯乐将军。后将毕生经验进行总结，写成《伯乐相马经》。

④驽骀（tái）：劣马。枥：马槽。

⑤翳（yì）：遮蔽，隐没。

⑥顾：拜访。

⑦神机：指心神。

【译文】

龙潜伏时，没有五色祥云的依托，便和鱼鳖一起生活；千里马隐没时，没有伯乐的赏识，便与劣马同槽；贤士隐没时，没有知己的探访，便与平庸之辈混居杂处。如果不是心神洞明的人，便无法分辨出来。

故明哲之相士[①]，听之于未闻，察之于未形，而监其神智[②]，识其才能，可谓知人矣。若功成事遂[③]，然后知之者，何异耳闻雷霆而称为聪，目见日月而谓之明乎[④]？

【注释】

①相士：鉴别人才。

②监：通“鉴”，明察，分辨。

③遂：成功，实现。

④何异耳闻雷霆而称为聪，目见日月而谓之明乎：《鹖冠子·度万》：“见日月者不为明，闻雷霆者不为聪。”

【译文】

因而明智的人鉴识人才，在其未出名时就能够闻知，未显露时就可以察觉，并且辨识出他的智慧和才能，这样才能称为知人。如果这个人已经建立了功名、成就了事业，然后才发现他，这与把耳朵听到响雷当作听觉灵敏，眼睛看到日月当作视力敏锐又有什么区别呢？

故九方谭之相马也①，虽未追风逐电，绝尘掣影②，而迅足之势③，固已见矣。薛烛之赏剑也④，虽未陆斩玄犀⑤，水截蛟龙，而锐刃之资，亦已露矣。故范蠡吠于犬窦，文种闻而拜之⑥；鲍龙跪石而吟，仲尼为之下车⑦。尧之知舜，不违桑阴⑧；文王之知吕望，不以永日⑨。眉睫之征接而形于色，音声之妙感而动于心⑩，圣贤观察，不待成功而知之也。陈平之弃楚归汉，魏无知识其善谋⑪；韩信之亡于黑水，萧何知其能将⑫。岂待吐六奇而后明⑬，破赵、魏而方识哉？若夫临机能谋而知其智，犯难涉危乃见其勇，是凡夫之识，非明哲之鉴。

【注释】

①九方谭（yīn）：即九方皋，春秋时相马家。曾受伯乐推荐，为秦穆公相马三个月。

②绝尘：形容奔走迅速。掣影：形容疾速如影子一闪。

③迅足：捷足。

④薛烛：春秋时人，善相剑，曾经南游越国，在越王勾践面前品评宝剑。

⑤玄犀：黑犀牛。

⑥范蠡吠于犬窦，文种闻而拜之：据《史记·越王勾践世家》正义引《吴越春秋》："大夫种，姓文名种，字子禽。荆平王时为宛令，之三户之里，范蠡从犬窦蹲而吠之，从吏恐文种惭，令人引衣而障之。文种曰：'无障也，吾闻犬之所吠者人，今吾到此，有圣人之气，行而求之，来至于此。且人身而犬吠者，谓我是人也。'乃下车拜，蠡不为礼。"范蠡，字少伯，春秋时楚国宛（今河南南阳）人，与文种一同入仕越国，后拜为上大夫，辅佐越王勾践灭吴。犬窦，狗洞。文种，字少禽，一作子禽，春秋时楚国郢（今湖北江陵）人，越王勾践的谋臣。灭吴后自觉功高，不听劝告，被勾践赐死。

⑦鲍龙跪石而吟，仲尼为之下车：《说苑·尊贤》："鲍龙跪石而登岭，孔子为之下车。"鲍龙，其人其事不详。仲尼，即孔子，名丘，字仲尼。

⑧尧之知舜，不违桑阴：《战国策·赵策四》："昔者尧见舜于草茅之中，席陇亩而荫庇桑，阴移而授天下。"《说苑·尊贤》："尧、舜相是，不违桑阴。"不违桑阴，谓桑树的树荫尚未移走，比喻时间短暂。

⑨文王之知吕望，不以永日：《说苑·尊贤》："文王举太公，不以日久。"文王，即周文王，姓姬，名昌。在位期间任用吕望，迁都丰邑，使国势强盛，天下诸侯多归从，为武王灭商奠定基础。吕望，姜姓，吕氏，名尚，字子牙，周朝开国元勋，辅佐周文王、周武王建立霸业。永日，尽日。

⑩眉睫之征接而形于色，音声之妙感而动于心：《说苑·尊贤》："眉睫之微，接而形乎色；声音之风，感而动乎心。"

⑪陈平之弃楚归汉，魏无知识其善谋：据《史记·陈丞相世家》，陈平降汉，通过魏无知求见汉王，周勃、灌婴等都说他是个反复无常的作乱奸臣。魏无知说："我推荐的是善出奇谋的人，只关心他的计谋是否有利于国家。至于他曾私通嫂嫂、接受钱财，又有什么值得疑虑的呢？"陈平，秦末阳武（今河南阳武）人，西汉开国功

臣。幼嗜读书,足智多谋,事高祖屡出奇策,惠帝时官至丞相。魏无知,秦汉之际汉谋士,西汉建立后,因曾举荐陈平而得厚赏。

⑫韩信之亡于黑水,萧何知其能将:据《史记·淮阴侯列传》,韩信最初因不受刘邦重用而逃跑,萧何追回他后向刘邦报告,称赞韩信"国士无双",想要争夺天下,一定要与韩信共同谋划。最终刘邦拜韩信为大将。韩信,秦末淮阴(今江苏淮阴)人,西汉开国功臣,名将,军事家。初从项羽,后归刘邦,汉五年(前202)与汉师会围项羽于垓下,封楚王,与萧何、张良并称为"汉初三杰"。黑水,河流名,流经今陕西汉中一带。萧何,沛县(今属江苏)人,西汉开国功臣,政治家。刘邦封汉王,任他为丞相。荐韩信为大将,并留守关中,输送士卒粮饷,为汉朝的建立做出重要贡献。

⑬六奇:指陈平六出奇计,协助刘邦统一天下,巩固汉政权。例如离间项羽君臣、解荥阳之围、诱擒韩信等。《史记·太史公自序》称之为"六奇"。

【译文】

因此九方堙品评马的优劣,即使马没有飞速奔跑,风驰电掣,但脚步迅捷的态势就已经呈现出来。薛烛评价剑的好坏,即使不曾在陆地上砍杀黑犀牛,在水里斩杀蛟龙,但锋利的特点也已显露出来。所以范蠡在狗洞中学狗叫,文种听到就去拜见;鲍龙跪坐在石头上吟咏,孔子为此而下车。尧对舜的赏识,只是桑阴未移的工夫;文王对吕望的了解,只是不到一天的时间。眉目间眼神相接就会因发现贤才而喜形于色,听到美妙的声音语气就动了收揽贤才的心思,圣贤鉴识人才,不必等到他成功就能知道。陈平离开楚霸王而归附汉王,魏无知看出他善于出谋划策;韩信于黑水逃亡,萧何知道他能够带兵。难道要等到陈平六次使出妙计才能了解,韩信攻破赵、魏两国之后才能明白吗?如果在紧要关头施展谋略后才知晓他的智慧,临难涉险之时才了解他的勇武,这只是平常人的认识,而非智者的鉴识。

故公输之刻凤也①，冠距未成②，翠羽未树③，人见其身者，谓之鸱鸱④；见其首者，名曰鸲鸡⑤，皆訾其丑而笑其拙⑥。及凤之成，翠冠云耸⑦，朱距电摇⑧，锦身霞散⑨，绮翮焱发⑩。翙然一翥⑪，翻翔云搏⑫，三日而不集⑬，然后赞其奇而称其巧。

【注释】

①公输：指公输班，春秋时鲁国人，亦称鲁班。传说曾创造攻城的云梯和刨、钻等工具，还善于造桥，石雕技术精湛，后世尊称他为“鲁班爷”。

②距：鸟类爪子后面突出像脚趾的部分。此处代指凤爪。

③翠羽：指鸟的翅膀。

④鸱鸱（máng chī）：猫头鹰一类的鸟。

⑤鸲鸡（wū zé）：鹈鹕的别名。

⑥訾（zǐ）：诋毁，指责。

⑦云耸：高高耸立。

⑧电摇：闪耀摇摆。

⑨霞散：如云霞披散。

⑩绮：华丽。翮（hé）：鸟羽的茎，代指翅膀。焱（yàn）：火花，火焰。

⑪翙（huì）然：指鸟飞起的样子。翙，鸟飞的声音。翥（zhù）：高飞。

⑫翻翔：翻飞，飞翔。云搏：犹言“搏云”，指凤鸟以翅拍打浮云。

⑬集：鸟栖止于树上。

【译文】

因此公输班雕刻凤鸟，在凤冠和凤爪没有成形、翅膀没有做出时，人们见到它身形的，称它为鸱鸱；见到它头部的，说它是鹈鹕，都指责它的丑陋并嘲笑公输班的笨拙。等到凤鸟刻成时，翠绿的凤冠高高耸立，朱红的凤爪闪亮摇摆，色彩鲜艳的身体如云霞铺散，华丽的羽翼像火焰迸发。振翅而起，翻飞于浮云之上，三日而不停栖，然后人们便开始赞扬它的神妙而称颂公输班的高明了。

尧遭洪水，浩浩滔天，荡荡怀山，下民昏垫①。禹为匹夫，未有功名，尧深知之，使治水焉。乃凿龙门②，斩荆山③，导熊耳④，通鸟鼠⑤，栉奔风，沐骤雨⑥，面目黧黖⑦，手足胼胝⑧。冠挂不暇取⑨，经门不及过⑩，使百川东注于海，生民免为鱼鳖之患。于是众人咸歌咏，始知其贤。

【注释】

①"尧遭洪水"以下四句：《尚书·皋陶谟》："禹曰：'洪水滔天，浩浩怀山襄陵，下民昏垫。'"浩浩，水流盛大的样子。滔天，弥漫天际。荡荡，水奔突涌流的样子。怀，包围。昏垫，陷溺，指困于水灾。

②龙门：指龙门山，又称禹门山，在今陕西韩城与山西河津之间，跨黄河两岸。《尚书·禹贡》："导河积石，至于龙门。"

③荆山：在今陕西富平西南，相传大禹在此铸鼎。《尚书·禹贡》："导岍及岐，至于荆山。"

④熊耳：即熊耳山，在今河南卢氏西南。《尚书·禹贡》："导洛自熊耳，东北会于涧、瀍。"

⑤鸟鼠：即鸟鼠山，在今甘肃渭源西南，相传山中有鸟鼠雌雄同穴。《尚书·禹贡》："荆、岐既旅，终南、惇物，至于鸟鼠。"

⑥栉（zhì）奔风，沐骤雨：用疾风梳头，用暴雨洗发。指不避风雨，奔波劳碌。《庄子·天下》："昔禹之湮洪水，决江河，而通四夷九州也，……沐甚雨，栉疾风。"栉，梳头。沐，洗发。骤雨，忽然降

落的大雨。

⑦面目黧黚（lí gǎn）：据《吕氏春秋·行论》，大禹“官为司空，以通水潦，颜色黎黑。”黧黚，指面色黑。

⑧胼胝（pián zhī）：手掌脚底因长期劳动摩擦而生的茧。

⑨冠挂不暇取：《淮南子·原道》：“禹之趋时也，履遗而弗取，冠挂而弗顾。”不暇，没有空闲。

⑩经门不及过：《孟子·滕文公上》：“禹八年于外，三过其门而不入。”过，此指进门看望家人。

【译文】

尧时遭遇洪水，盛大而弥漫天际，汹涌而将群山包围，百姓困于其中。禹只是一个平民，没有功业和名位，尧十分了解，派他去治理洪水。禹于是开凿龙门山，劈开荆山，疏导熊耳山，贯通鸟鼠山，不避风雨，奔波劳碌，面色黧黑，手脚生茧。帽子被钩住也没有工夫取回，数次经过家门也来不及进屋，终于将众多河流向东引入大海，使百姓免除了成为洪水中的鱼鳖的祸患。于是大家都歌颂他，才认识到他的贤能。

故见其朴而知其巧者①，是王尔之知公输也②；凤成而知其巧者，是众人之知公输也。未有功而知其贤者，是尧之知禹也；有功而知其贤者，是众人之知禹也。故知人之难，未易遇也。

【注释】

①朴：指未经加工成器的木材。

②王尔：传说中的能工巧匠。

【译文】

因而看见凤鸟的毛料而知道工匠的高明，是王尔对公输班的认识；凤鸟雕成后才知道工匠的高明，是众人对公输班的认识。没有功名就知道他的贤良，是尧对禹的认识；获得功名才知道他的贤良，是众人对禹的认识。所以鉴识人才是很难的，明察之人不能够轻易遇到。

侯生[①]，夷门抱关之吏也[②]，见知于无忌[③]。豫子[④]，范、中行之亡虏也[⑤]，蒙异于智伯[⑥]，名尊而身显，荣满于当世，虽复刎颈魏庭[⑦]，漆身赵地[⑧]，揣情酬德，未报知己虚左之顾[⑨]，国士之遇也。世之烈士[⑩]，愿为赏者授命[⑪]，犹瞽者之思视[⑫]，躄者之想行[⑬]，而目终不得开，足终不得伸，徒自悲夫！

【注释】

①侯生：即侯嬴，战国时魏国隐士。信陵君慕名求访，亲自执辔驾车，迎为上客。后却秦救赵，因自感对魏君不忠，自刭而死。其事见于《史记·魏公子列传》。

②夷门：战国时魏国都城大梁的东门。抱关：掌握门闩，把守城门。

③无忌：即魏无忌，战国时魏国公子。被封于信陵，后世称其为“信陵君”，与春申君黄歇、孟尝君田文、平原君赵胜并称为“战国四公子”。

④豫子：即豫让，春秋战国之际晋国人，智伯瑶的家臣。智氏被韩、赵、魏所灭，豫让欲为智伯瑶报仇，屡次改换形貌刺杀赵襄子，不成，被捕后伏剑自杀。其事见于《战国策·赵策一》《史记·刺客列传》。

⑤范、中行：指范氏和中行氏，春秋时晋国六卿中的两个家族。

⑥智伯：智氏，名瑶，时人尊称为智伯，春秋末年晋国正卿。

⑦庭：通“廷”，朝廷。

⑧漆身：此指豫让把漆涂抹在身上而生癞疮，以此改变容貌。

⑨虚左：古礼以左位为尊，空着以待贵宾，后以此表示对宾客的尊敬。

⑩烈士：重义轻生而愿杀身成仁的人。

⑪授命：献出生命。

⑫瞽（gǔ）：眼睛失明。

⑬躄（bì）：瘸腿。

【译文】

侯嬴是夷门的守门小吏，被信陵君所赏识。豫让是从范氏、中行氏那里逃走的人，受到智伯的厚遇，名声尊贵地位显赫，誉满天下，即使在魏国以刀割颈，在赵国涂漆毁形，心怀感激想要报答恩德，却无以回报智伯对自己像贵宾、国士一般的待遇。当今世上重义轻生之士，也愿为赏识自己的人献出生命，但就像失明的人想要看见，腿残的人想要行走一样，而眼睛终究无法看见，双脚终究不能伸展，只有自我悲痛罢了！

荐贤章十九

国之需贤，譬车之恃轮，犹舟之倚楫也[①]。车摧轮，则无以行；舟无楫，则无以济[②]；国乏贤，则无以理。国之多贤，如托造父之乘[③]，附越客之舟[④]，身不劳而千里可期，足不行而蓬莱可至[⑤]。朝之乏贤，若凤亏六翮[⑥]，欲望背摩青天[⑦]，臆枪绛烟[⑧]，终莫由也。

【注释】

①楫：行船划水用的桨。

②济：渡，过河。

③造父：周穆王时善于驾马车的人。传说造父为助周穆王平徐偃王之乱，曾驾八匹千里马护送周穆王，因此功受封赵城。乘：马车。

④越客之舟：袁孝政注："越客是越人，居于海上，善能乘舟。"

⑤蓬莱：指蓬莱山，在海上，相传是仙人居住的山。

⑥六翮（hé）：谓鸟类双翅中的正羽。代指鸟的两翼。

⑦摩：迫近，接近。

⑧臆：胸膛。枪：通“抢”，触，碰撞。绛烟：红色的烟霞。

【译文】

国家需要贤才，就像车依赖车轮，船依靠船桨一样。车轮损坏，就无法行驶；船没有桨，就无法渡河；国家缺少贤士，就无法治理。国家贤才众多，就如同乘坐造父所驾之马车，安身于越人所划之船一样，身体并未感到疲劳而已行至千里，双脚无需行走而已到达蓬莱。朝中贤才匮乏，就像凤鸟折损了双翼，想要背靠青天，胸触红霞，终究是没有办法的。

峻极之山①，非一石所成；凌云之榭②，非一木所构③；狐白之裘④，非一腋之毳⑤；宇宙为宅⑥，非一贤之治。是以古之人君，必招贤聘隐，人臣则献士举知⑦。唐升二八，流睦睦之风⑧；周保十乱，播济济之咏⑨。仲尼在卫，赵鞅折谋⑩；干木处魏，秦人罢兵⑪；宫奇未亡，献公不寝⑫；子玉犹存，文公侧坐⑬。以此而言，则立政致治⑭，折冲厌难者⑮，举贤之效也。

【注释】

①峻极：极为高峻陡峭。

②榭：建筑在高台上的房屋。

③构：架木造屋。

④狐白：狐狸腋下的白毛皮。裘：皮衣。

⑤毳（cuì）：鸟兽的细毛。

⑥宇宙：天地，天下。

⑦知：同“智”。

⑧唐升二八，流睦睦之风：据《左传·文公十八年》，从前高阳氏有八个能干的儿子，天下人称他们为“八恺”；高辛氏有八个能干的儿子，天下人称他们为“八元”。尧帝时，舜举荐“八恺”，政务都处理得当，天地自然调和；又重用“八元”，在各地推行教化，使天下太平无事。唐，指尧帝，因曾封于唐，故称“唐尧”。升，谓推举。睦睦，和睦。

⑨周保十乱，播济济之咏：据《论语·泰伯》：“武王曰：‘我有乱臣十人。’孔子曰：‘才难，不其然乎？唐、虞之际，于斯为盛。’”周，指周武王。乱，治。乱臣指善于治国的能臣。济济，多而整齐的样子，此指贤臣众多。《诗经·大雅·文王》：“济济多士，文王以宁。”

⑩仲尼在卫，赵鞅折谋：据《吕氏春秋·召类》，赵简子想要攻打卫国，得知孔子客居在那里，便只好按兵不动。赵鞅，即赵简子，春秋末晋国正卿，赵氏的领袖。折谋，谓图谋受挫。

⑪干木处魏，秦人罢兵：据《吕氏春秋·期贤》，秦国兴兵准备攻打魏国，司马唐进谏说：“段干木是魏国的贤人，天下没有不曾听说他的，所以不可对魏国用兵。”秦王于是停止用兵。干木，指段干木，复姓段干，名木，战国初魏国贤士，孔子再传弟子。

⑫宫奇未亡，献公不寝：据《左传·僖公五年》，晋献公要攻打虢国，用璧玉和骏马向虞国借路。宫之奇以“唇亡齿寒”的道理谏阻，虞君不听，宫之奇便离开虞国。晋国灭虢国后，又灭了虞国。《说苑·尊贤》：“虞有宫之奇，晋献公为之终夜不寐。”宫奇，即宫之奇，春秋时虞国大夫，主张联虢拒晋，具有远见卓识。亡，逃走。献公，即晋献公，春秋时晋国国君，先后攻灭耿、霍、魏、虢、虞等国，史称其“并国十七，服国三十八”，晋国从此逐渐强大。

⑬子玉犹存，文公侧坐：据《史记·晋世家》，晋军击败楚军，火数日不息，文公却叹息不已。手下人不解，为什么战胜了楚国文公还会忧虑。文公说：“战胜后能够安心的只有圣人，何况子玉还在，

怎么能高兴得起来呢?"《说苑·尊贤》:"楚有子玉得臣,文公为之侧席而坐。"子玉,即成得臣,字子玉,楚成王时因战功被推荐为令尹。文公,指晋文公,"春秋五霸"之一。侧坐,谓内心有忧,侧身而坐。

⑭致治:使国家政治安定清平。

⑮折冲厌(yā)难:谓能御敌制胜,抑止祸难。折冲,打退敌人攻城的战车,指拒敌取胜。冲,冲车,战车的一种。厌,压制,抑制。

【译文】

高大险峻的山峰,不是一块石头可以堆成的;高耸入云的房屋,不是一根木头可以建成的;狐狸白毛皮做的皮衣,不是一只狐狸腋下的毛皮能够制成的;以天下为家,不是一位圣贤能够治理的。因而古代的君王,必定要招求贤才、聘请隐士,臣下则要进献谋士、举荐智者。唐尧时舜推举"八恺""八元",社会风气和睦;周武王有十位治国能臣,贤臣众多的颂歌传扬。孔子在卫国做客,赵鞅放弃了攻打卫国的谋划;段干木居处魏国,秦人停止对魏国用兵;宫之奇不走,晋献公难以入眠;子玉还在,晋文公内心忧虑。由此说来,修立政教使国家安定,御敌制胜而抑止祸难,都是举荐贤能之士的结果。

夫连城之璧①,瘗影荆山②;夜光之珠,潜辉合浦③。玉无翼而飞,珠无胫而行④,扬声于章华之台⑤,炫耀于绮罗之堂者⑥,盖人君之举也。贤士有胫而不肯至者,蠹材于幽岫⑦,腐智于柴荜者⑧,盖人不能自荐,未有为之举也。人臣竞举所知,争引其类。才苟适治,不问世胄⑨;智苟能谋,奚妨秕行⑩。昔时人君拔奇于囚虏,擢能于屠贩⑪,内荐不避子,外荐不隐仇⑫,身受进贤之赏,名有不朽之芳。

【注释】

①连城之璧：据《史记·廉颇蔺相如列传》，赵惠文王得到楚国的和氏璧，秦昭王听说后，使人对赵王说，希望用十五座城池来交换。“价值连城”即源于此。

②瘗（yì）：掩埋，埋葬。荆山：在今湖北南漳西部，山有抱玉岩，相传为楚人卞和得璞玉处。

③合浦：古郡名，汉置，郡治在今广西合浦东北，有珍珠城，又名白龙城，以产珍珠著名。

④胫：腿。

⑤章华之台：即章华台，楚国离宫名，相传为春秋时楚灵王所造。《左传·昭公七年》：“楚子成章华之台，愿与诸侯落之。”此处以“章华之台”代指显贵之地。

⑥绮（qǐ）罗之堂：此指华美的殿堂。绮罗，指华美的丝织品。

⑦蠹（dù）：损害，败坏。幽岫（xiù）：深山中的岩洞，常为隐者所居之处。

⑧柴荜（bì）：柴门荜户，指穷人的居所。荜，同“筚”，用荆条、竹子等编成的篱笆或其他遮拦物。

⑨世胄：世家子弟，贵族后裔。

⑩秕（bǐ）：坏，不良。

⑪擢：提拔，提升。

⑫内荐不避子，外荐不隐仇：《韩非子·说疑》：“内举不避亲，外举不避仇。”隐，埋没。

【译文】

价值连城的璧玉，掩埋于荆山之下；夜光宝珠，隐藏在合浦之渊。璧玉没有翅膀而飞，宝珠没有双腿而走，名扬于显贵的地方，闪耀在华美的殿堂，正是由于君主的选用。贤士有腿却不肯来，使才能蠹耗于深山岩洞，智慧朽烂在穷困之门，是因为人才不能举荐自己，又没有被他人举荐的缘故。臣下应该竞相推荐自己所了解的人，争相引荐和自己同类的人。才能如果适于管理事务，便不问他是否是世家子弟；智慧如果足够谋划事情，又何必在乎他不好的行为。从前君主在罪犯与俘虏中提拔奇才，在屠夫和小贩中选用贤能，于内举荐不回避子女，于外举荐不隐没仇人，因进献贤士而身受奖赏，名声万古流芳。

昔子贡问于孔子曰："谁为大贤？"子曰："齐有鲍叔，郑有子皮。"子贡曰："齐岂无管仲，郑岂无子产乎？"子曰："吾闻进贤为贤，排贤为不肖。鲍叔荐管仲，子皮荐子产，未闻二子有所举也①。"进贤为美，逾身之贤，矧复抑贤者乎②？故黔息碎首以明百里③，北郭刎颈以申晏婴④，所以致命而不辞者，为国荐士，灭身无悔，忠之至也，德之难也⑤。臧文仲不进展禽，仲尼谓之窃位⑥；公孙弘不引董生，汲黯将为妒贤⑦；虞丘不荐叔敖，樊姬贬为不肖⑧；东闾不达髦士，后行乞于中路⑨。故为国入宝，不如能献贤。进贤受上赏，蔽贤蒙显戮⑩。斯前识之良规，后代之明镜矣⑪。

【注释】

①"昔子贡问于孔子曰"以下十四句：见于《说苑·臣术》。子贡，复姓端木，名赐，字子贡，春秋时卫国人，孔子的弟子，有口才，以善外交辞令著名。鲍叔，指鲍叔牙，春秋时期齐国大夫。早年交好管仲，人称"管鲍之交"。举荐管仲在齐国执政，助齐桓公称霸诸侯。子皮，即罕虎，字子皮，春秋时郑国大夫，知子产贤能，授之以政。管仲，名夷吾，字仲，颍上（今属安徽）人，春秋时齐国著名政治家，任齐相时大兴改革，富国强兵。子产，公孙氏，名侨，字子产，春秋时郑国政治家，思想家，郑简公在位时为卿，治郑多年颇

有政绩。不肖，不贤，无才能。

②矧（shěn）：何况。

③黔息碎首以明百里：据《后汉书·循吏传》注引《韩诗外传》佚文，黔息推举百里奚而不见纳，等到秦穆公出行，黔息以头击门橛，脑液流出，穆公感悟，而用百里奚。黔息，又作“禽息”，春秋时秦国大夫。百里，指百里奚，复姓百里，原为虞国大夫，后仕秦，使秦大治。

④北郭刎颈以申晏婴：据《晏子春秋·内篇杂上》，齐国北郭骚为供养母亲而向晏子乞讨，晏子帮助了他。不久，晏子因被景公猜忌而出逃。北郭骚认为晏子是贤士，便以自刎来为晏子辩白。景公惊骇，追回了晏子。北郭，指北郭骚，春秋时齐国的隐士。晏婴，字平仲，春秋时齐国大夫，后世尊称为“晏子”。

⑤难：盛。

⑥臧文仲不进展禽，仲尼谓之窃位：《论语·卫灵公》：“子曰：‘臧文仲其窃位者与！知柳下惠之贤而不与立也。’”展禽，即柳下惠，春秋时鲁国大夫。

⑦公孙弘不引董生，汲黯将为妒贤：据《史记·平津侯主父列传》，公孙弘疑心很重，与那些和他有仇怨的人表面上很好，暗中却加祸报复，把董仲舒改派到胶西国当相，就是他的主意。据《史记·汲郑列传》，汲黯常当面戳穿公孙弘，认为他心怀诡诈，外逞智巧以迎合主上。公孙弘，字季，齐菑川国薛县（今山东滕州）人，西汉丞相。董生，指董仲舒，广川（今河北景县）人，西汉名儒，少治《春秋》，提倡独尊儒术，著有《春秋繁露》。汲黯，字长孺，濮阳（今河南濮阳）人，西汉名臣，为人耿直，好直谏廷诤，汉武帝称其为“社稷之臣”。将，以。

⑧虞丘不荐叔敖，樊姬贬为不肖：据《新序·杂事一》，楚庄王认为

虞丘子是贤臣，樊姬说："虞丘子为相十余年，没有举荐过一个贤人。知道贤人不推荐，是不忠；不知道哪些是贤人，是不智。"楚庄王把樊姬的话告诉虞丘子，虞丘子于是辞位并举荐孙叔敖。虞丘，即虞丘子，春秋时楚国令尹。叔敖，即孙叔敖，期思（今河南淮滨）人，春秋时楚国令尹，助楚庄王称霸诸侯。樊姬，楚庄王妃，曾谏止庄王狩猎，激虞丘子使进孙叔敖。

⑨东闾不达髦士，后行乞于中路：据《说苑·复恩》，东闾子早先富贵，后来却向人乞讨，人们问他为什么这样，他说："我曾做国相六七年，却不曾使一人显贵。"东闾，东闾子，生平不详。达，荐举。髦士，英俊之士。

⑩显戮：明正典刑，处决示众。

⑪明镜：此指可供借鉴之事。

【译文】

从前子贡问孔子说："谁是最贤能的人？"孔子说："齐国有鲍叔，郑国有子皮。"子贡说："齐国难道没有管仲，郑国难道没有子产吗？"孔子回答说："我听说举荐贤能叫作贤，排斥贤能叫作不贤。鲍叔举荐管仲，子皮举荐子产，却没有听说管仲和子产举荐过谁。"举荐贤能比自身贤能更值得赞美，何况压制贤能呢？所以黔息碎裂头颅来凸显百里奚，北郭骚以刀割颈而为晏婴辩白，为此丧失性命也在所不辞，为国家推举贤士，即使丢失性命也不后悔，这是忠诚的至极表现，美德的至高境界。臧文仲不推举展禽，孔子称他窃取名位；公孙弘不引荐董仲舒，汲黯认为他嫉贤妒能；虞丘子不举荐孙叔敖，樊姬批评他品行不良；东闾子不荐举英俊之才，最后在路边乞讨。所以，为国家进献宝物，不如进献贤才。举荐贤才应享受重赏，埋没贤才应被公开处决。这是前贤留下的优良规则，后世借鉴的典范。

因显章二十

夫火以吹爇生焰[①]，镜以莹拂成鉴[②]。火不吹则无外耀之光，镜不莹必阙内影之照[③]。故吹为火之光，莹为镜之华。人之寓代也[④]，亦须声誉以发光华，犹比火、镜，假吹、莹也。

【注释】

①爇（ruò）：烧。

②莹拂：磨拭，使光洁。

③阙：缺损，缺失。

④寓代：即“寓世”，在世，活在世上。

【译文】

火因风吹而燃烧才形成火焰，铜镜因磨拭而光洁才照出影像。火不经风吹就不能迸发闪亮的火光，铜镜不磨拭就会使照出的影像有所缺损。因而风吹使火燃烧，磨拭使铜镜光洁。人活于世，也要通过声誉来荣光闪耀，就像火和铜镜要借助风吹和磨拭一样。

今虽智如樗里[①]，才若贾生[②]，居环堵之室[③]，无知己之谈，望迹流于地，声驰于天，不可得也。柳下惠不遇仲尼，则贞节之行不显，未免于三黜之臣，无耻之人也[④]；季布不遇曹丘，则百金之诺不扬，未离于凡虏无羞之人也[⑤]。二子所以德洽于当时[⑥]，而声流于万代者，圣贤吹莹也。

【注释】

①樗（chū）里：指樗里疾，亦称樗里子，战国时秦国宗室，善言辞，多

智慧，秦人号为“智囊”。

②贾生：指贾谊，洛阳（今河南洛阳）人，西汉初年著名政论家、文学家，少有才名，以善文为人所称。

③环堵之室：四面环绕着土墙的屋子。指狭小、简陋的居室。

④“柳下惠不遇仲尼”以下四句：据《论语·微子》，柳下惠担任典狱官，多次被罢免。有人问：“您不可以离开鲁国吗？”他说：“用正直之道来侍奉人，去哪里能不被多次罢免呢？不用正直之道侍奉人，又何必要离开故国呢？”孔子评价说：“柳下惠虽然志有所屈，身有所辱，但说话合乎伦理，行为合乎理智。”柳下惠，春秋时鲁国大夫，以行事讲究礼节著称。三黜，指多次被罢免。

⑤“季布不遇曹丘”以下三句：据《史记·季布栾布列传》，曹丘生初次拜见季布，说：“楚人有句谚语，‘得黄金百，不如得季布一诺。’您在梁、楚一带名声这么大，都是我帮助传扬的，大家都是楚人，为什么一直拒绝见我呢？”季布听了非常高兴，以上宾之礼招待，史称“季布名所以益闻者，曹丘扬之也”。季布，西汉初将领，楚地人，原为项羽部将，多次围困刘邦，后被刘邦悬赏追捕，只得隐名卖身为奴，得赦，归顺汉朝。曹丘，即曹丘生，楚人，汉朝辩士。

⑥洽：广博，周遍。

【译文】

如今即使像樗里疾一样有智慧，如贾谊一样有才华，如果居住在土墙环绕的窄屋，没有知己可以倾谈，却希望声誉流传，名扬天下，也是不可能实现的。柳下惠如果没有遇见孔子，忠贞的品行没有显扬，就不免多次被罢黜，成为不知羞耻的人了；季布如果没有遇见曹丘生，一诺百金的名声没有传扬，也就不能脱离普通囚虏的行列，成为不顾羞耻的人了。这两个人之所以德行广传于当时，声名流传于万代，正是圣贤推崇和赞美的缘故。

昔有卖良马于市者，已三旦矣，而市人不顾，乃谓伯乐曰："吾卖良马而市人莫赏。愿子一顾，请献半马之价。"于是伯乐造市，来而迎睇之，去而目送之，一朝之价，遂至千金①。此马非昨为驽骀②，今成駃騠也③，由人莫之赏，未有为之顾眄者也④。

【注释】

①"昔有卖良马于市者"以下十二句：事见《战国策·燕策二》。旦，天。睇（tī），看。

②驽骀（tái）：指劣马。

③駃騠（jué tí）：良马名。

④顾眄：回视。

【译文】

从前，有个人在集市上卖良马，已经过去三天了，集市上仍然没有人光顾，于是他对伯乐说："我卖的是良马，但人们却没有赏识的。希望您能来瞧上一眼，我愿意献出一半的价钱。"于是伯乐来到集市，走来时迎着它盯着看，走过之后又目送着它，只用了一个早晨，马的价值就已经达到千金。这匹马并非昨天是劣马，今天就变为良马了，只是因为没有人赏识它，没有对它多看一眼的人。

夫樟木盘根钩枝，瘿节蠹皮①，轮囷拥肿②，则众眼不顾。匠者采焉，制为殿梁，涂以丹漆，画为黼藻③，则百辟卿士④，莫不顾眄仰视。木性犹是也，而昔贱今贵者，良工为之容也。

【注释】

①瘿（yǐng）：树瘿，树木外部隆起如瘤之处。蠹（dù）：蛀蚀。

②轮囷（qūn）：屈曲盘绕的样子。拥肿：隆起而不平直。

③黼（fǔ）藻：《尚书·皋陶谟》："藻火粉米，黼黻絺绣。"孔传："藻，水草有文者……黼，若斧形。"后以"黼藻"指花纹、雕刻、彩画之类。

④百辟：百官。卿士：卿、大夫。泛指官吏。

【译文】

樟树树根盘结，树杈钩连，枝节隆起，外皮虫蛀，屈曲臃肿而不平直，人们就都不会留意去看。当工匠加以采伐，制成宫殿的房梁，以红漆涂饰，画上花纹，官吏大臣们就没有不仰头看望的。树的本质还是那样，然而从前被轻视如今被看重，是因为好的工匠对它进行了美饰。

荆磎之璧[1]，夜光之珠，荐之侯王，必藏之以玉匣，缄之以金縢[2]。若暗以投人，则莫不相眄以愕[3]，按剑而怒[4]。何者？为无因而至故也[5]。若无所因而至，则良马劳于驵阓[6]，美材朽于幽谷，璧珠触于按剑。若有所因而至，则良马一顾千金，樟木光于紫殿[7]，珠璧藏之玉匣。今人之居代[8]，虽抱才智，幽郁穷闺而无所因[9]，则未有为之声誉，先之以吹莹。欲望身之光、名之显，犹扪虚缚风[10]，煎汤觅雪，岂可得乎？

【注释】

①荆磎：即荆溪，水名。

②缄：封，闭。金縢（téng）：此指用来放置公文档案的柜子，用金属制的绳索封存。縢，绳索。

③愕：惊讶。

④按剑：以手抚剑，预示击剑之势。

⑤因:依靠,凭借。此指为之延誉、引荐之人。

⑥驵阓(zǎng huì):亦作“驵侩”,指马匹贩卖的中介人。

⑦紫殿:帝王宫殿。

⑧居代:犹在世。

⑨幽郁:忧郁。穷闺:深户,指家门。

⑩扪:按,摸。

【译文】

荆磎璧玉,夜光宝珠,如果由人进献给诸侯,必定会被藏在玉匣中,锁在柜子里。如果暗中向人扔去,就没有不惊讶相视而抚剑发怒的。为什么呢?是因为无人引荐而出现。如果无人引荐而出现,良马就会辗转于贩卖者之间,优质的木材就会腐烂在幽深的山谷中,璧玉和宝珠就会触损在预击之剑上。如果有人引荐而出现,良马就会因为一个目光而价值千金,樟木就会在帝王宫殿中光彩夺目,宝珠和璧玉就会被珍藏在玉匣。如今人们活在世间,即使有才能和智慧,但如果忧闷于深户而无所依凭,就没有人为他传播声誉,预先推崇和赞美。这样的话,希望地位显赫、声名远扬,就如同想在空中捆绑住风,在沸水中寻找到雪,怎么可能得到呢?

卷五

【题解】

本卷主要讨论际遇，包括《托付》《心隐》《通塞》《遇不遇》《命相》五章。

《托付》谓借助外物以达显赫。作者指出，借助外力而生存本是生命的自然本性，也是达到美好境界的必要途径，这与《荀子·劝学》中“君子生非异也，善假于物也”的意义一脉相承。与《因显》章主旨近似，本章亦主张依附于人或物以实现发达。同时，作者还强调对托付之物要有所选择。

《心隐》谓人心隐匿难测。人的思想和情感往往隐晦善变，又常以不同于本质的面目示人，若善于潜藏和伪装，即使智者也可能终其一生都难以了解。因而识人辨物时不要局限于表面现象，善于理性分辨才可能去伪存真。

《通塞》谓畅通与阻塞，亦即境遇之顺逆。“命有否、泰，遇有屈、伸”，而“否与泰相翻，屈与伸殊致”。通与塞常常相互转化，而具备高尚的品德对于实现通途十分重要，“人之通，犹水之通也。德如寒泉，假有沙尘，弗能污也”，亦肯定了人的主观能动性。

《遇不遇》谓是否契合机遇。“性见于人，故贤愚可定；命在于天，则否泰难期”，人对于命运往往难以把握。“命运应遇，危不必祸，愚不必穷;命运不遇,安不必福,贤不必达”,反映了当时德才兼备之人未必得志的现象以及“听天由命”的思想观念。但同时,作者又劝解人们“临难而不慑,贫贱而不忧”,在“遇不遇”的交替中对高下与荣辱保持一颗平常心,亦具有相对积极的意义。

《命相》谓命数与面相。作者认为,人的命运是注定的,即人在出生之时,其贤德愚钝、富贵贫贱等就已经通过某些特征有所显示并成为定论。这一观点所依据的是“感应”说,帝王、圣者、贤人出生前都是有所感应,他们的命运从此注定。作者将圣贤与庶人的不同命运轨迹归结为自然天意,同时强调善恶之命“不得以理数推,非可以智力要”,意在说明人应当正视自己的命运,不可妄求。

本卷讨论了人与物、人与人、人与运气、人与命数的关系。后三章较为明显地表露出命定论的思想,这与作者当时所处的社会环境有关。魏晋南北朝时期世族掌控着人才的选拔,其标准是门第的高低,命定论正是主流社会意志的反映。然而值得关注的是,其论述中也蕴含一些辩证的观点,如机遇可求但须保持平常心、贤能不以官位而以品行定论、有无机遇都不该影响道德修养等。作者进而主张贤能之人应摆脱现实的束缚,更加关注自身品德的修炼,具有相对积极的意义。

托付章二十一

夫含气庶品[①],未有不托附物势,以成其便者也。故霜雁托于秋风[②],以成轻举之势[③];腾蛇附于春雾[④],以希凌霄之游;蹶鼠附于蛩蛩[⑤],以攀追日之步;碧萝附于青松[⑥],以茂凌云之蕊。以夫鸟兽虫卉之志,犹知因风假雾,托迅附高[⑦],以成其事,何况于人,而无托附以就其名乎?

【注释】

①含气:含有气息。形容有生命者。庶品:犹众物,万物。

②霜雁:秋雁。

③轻举:谓飞翔。

④腾蛇:又作"螣蛇",传说中一种能飞的蛇。

⑤蹶鼠附于蛩蛩(qióng):《吕氏春秋·不广》:"北方有兽,名曰蹶,鼠前而兔后,趋则跲,走则颠,常为蛩蛩距虚取甘草以与之。蹶有患害也,蛩蛩距虚必负而走。此以其所能托其所不能。"蹶鼠,亦称"蟨",前腿短如鼠,走快则会绊倒,故托身于蛩蛩。蛩蛩,传说中的一种异兽。

⑥碧萝:女萝,一种绿色的寄生攀援植物。

⑦迅:快。

【译文】

有生命的万物,没有不借助其他事物以求便利的。秋雁借助秋风,以成飞翔之势;腾蛇乘着春雾,以求畅游云霄;蹶鼠托身蛩蛩,可以与夸父逐日的脚步相比;女萝附着在青松上,可以绽放高高的花蕊。以飞禽走兽和昆虫草木的意识,都知道顺风乘雾或借助速度和高度来成就自己,何况对于人,能够无所依附而成就功名吗?

故所托英贤,则身光名显;所附暗蔽①,则身悴名朽。天之始旭②,则目察轻尘;岁之将暮,则蓬卷云中。目之能见,蓬之能高,托日之光,附风之势也。缀羽于金铁③,置之江湖,必也沉溺,陷于泥沙,非羽质重而性沉,所托沉也;载石于舟,置之江湖,则披风截波,泛飏长澜④,非石质轻而性浮,所托浮也。抟牛之虻⑤,飞极百步,若附鸾尾,则一翥万里⑥,非其翼工⑦,所托迅也。楼季足捷⑧,追越奔兕⑨,若驾疲骡，则日不涉一舍[⑩]，非其胫迟，所托蹇也[⑪]。以是观之，附得其所，则重石可浮，短翅能远；附失其所，则轻羽沦溺，迅足成蹇。

【注释】

①暗蔽：犹愚昧。

②旭：太阳刚升起的样子。

③缀：连结，系结。

④泛飏（yáng）：漂游，漂浮。飏，船缓缓前进。澜：大波浪。

⑤抟（tuán）：指回旋、盘旋。虻（méng）：昆虫名，状似蝇而稍大，生活在草丛，吮吸人兽的血液。

⑥翥（zhù）：飞举。

⑦工：擅长，善于。

⑧楼季：战国魏时善于腾跳的勇士。《盐铁论·刺权》："居编户之列，而望卿相之子孙，是以跛夫之欲及楼季也。"捷：迅速，敏疾。

⑨兕（sì）：犀牛。

⑩舍：古代行军三十里为一舍。

⑪蹇（jiǎn）：行动迟缓。

【译文】

因此所托付之人德才杰出，就会地位荣耀而名声显赫；所借助之人愚昧蠢钝，就会处境困顿而名声败坏。太阳刚刚升起时，眼睛可以清晰地看到尘埃；一年快到尽头时，蓬草就会飞入云中。眼睛之所以能看见尘埃，蓬草之所以能高飞入云，是因为借助了日光，依附了风吹。把羽毛连结在金属上，投放到江湖中，一定会沉下去，陷入泥沙，并非羽毛重而易于下沉，而是因为所托付的物体重量大；把石头装在船上，放在江湖中，就可以乘风破浪，在波涛中漂荡，并非石头轻而易于漂浮，而是因为所借助的物体能漂浮。围绕牛身盘旋的虻虫，飞行最远不过百步，但如果寄附在鸾凤的尾巴上，则一飞万里，并非虻虫翅膀善飞，而是因为所寄附的物体飞行迅疾。楼季双脚敏捷，可以超越奔跑的犀牛，但如果骑着羸弱的骡子，则一天也走不过三十里，并非楼季双腿迟缓，而是因为所借助的东西行走困难。由此看来，依附得当，沉重的石头也可以漂浮，短小的翅膀也可以远飞；托附失当，轻盈的羽毛也能够沉溺，快捷的双脚也如同跛行。

夫燕之巢幕[①]，衔泥补缀[②]，烂若绶纹[③]，虽陶匠逞妙，不能为之，可为固矣。然凯旋剔幕[④]，则巢破子裂者，所托危也。鷦鷯巢苇之茎[⑤]，紩之以丝发[⑥]，珠圆罗绉[⑦]，虽女工运巧，不能为之，可谓固矣。然虻风欻至[⑧]，则苇折卵破者，何也？所托轻弱，使之然也。故鸟有择木之性，鱼有选潭之情，所以务其翔集，盖斯为美也。

【注释】

①巢幕：筑巢于帷幕之上。《左传·襄公二十九年》："夫子之在此也，犹燕之巢于幕上。"杨伯峻注："幕即帐幕，随时可撤。燕巢于其上，至为危险。"喻处境危险。

②补缀：指修补。

③烂若绶纹：指燕巢密实如丝带上的纹路。烂，众多貌，这里指堆叠的燕泥众多。绶，一种丝质带子，古代常用来拴在印纽上。

④剔：剔除，此指撤掉。

⑤鷦鷯（jiāo liáo）：鸟名，全身赤褐色，有斑，常取茅苇为巢，系以麻发，十分精巧，故俗称"巧妇鸟"。

⑥紩（zhì）：缝。

⑦罗绉（zhòu）：此指轻软的丝织品。绉，一种有皱纹的丝织品。

⑧虻风：疾风。虻，通“盲”，迅疾。欻（xū）：忽然。

【译文】

燕子把巢建在帷幕上，衔泥修补连缀，如丝带花纹那样密实，即使陶匠炫耀精湛的技艺，也无法做出，可谓十分牢固。然而军人凯旋拆除帷幕，就会使燕巢毁坏幼子损伤，这是因为所托附的帷幕不够安全。鷦鹩把巢建在芦苇茎上，以丝发系结，圆润轻软，即使刺绣女子施展巧技，也不能做出，可谓非常结实。然而疾风忽然吹过，就会使芦苇折断鸟卵破裂，为什么呢？这是因为所借助的芦苇过于柔弱，才会变成这样。所以鸟类有选择树木的天性，鱼类有选择潭水的本能，之所以要致力于选择栖息之地，是因为这样才能过得美好。

心隐章二十二

二仪之大，可以章程测也；三光之动，可以圭表度也；雷霆之声，可以钟鼓传也；风雨之变，可以音律知也①。故有象可观，不能匿其影；有形可见，不能隐其迹；有声可闻，不能藏其响；有色可察，不能灭其情。以夫天地阴阳之难明，犹可以术数揆②，而耳目可知；至于人也，心伏于内，情伏于里，非可以筭数测也③。

【注释】

①“二仪之大”以下八句：《淮南子·本经》：“天地之大，可以矩表识也；星月之行，可以历推得也；雷震之声，可以鼓钟写也；风雨之变，可以音律知也。”二仪，指天地。章程，指历数、度量衡等的推算法式。三光，日、月、星。圭表，测量日影的器具，圭是平卧的尺，表是直立的标竿。度，推测。

②术数：指方术与历数。揆（kuí）：测度，度量。

③筭（suàn）：同“算”。

【译文】

天地的博大，可以通过章术法式来观测；日月星辰的运行，可以通过圭表来推测；震雷的声音，可以通过钟鼓来表达；风雨的变化，可以通过音律来感知。因而有现象被看到，就无法隐没其形态；有形体被发现，就无法隐藏其踪迹；有声音被听到，就不能掩盖其声响；有神色被察觉，就不能掩藏其情绪。天地阴阳难以了解，尚且可以通过术数来测度，通过耳朵和眼睛来感知；而对于人来说，思想和情感都隐藏于内心，并不是能够用算术章法来推测的。

凡人之心，险于山川，难于知天。天有春夏秋冬旦暮之期，犹有可知，人有厚貌深情，而不可知之也。故有心刚而色柔，容强而质弱，貌愿而行慢，性懁而事缓①。假饬于外②，以明其情。喜不必爱，怒不必憎，笑不必乐，泣不必哀，其藏情隐行，未易测也。

【注释】

①“凡人之心”以下十一句：《庄子·列御寇》：“孔子曰：‘凡人心险于山川，难于知天。天犹有春秋冬夏旦暮之期，人者厚貌深情。故有貌愿而益，有长若不肖，有顺懁而达，有坚而缦，有缓而釬。’”厚貌深情，外貌忠厚而内情深藏难测。形容外貌与内心不一致。愿，质朴，恭谨。懁（xuān），性急。

②饬：通“饰”，巧饰，伪装。

【译文】

大凡人心，比山川还险恶，了解人心比探知天象还困难。天有春夏秋冬和早晚变化的固定规律，尚且能够了解，而人可能外表淳厚但情感藏得很深，因而无法了解。所以会有内心刚毅而神色柔和，外表强悍而本性脆弱，面容恭谨而行为侮慢，脾气急躁而做事迟缓的情况。凭借表面的伪装，来展示自己的性情。因而高兴不一定是喜爱，生气不一定是憎恶，欢笑不一定是快乐，哭泣不一定是悲哀，其掩藏的情感和隐匿的举止，是不容易推断的。

日在天之内，而光在人之外，物亦照焉。照之于外，不可得而伪内者也，而伪犹生焉。心在人之内，而智又在其内，神亦照焉。外之于内，无所取征也，而欲求其情，不亦难乎？不洁在面，人皆耻之；不洁在心，人不肯愧，以面露外而心伏内。故善饬其情，潜奸隐智，终身不可得而见也。

【译文】

太阳在天穹之内，光照在人身之外，万物也会被照亮。光照是在外面的，人主观上不能对其作假，但假象还是会产生。心在人体之内，而智慧又在人心之内，心神也会得到光亮。从外部来看内部，无法获得什么迹象，而想要了解内心的想法，不是很难吗？面部不干净，人们都会因此羞愧；而内心不纯净，人们却不会因此惭愧，这是面部呈现在外而心灵隐藏于内的缘故。所以善于伪装情感，潜藏奸邪或智慧，可能终其一生都不会被发现。

少正卯在鲁，与孔子同时。孔子门人三盈三虚，唯颜渊不去，独知圣人之德也[①]。夫门人去仲尼而皈少正卯[②]，非徒不知仲尼之圣，亦不知少正卯之佞[③]。子贡曰："少正卯，鲁之文人也，夫子为政，何以先诛之？"子曰："赐也，退！非尔所及也。夫少正卯心达而险，行僻而坚，言伪而辩，词鄙而博，顺非而泽，有此五伪而乱圣人④。”以子贡之明，而不能见，知人之难也。

【注释】

①“少正卯在鲁”以下五句：见于《论衡·讲瑞》。少正卯，春秋时期鲁国大夫。他能言善辩，曾聚徒讲学，与孔子持论相反，影响很大。三盈三虚，指孔子的弟子被少正卯的讲学所吸引，多次离开孔子之门。盈，满。虚，空。颜渊，即颜回，字子渊，春秋末鲁国人，孔子弟子，后世尊称为“复圣”。去，离开。

②皈：投靠，归附。

③佞：巧言谄媚。

④“子贡曰”以下十五句：见于《荀子·宥坐》。子贡，复姓端木，名赐，字子贡，春秋时卫国人，孔子的弟子。有口才，列于孔门四科中的言语科，料事多中。文人，指有名望的人。文，通“闻”，闻名，为人所知。“心达而险（xiān），行僻而坚，言伪而辩，词鄙而博，顺非而泽”，语本《礼记·王制》：“行伪而坚，言伪而辩，学非而博，顺非而泽，以疑众，杀。”险，奸邪。

【译文】

少正卯在鲁国，与孔子同一时代。他的讲学使孔子的弟子多次离开孔门，而只有颜渊始终没有离开，唯独他了解圣人的德行。那些离开孔子而投靠少正卯的弟子，不仅仅是不懂得孔子的圣贤，同时也是不了解少正卯的谄佞。子贡说：“少正卯是鲁国的知名人士，您参与政事，为什么先杀掉他呢？”孔子说：“赐，退下！这不是你所能理解的。那个少正卯思想通达而内心奸险，行为乖僻而顽固，言辞虚伪而善辩，言语粗鄙而学识广博，顺从错误而加以润色，这五种奸伪的情况扰乱了圣人之道。”以子贡的睿智，都没能认识到这些，可见了解一个人是多么难。

以是观之，佞与贤相类，诈与信相似，辩与智相乱，愚与直相像。若荠苨之乱人参，蛇床之似蘼芜也[①]。俗之常情，莫不自贵而鄙物，重己而轻人。观其意也，非苟欲以愚胜贤，以短加长[②]，由于人心难知，非可以准衡平[③]，未能虚己相推[④]，故有以轻抑重，以短凌长。是以嫫母窥井[⑤]，自谓媚胜西施；齐桓矜德[⑥]，自谓贤于尧、舜。若子贡始事孔子，一年自谓胜之，二年以为同德，三年方知不及。以子贡之才，犹不识圣人之德，望风相崇，奚况世人，而能推胜己耶[⑦]？是以真伪绮错[⑧]，贤愚杂糅，自非明哲，莫能辨也。

【注释】

①若荠苨（nǐ）之乱人参，蛇床之似蘼芜也：《博物志·物类》："蛇床乱蘼芜，荠苨乱人参。"荠苨，药草名，又名地参，根茎都似人参，可入药。蛇床，植物名，煎汤外洗，可治癣疥湿疹。蘼芜，香草名，叶有香气，根茎可入药。

②加：侵凌。

③准：古代测量水平的仪器。

④虚己：指无我。人能无我，则凡事不着意。

⑤嫫母：传说中黄帝的第四妃，容貌丑陋。

⑥齐桓：指齐桓公，"春秋五霸"之一。矜：自负，自夸。

⑦"若子贡始事孔子"以下九句：《论衡·讲瑞》："子贡事孔子，一年自谓过孔子，二年自谓与孔子同，三年自知不及孔子。当一年二年之时，未知孔子圣也，三年之后，然乃知之。以子贡知孔子，三年乃定，世儒无子贡之才，其见圣人，不从之学，任仓卒之视，无三年之接，自谓知圣，误矣。"事，侍奉。此指在孔子身边读书。

⑧绮错：如美丽花纹般交错。形容事物交错混杂在一起。

【译文】

由此看来，奸佞与贤良相仿，伪诈与诚实相似，诡辩与智慧相混，愚钝与耿直相像。正如荠苨与人参混淆，蛇床与蘼芜类似。就世俗中的常理而言，没有不抬高自己而贬抑他物，重视自己而轻视别人的。观察其中的道理，并非要使愚蠢胜过贤能，把短的凌驾于长的之上，而是因为人的内心难以了解，不能够用平物的器具来衡量，不能够心无杂念地推论，所以会有以轻制重，以短犯长的现象。因此嫫母在井水中照形，自认为比西施更妩媚；齐桓公夸耀功德，自认为比尧、舜还贤良。就像子贡最初侍奉孔子，一年时自认为超过他，两年时认为与孔子德行一样，三年时才明白从不曾达到孔子的境界。以子贡的才华，尚且不能了解圣贤的德行，而是盲目地迎合世俗的风气，何况世人，又怎么能推测比自己高明的人呢？因此真实和虚伪总是交错混杂，贤良和愚蠢总是糅合在一起，如果不是明智睿哲之人，便无法分辨清楚。

通塞章二十三

命有否泰[①]，遇有屈伸[②]。否与泰相翻[③]，屈与伸殊致[④]。遇泰遇伸，不尽睿智；遭否会屈，不专庸蔽[⑤]。何者？否泰由命，屈伸在遇也。命至于屈，才通即壅[⑥]；遇及于伸，才壅即通。通之来也，非其力所招；壅之至也，非其智所回[⑦]。势苟就壅，则口目双掩；遇苟属通，则声眺俱明。故处穴大呼，声郁数仞[⑧]；顺风长叫，响通百里；入井望天，不过圆盖；登峰眺目，极于烟际。向在井穴之时，声非卒嗄[⑨]，目非暴昧，而闻见局者[⑩]，其势壅也；及其乘风蹈峰，声非孟贲[⑪]，目非离娄[⑫]，而响彻眺远者，其势通也。

【注释】

①否（pǐ）泰：本为《周易》的两个卦名。天地交、万物通谓之泰，不交、闭塞谓之否。后以“否泰”比喻命运的顺逆。

②屈伸：屈曲和伸展，此谓命运的曲折与顺利。

③翻：反。

④殊致：异样，不同。

⑤庸蔽：指平庸愚昧。

⑥壅：堵塞。

⑦回：扭转，改变。

⑧郁：郁积，阻滞。仞：古代长度单位，七尺为一仞。一说八尺。

⑨卒：同“猝”，突然。嗄（shà）：嗓音嘶哑。

⑩局：狭小，狭隘。

⑪孟贲：战国时有名的勇士。

⑫离娄：黄帝时人，视力极强，相传能于百步之外察秋毫之末。

【译文】

人的命运有坏有好，际遇有曲折有顺利。厄运与好运相反，逆境与顺境不同。遇到运气好的顺境，不都是因为明达聪慧；遭到运气坏的逆境，也不都是因为平庸愚昧。为什么呢？因为运气好坏源于命运，顺境逆境在于际遇。命运注定曲折，才智通达也会壅塞；际遇注定顺利，才智昏昧也会顺通。顺境的降临，并非力量能够招致；逆境的到来，并非智慧能够扭转。如果际遇壅塞，嘴巴和眼睛就像被遮住一样；如果赶上际遇顺通，发声和远望就都无比清晰。因此在洞穴里大声呼喊，声音只能阻滞在几仞之内；顺风大声喊叫，回音则会响彻几百里；潜入井中仰望天空，目之所及不过圆形的井盖；登上高峰极目远眺，能看到云烟渺茫之处。之前在井和洞穴中时，并不是声音忽然沙哑，眼神突然昏暗，但所闻和所见却十分有限，是因为所处地势的蔽塞；等到顺风及登上山顶时，并非声音有如孟贲，视力有如离娄，而能够声音通透看得高远，是因为所处地势的畅达。

买臣忍饥而行歌[①]，王章苦寒而卧泣[②]，苏秦握锥而愤懑[③]，斑超执笔而慷慨[④]。当彼四子势屈之时，容色黧黑[⑤]，神情沮忸[⑥]，言为瓦砾[⑦]，行成狂狷[⑧]。发露心忧[⑨]，形消貌悴，引叹而雷转[⑩]，喷气则云涌。如骐骥之伏于盐车[⑪]，玄猿之束于笼圈，非无千里之驶[⑫]，万仞之捷，然而不异羸钝者[⑬]，无所肆其巧也[⑭]。何异处穴而望声彻，入井而欲睇博哉[⑮]！及其势伸志得，或衣锦而还乡[⑯]，或佩玉于廊庙[⑰]，或合纵于六国之内[⑱]，或悬旌于昆仑之外[⑲]。当斯之时也，容彩光焮[⑳]，神气开发[㉑]，言成金玉[㉒]，行为世则，乘肥衣轻[㉓]，怡然自得。快若轻鸿之泛长风[㉔]，沛若巨鱼之纵大壑[㉕]，何异顺风而纵声，登峰而长晒？人犹是也，而昔如彼今如此者，非为昔愚而今贤，故丑而新美，壅之与通也。

【注释】

①买臣忍饥而行歌：据《汉书·朱买臣传》，朱买臣家里贫穷，曾靠打柴维持生计。他常背着柴禾边走路边诵书，妻子跟随其后，多次劝说他不要在路上这样，买臣却愈加响亮地歌唱。妻子觉得羞耻，便离他而去。买臣，指朱买臣，字翁子，会稽吴县（今江苏苏州）人，西汉大臣。

②王章苦寒而卧泣：据《汉书·王章传》，王章少时贫穷，生病没有被子盖，只能躺在麻草编织的覆盖物中与妻子相对哭泣。王章，字仲卿，泰山钜平（今山东泰安）人，西汉官员。

③苏秦握锥而愤懑：据《战国策·秦策一》，苏秦"读书欲睡，引锥自刺其股，血流至足"。苏秦，字季子，雒阳（今河南洛阳）人，战国

时期著名的纵横家。

④班超执笔而慷慨：据《后汉书·班超传》，班超家中贫寒，常受雇为人抄书来谋生，曾执笔感叹："大丈夫无它志略，犹当效傅介子、张骞立功异域，以取封侯，安能久事笔研间乎？"班超，即班超，字仲升，扶风平陵（今陕西咸阳）人，东汉名将、外交家。

⑤黧（lí）黑：指面色黑。

⑥沮忸（niǔ）：沮丧羞愧的样子。

⑦瓦砾：破碎的砖石瓦片。泛指鄙贱的物品。

⑧狂狷：放纵而不遵礼法。

⑨露：孙楷第曰："'露'当读为'落'。"

⑩引叹：发出叹息。雷转：雷鸣。

⑪骐骥之伏于盐车：比喻高才大贤受到屈抑，用非所长。《战国策·楚策四》："夫骥之齿至矣，服盐车而上太行。蹄申膝折，尾湛胕溃，漉汁洒地，白汗交流，中阪迁延，负辕不能上。"骐骥，骏马，良马。

⑫駃（kuài）：同"快"，迅速。

⑬羸钝：羸弱迟钝。

⑭肆：显示，施展。

⑮睇（tī）：视，望。

⑯衣锦而还乡：此言朱买臣事。据《汉书·朱买臣传》，后来朱买臣任会稽太守，皇帝对他说："富贵而不归故乡，就像身穿绸缎而在夜间行走。"

⑰佩玉于廊庙：指在朝为官。此言王章事。据《汉书·王章传》，王章后来官至京兆尹。佩玉，古代士大夫随身佩玉，以示身份。廊庙，指朝廷。

⑱合纵于六国之内：此言苏秦事。据《史记·苏秦列传》，苏秦后来游说关东六国联合抗秦，为纵约长、六国相。合纵，因六国在东方

大致呈南北方向分布，纵向联合，故称“合纵”。六国，战国时代函谷关以东的韩、赵、魏、楚、燕、齐六大国。

⑲悬旌于昆仑之外：此言班超事。据《后汉书·班超传》，班超适逢汉伐匈奴时，于是投笔从戎，征伐西域，建立功勋。悬旌，挂起旌旗，谓进军、驻军。昆仑，即昆仑山，代指西域。

⑳光㶊（yì）：谓光亮。

㉑开发：开朗焕发。

㉒金玉：黄金与珠玉。泛指贵重的物品。

㉓乘肥衣轻：《论语·雍也》：“乘肥马，衣轻裘。”比喻豪华的生活。

㉔轻鸿：轻盈迅捷的鸿雁。泛：浮游，漂浮。此指翱翔。

㉕沛：盛大充足的样子。大壑：大海。

【译文】

朱买臣忍受饥饿边走边唱，王章在贫寒疾病中躺卧哭泣，苏秦以锥刺腿郁愤不平，班超手中握笔情绪激昂。当这四个人身处逆境时，脸色发黑，神情沮丧，言语鄙贱，行为放纵无礼。他们头发掉落精神忧郁，形貌憔悴，发出长叹则如雷鸣，喷出气息就像云涌。就像骏马拉着盐车，黑猿束缚在牢笼内，并不是没有日行千里的速度，攀登万仞的迅捷，然而却显得羸弱迟钝，是因为没有机会表现它们的奇巧。这与处在洞穴呼喊而希望声音通彻，潜入井中而想要看得广博又有什么不同呢！等到运势顺利、愿望实现之时，或衣锦还乡，或在朝做官，或合纵六国，或驻军西域。这个时候，他们容光焕发，神情开阔，言语贵重，行动成为世人的典范，乘着肥壮的骏马，穿着轻暖的皮袍，安适而满足。如轻盈的鸿雁翱翔在风中一样畅快，像巨大的鱼腾跃在海里一样充盛，何异于顺风而放声高喊，登上山顶而尽情曝晒？人也是如此，而从前那样如今这样，并不是因为从前愚钝而现在贤良，以前丑陋而现在美好，只是际遇壅塞与通畅的差别。

水之性清动，壅以堤，则波汩而气腐[1]。决之使通，循势而行，从涧而转，虽有朽骸烂胔[2]，不能污也。非水之性异，通之与壅也。人之通，犹水之通也。德如寒泉，假有沙尘，弗能污也。以是观之，通塞之路与荣悴之容，相去远矣！

【注释】

①波汩（nǔ）：指水势受阻时波涛翻动的样子。

②胔（zì）：带有腐肉的尸骨。

【译文】

水本清澈流动，用堤坝将它堵塞，就会水流淤滞而气息腐臭。排除壅塞使水流通，顺应水流方向，使之在山谷中蜿蜒流淌，即使有腐烂的残骸和尸骨，也不能污染它。并不是水的本质发生了变化，而是疏通与堵塞的不同结果。人处顺境，就像水流的畅通。品德正如清洌的泉水，即使有泥沙和尘土，也不能玷污它。这样看来，道路的通畅与堵塞、容颜的光彩与憔悴，差别很大啊！

遇不遇章二十四

贤有常质，遇有常分。贤不贤，性也；遇不遇，命也[1]。性见于人，故贤愚可定；命在于天，则否泰难期。命运应遇，危不必祸，愚不必穷[2]；命运不遇，安不必福，贤不必达。故患齐而死生殊，德同而荣辱异者，遇不遇也。春日丽天[3]，而隐者不照；秋霜被地，而蔽者不伤，遇不遇也。

【注释】

①“贤不贤”以下四句：《论衡·逢遇》：“贤不贤，才也；遇不遇，时

也。”遇不遇，指命运的好与不好，得志与不得志。

②穷：窘迫，困窘。

③丽：依附，附着。

【译文】

贤能有其本质，际遇有其定分。贤良与不贤良，是本性；遇合与不遇合，是命运。本性表现在人身上，因而贤良和愚钝可以判定；命运在于天意，所以厄运和好运难以预测。碰上了好运，危难不一定就是灾祸，愚钝不一定就会窘迫；没有碰上好运，安宁不一定就是祥福，贤良不一定就会显达。因而同样的灾祸但生死的结果可能不同，同样的贤德但荣辱的遭遇可能相异，这是碰没碰到好运的分别。春天的太阳高悬在天，但处在隐蔽地方的就不能被照到；秋天的寒霜覆盖大地，但被遮盖起来的就不会被冻伤，这是碰没碰到好运的分别。

昔韩昭侯醉卧而寒，典冠加之以衣。觉而问之，知典冠有爱于己也，以越职之故而加诛焉[①]。卫之骖乘，见御者之非，从后呼车，有救危之意，不蒙其罪[②]。加之以衣，恐主之寒；呼车，忧君之危。忠爱之情是同，越职之愆亦等，典冠得罪，呼车见德，遇不遇也[③]。鸱堕腐鼠，非虞氏之慢[④]；瓶水沃地，非射姑之秽[⑤]。事出虑外，固非其罪，侠客大怒，而虞氏见灭，邾君大怒，而射姑获免，遇不遇也。齐之华士，栖志丘壑而太公诛之[⑥]；魏之干木，遁世幽居而文侯敬之[⑦]。太公之贤非有减于文侯，干木之德非有逾于华士，而或荣或戮者，遇不遇也。董仲舒智德冠代，位仅过士[⑧]；田千秋无他殊操，以一言取相[⑨]。同遇明主，而贵贱县隔者[⑩]，遇不遇也。庄姜适卫，美而无宠[⑪]；宿瘤适齐，丑而蒙幸[⑫]，遇不遇也。

【注释】

①“昔韩昭侯醉卧而寒”以下五句：事见《韩非子·二柄》《论衡·幸偶》。韩昭侯，即韩昭僖侯，战国时期韩国国君。觉，睡醒。典冠，掌管国君冠帽的近侍。

②“卫之骖乘”以下五句：事见《论衡·幸偶》。骖乘，陪乘的人。古时乘车，尊者在左，御者在中，又一人在右，称车右或骖乘。骖，通“参”。御者，驾车的人。

③“加之以衣”以下九句：《论衡·幸偶》：“加衣恐主之寒，呼车恐君之危，仁惠之情，俱发于心。然而于韩有罪，于卫为忠，骖乘偶，典冠不偶也。”諐（qiān），罪过，过失。

④鸱（chī）堕腐鼠，非虞氏之慢：据《列子·说符》，虞氏家业殷实，登高楼陈酒设宴。当时有侠客从楼下路过，正在这时鸱鹰从半空中掉下一只腐烂的老鼠，适值虞氏兴乐之际，齐声大笑。侠客认为楼上虞氏等人故意扔下腐鼠以取乐，于是诛灭了虞氏。鸱，鹞鹰。慢，轻慢，侮慢。

⑤瓶水沃地，非射姑之秽：据《左传·定公二年》及《定公三年》，邾庄公的看门人向射姑讨肉吃，射姑不给。后来看门人在打扫庭院时往地上洒水，被脾气急躁又有洁癖的邾庄公看见了，生气地问是怎么回事。看门人说是射姑在此小便，所以要洒水清扫。邾庄公下令抓捕射姑，没抓到，自己却不慎跌入炭火炉，皮肤溃烂而死。射姑免于死难。沃，浇。射姑，即夷射姑，邾国大夫。秽，指粪便。

⑥齐之华士，栖志丘壑而太公诛之：据《韩非子·外储说右上》，太公望封于齐国，齐国东海有狂矞、华士两位隐士，立志不作天子之臣，不与诸侯来往，自己耕作、挖井而谋生。太公望到达营丘后，便杀了他们。栖志，寄托情志。丘壑，山陵和溪谷，指幽僻的隐居之所。太公，即姜子牙，姜姓，吕氏，名望，字子牙，辅佐周武王灭

商，封于齐。

⑦魏之干木，遁世幽居而文侯敬之：据《吕氏春秋·期贤》，魏文侯路过段干木居住的里巷，双手扶轼致敬。仆人问原因，文侯说段干木是贤者。干木，指段干木，复姓段干，战国初魏国隐士。文侯，指魏文侯，战国初魏国贤君。

⑧董仲舒智德冠代，位仅过士：据《史记·儒林列传》，董仲舒在汉武帝时以贤良对策称旨见重，拜江都相。后因讲论灾异事下狱，不久被赦。再出为胶西王相，恐日久获罪，告病免官家居，讲学著书。他提出"罢黜百家，独尊儒术"，开启此后两千多年以儒学为正统的局面，然终其一生未曾做过显赫高官。士，此指诸侯臣僚。

⑨田千秋无他殊操，以一言取相：据《汉书·车千秋传》，千秋本为高寝郎，因上书为戾太子申冤，武帝得知真相后悔悟，于是拜千秋为大鸿胪，后迁丞相。史称千秋"无他材能术学，又无伐阅功劳，特以一言寤意，旬月取宰相封侯，世未尝有也"。田千秋，即车千秋，西汉丞相，本姓田，汉昭帝因其年老特许乘小车入朝，因此称"车丞相"。殊操，卓异的节操、才能。

⑩县隔：悬殊，相差极远。县，同"悬"。

⑪庄姜适卫，美而无宠：据《左传·隐公三年》，卫庄公娶齐国公主，称为庄姜，虽然漂亮却没有生下孩子。庄姜，春秋时齐庄公之女，卫庄公夫人，姜姓，"庄"为丈夫卫庄公谥号，故称"庄姜"。她出身贵族，美丽非凡，《诗经·卫风·硕人》称她"手如柔荑，肤如凝脂，领如蝤蛴，齿如瓠犀，螓首蛾眉，巧笑倩兮，美目盼兮"。适，女子出嫁。

⑫宿瘤适齐，丑而蒙幸：据《列女传·辩通传·齐宿瘤女》，齐国东郭有个采桑女子，颈生大瘤，故称宿瘤。闵王出游时百姓都前来观看，只有宿瘤依旧采桑而不上前。闵王认为她是贤惠女子，想要带她走。宿瘤认为这是私奔而不答应。闵王最终行使礼节，聘

她为王后。宿瘤，指一直长着的瘤子。

【译文】

从前，韩昭侯酒醉卧床时发冷，典冠给他盖上衣服。韩昭侯醒后问起这件事，知道是典冠关心自己，但却因为他的行为超出职责范围而杀了他。卫国的陪乘，发现驾车人的过失，便在后面呼喊着指挥驾御，他的本意是为了阻止危险，就没有蒙受罪责。典冠添加衣服，是担心主人寒冷；陪乘指挥驾御，是担忧君主危险。忠诚仁爱的情感完全一致，超出职责范围的罪过也是相同的，而典冠受到惩罚，陪乘得到恩遇，这是碰没碰到好运的分别。鸱鹰掉下腐鼠，并不是虞氏对侠客的侮慢；瓶水浇在地上，并不是射姑排泄的粪便。事情发生在意料之外，本来不是他们的罪过，而侠客愤怒，虞氏被诛灭，邾君愤怒，射姑却免于一死，这也是碰没碰到好运的分别。齐国的华士，寄托情志于山野而被太公望诛杀；魏国的段干木，逃避世俗隐居而被魏文侯所敬佩。太公望的贤良不比魏文侯少，段干木的德才也并没有超过华士，而有人享受尊荣有人遭到诛杀，是碰没碰到好运的分别。董仲舒的智慧才德当代无人能比，职位仅仅到达诸侯臣僚；田千秋没有什么突出的品行，却因一句话而获得丞相之位。同样是遇到明主，但地位的尊卑却相差巨大，这是碰没碰到好运的分别。庄姜嫁到卫国，虽然美丽却不得宠爱；宿瘤嫁到齐国，虽然丑陋却得到恩宠，这是碰没碰到好运的分别。

遇不遇，命也；贤不贤，性也。怨不肖者①，不通性也；伤不遇者，不知命也。如能临难而不慑②，贫贱而不忧，可为达命者矣③。

【注释】

①不肖：不贤，无才能。

②慑：恐惧，惧怕。

③达命：犹知命。

【译文】

遇合与不遇合，是命运；贤良与不贤良，是本性。抱怨自己不贤良，是不了解本性；感伤自己不遇合，是不懂得命运。如果能面临危难而不恐惧，身处贫贱而不忧虑，就可以称作知命之人了。

命相章二十五

命者，生之本也；相者[①]，助命而成者也。命则有命，不形于形[②]；相则有相，而形于形。有命必有相，有相必有命；同禀于天[③]，相须而成也[④]。

【注释】

①相：形貌。

②形：前一个“形”是动词，指表现、体现；后一个“形”是名词，指外在的形象、容貌。

③禀：承受，领受。

④相须：相互依存，相互配合。

【译文】

命数，是生命的本原；相貌，辅助命数而成。生命中有命数，但不体现在外；相貌中有命相，体现在外。有命数就一定有命相，有命相必然有命数；它们都禀受于天，互相依存而成。

人之命相，贤愚贵贱，修短吉凶，制气结胎受生之时[①]，其真妙者，或感五星三光[②]，或应龙迹气梦[③]；降及凡庶[④]，亦禀天命，皆属星辰。其值吉宿则吉[⑤]，值凶宿则凶。受气之始，相命既定，即鬼神不能改移，而圣智不能回也。

【注释】

①制气结胎受生：指人的孕育投胎。制气，古人认为人禀受天地自然之气而生，故称“制气”。结胎，指受孕。受生，投生，投胎。

②五星：此指下文“微子感牵牛星，颜渊感中台星，张良感弧星，樊哙感狼星，老子感火星”五种感星而生的方式。三光：日、月、星。

③龙迹气梦：指下文所言四种感应生子的方式。龙即“庆都与赤龙合”“刘媪感赤龙”“薄姬感苍龙”，迹指“华胥履大人之迹”，气指“握登见大虹”“夫都见白气贯月”，梦即“大任梦见长人”。迹，脚印。

④凡庶：平民，平常人。

⑤值：遇到。宿（xiù）：星宿。

【译文】

人的命相，无论贤良愚钝、富贵贫贱，还是长寿短命、吉祥与不幸，在受孕投胎的时候，那些神妙的人，有的受到日月星辰的影响，有的受到龙、迹、气、梦的感应；下至平常人，也禀承天命，都关联于星辰。遇到吉星就吉祥，遇到凶星就不幸。在禀受天地自然之气时，相貌和命运就已经注定了，即使鬼神也不能改变，非凡的智者也不能使之回转。

华胥履大人之迹而生伏牺①，女枢感瑶光贯月而生颛顼②，庆都与赤龙合而生唐尧③，握登见大虹而生虞舜④，修纪见洞流星而生夏禹⑤，夫都见白气贯月而生殷汤⑥，大任梦见长人而生文王⑦，颜徵感黑帝而生孔子⑧，刘媪感赤龙而生汉祖⑨，薄姬感苍龙而生文帝⑩，微子感牵牛星⑪，颜渊感中台星⑫，张良感弧星⑬，樊哙感狼星⑭，老子感火星⑮。若此之类，皆圣贤受天瑞相而生者也[16]。相者，或见肌骨，或见声色，贤愚贵贱，修短吉凶，皆有表诊[17]。故五岳崔嵬[18]，有峻极之势[19]；四渎皎洁[20]，有川流之形；五色郁然[21]，有云霞之观；五声铿然[22]，有钟磬之音[23]。善观察者，犹风胡之别剑[24]，孙阳之相马[25]，览其机妙，不亦难乎？

【注释】

①华胥履大人之迹而生伏牺：晋皇甫谧《帝王世纪》："大皞（hào）帝包牺氏，风姓也，母曰华胥。燧人之世，有大人迹出于雷泽。华胥履之，而生包牺。"华胥，传说中伏羲氏的母亲。履，践踩，走过。伏牺，又作"伏羲""庖牺""包牺"，传说中的上古帝王。有圣德，与日月齐名，故称"太昊""太皞"。相传他始画八卦，教民捕鱼畜牧，以充庖厨。

②女枢感瑶光贯月而生颛顼（zhuān xū）：《帝王世纪》："颛顼母曰景仆，昌意正妃，谓之女枢。有星贯月如虹，感女于幽房之宫，而生颛顼。"女枢，相传为颛顼帝之母，蜀山氏女。瑶光，北斗七星中的第七星，古代象征祥瑞。颛顼，传说中的上古帝王。相传为黄帝之孙，十岁时辅佐少昊，二十岁即帝位。最初建国于高阳，故号高阳氏。

③庆都与赤龙合而生唐尧：《帝王世纪》："尧母曰庆都，观河遇赤龙，晻然阴风，感而有孕，十四月而生尧。"庆都，帝尧之母，古成阳尧陵南有庆都陵。唐尧，传说中的上古帝王，帝喾之子，名放勋，初封于陶，后徙于唐，史称"陶唐氏""唐尧"。

④握登见大虹而生虞舜：《帝王世纪》："瞍（sǒu）之妻握登，见大虹意感，而生舜于姚墟。"握登，传说中舜之母。虞舜，传说中的上古帝王，尧去世后继位。因建国于虞，故称"虞舜""有虞氏"。

⑤修纪见洞流星而生夏禹:《帝王世纪》:"禹父鲧(gǔn),妻修己,见流星贯昴,梦接意感,又吞神珠薏苡,胸坼而生禹。"修纪,一作"修己",禹之母。洞,疑是衍文。据《刘子》注释诸家所引《帝王世纪》《太平御览》各卷载修纪见流星事,俱无"洞"字。

⑥夫都见白气贯月而生殷汤:《帝王世纪》:"殷出自帝喾,子姓也。主癸之妃曰扶都,见白气贯月,意感,以乙日生汤。"夫都,一作"扶都",汤之母。殷汤,即商汤,商朝开国君主,励精图治,被誉为古之圣王。

⑦大任梦见长人而生文王:《帝王世纪》:"季历之妃,生文王昌。"《太平御览》卷一三五引《河图·著命》:"太妊梦长人感己,生文王。"大任,又作"太任",季历之妻,周文王之母。长人,身材高大的人。文王,指周文王,姬姓,名昌,周王朝的奠基者,周武王之父。

⑧颜徵感黑帝而生孔子:《春秋演孔图》:"孔子母颜氏徵在游大冢之陂,睡梦黑帝使请己,己往梦交,语曰:'汝乳必于空桑之中。'觉则若感,生丘于空桑之中。"颜徵,颜氏,名徵在,孔子的母亲,后人加封为启圣王夫人。黑帝,传说为五天帝中主北方之神。

⑨刘媪(ǎo)感赤龙而生汉祖:《史记·高祖本纪》:"父曰太公,母曰刘媪。其先刘媪尝息大泽之陂,梦与神遇。是时雷电晦冥,太公往视,则见蛟龙于其上。已而有身,遂产高祖。"赤龙,《高祖本纪》后文称高祖为"赤帝子",故为"赤龙"。汉祖,即汉高祖刘邦,西汉开国之君。

⑩薄姬感苍龙而生文帝:据《史记·外戚世家》,薄姬对汉高祖刘邦说:"昨暮夜妾梦苍龙据吾腹。"高祖认为这是显贵的征兆,便与她同房,生下了文帝。薄姬,汉高祖刘邦妃,文帝生母。文帝,指汉文帝刘恒,在历代帝王中以生活俭朴著称,与其子景帝两代开创"文景之治"。

⑪微子:商纣王庶兄,名启。数谏纣王而不听,周灭商后称臣于周,

周公旦以微子统率殷族，封于宋，为宋国始祖。牵牛星：星名，俗称牛郎星。

⑫颜渊：即颜回，孔子的弟子。中台星：星名，三台星中间的两星。

⑬张良：字子房，城父（今河南郏县）人，秦末汉初杰出谋臣，西汉开国功臣，与韩信、萧何并称为“汉初三杰”。弧星：星名。《史记·天官书》正义：“弧九星，在狼东南，天之弓也。以伐叛怀远，又主备贼盗之知奸邪者。”

⑭樊哙：沛县（今属江苏）人，西汉开国元勋，军事统帅。狼星：星名。《晋书·天文志上》：“狼一星，在东井东南。狼为野将，主侵掠。”

⑮老子：姓李，名耳，字聃，春秋末期楚国苦县（今河南鹿邑）人，道家学派创始人。火星：当指大火星，二十八宿中的心宿。按：微子至老子感星之事，皆未详所出。

⑯瑞相：吉祥的征兆。

⑰表诊：外在迹象、征兆。

⑱崔嵬：高峻、高大的样子。

⑲峻极：极为高峻陡峭。

⑳四渎：古代江、河、淮、济诸水的总称。

㉑五色：指青、黄、赤、白、黑五种颜色，古代以此为正色。郁然：充盛、浓郁的样子。

㉒五声：古代音乐中宫、商、角、徵、羽五个音阶。铿然：指声音响亮。

㉓钟磬：钟和磬，古代礼乐器。

㉔风胡：又称风胡子，春秋时楚国人，善于鉴赏宝剑。

㉕孙阳：即伯乐，春秋时善于相马的人。

【译文】

华胥踩到巨人的脚印而生伏牺，女枢感应瑶光穿月而生颛顼，庆都与赤龙结合而生唐尧，握登望见大虹而生虞舜，修纪看见流星贯昴而生夏禹，夫都见到白气贯月而生商汤，大任梦见身材高大之人而生文王，颜徵在感应黑帝而生孔子，刘媪感应赤龙而生汉高祖，薄姬感应苍龙而生汉文帝，微子感应牵牛星，颜渊感应中台星，张良感应弧星，樊哙感应狼星，老子感应火星。诸如此类，都是圣贤秉承上天的吉兆而出生的例子。命相，有的呈现于肌肤和骨骼，有的体现在声音及容态，贤良愚钝、富贵贫贱，长寿短命、吉祥不幸，都有外在的迹象。因而五岳高耸，有极为险峻之势；四渎光洁，有川流不息之形；五色浓郁，如云蒸霞蔚；五音响亮，如钟磬和鸣。善于观察的人，即使如风胡鉴别宝剑，孙阳鉴别良马，想要看出其中的奥妙，不也是很难吗？

伏牺日角①，黄帝龙颜②，帝喾戴肩③，颛顼骈骭④，尧眉八彩⑤，舜目重瞳⑥，禹耳三漏⑦，汤臂二肘⑧，文王四乳⑨，武王龂齿⑩，孔子反宇⑪，颜回重瞳⑫，皋陶鸟喙⑬。若此之类，皆圣贤受天殊相而生者也。舜目重瞳，是至明之相，而项羽、王莽亦目重瞳子⑭。越王勾践长颈鸟喙，非善终之象⑮，而夏禹亦长颈鸟喙⑯。王莽之重瞳，譬驽马有骥之一毛⑰，而不可谓之骥也；勾践长颈鸟喙，犹蛇有龙之一鳞，而不可谓之龙也。爰及众庶⑱，皆有诊相⑲。故穀子丰下，叔服知其有后⑳；卫青方颡，黥徒明其富贵㉑；亚夫纵理，许负见于饿死㉒；羊石声豺，叔姬鉴其灭族㉓。命相吉凶，悬之于天。命当贫贱，虽富贵，犹有祸患；命当富贵，虽欲杀之，犹不能害。

【注释】

①伏牺日角：《春秋元命苞》："伏羲龙身牛首，渠肩达掖，山准日角。"日角，额骨中央部分隆起，形状如日，旧时相术家认为是大贵之相。

②黄帝龙颜：《春秋元命苞》："黄帝龙颜。"龙颜，谓眉骨突起似龙，

比喻帝王的容貌。

③帝喾(kù)戴肩:《春秋元命苞》:“帝喾戴干,是谓通明。”帝喾,传说中的上古帝王,号高辛氏,黄帝曾孙。戴肩,又作“戴干”,“肩”“干”古音相通,谓头部有肉突起如干戈对立。

④颛项骈骬(gàn):《春秋元命苞》:“颛项骈干。”骈骬,谓肋骨相连如一骨。

⑤尧眉八彩:《春秋演孔图》:“尧眉八彩,是谓通明。”眉八彩,眉有八种色彩,谓命世圣人或帝王之眉。

⑥舜目重瞳:《淮南子·修务》:“舜二瞳子,是谓重明。”目重瞳,指眼睛中有两个眸子。

⑦禹耳三漏:《淮南子·修务》:“禹耳参漏,是谓大通。”耳三漏,谓两耳各有三孔,旧传为圣人的异相。

⑧汤臂二肘:《春秋演孔图》:“汤臂三肘,是谓柳翼。”汤,指商汤。

⑨文王四乳:《春秋演孔图》:“文王四乳,是谓含良。”文王,指周文王。

⑩武王骈(pián)齿:《春秋演孔图》:“武王骈齿,是谓刚强。”武王,指周武王。骈齿,谓牙齿重叠。

⑪孔子反宇:《论衡·讲瑞》:“孔子反宇。”反宇,亦作“反羽”,比喻中间凹四周高的头顶。

⑫颜回重瞳:此句未详所出。颜回,即颜渊,孔子弟子。

⑬皋陶(gāo yáo)鸟喙:《淮南子·修务》:“皋陶马喙,是谓至信。”皋陶,也称咎繇,传说是舜的大臣,掌管刑狱之事。鸟喙,鸟嘴,谓人嘴像鸟嘴一样尖凸。马喙亦长而突出。

⑭项羽、王莽亦目重瞳子:《史记·项羽本纪》:“太史公曰:吾闻之周生曰‘舜目盖重瞳子’,又闻项羽亦重瞳子。”《论衡·讲瑞》:“虞舜重瞳,王莽亦重瞳。”项羽,名籍,字羽,秦末下相(今江苏宿迁)人,楚将项燕之孙。秦亡后自立为西楚霸王,与刘邦争天下,后于乌江自刎而死。王莽,字巨君,西汉末权臣,新朝的建立者。西汉

末年以外戚掌权，毒杀汉平帝，立孺子婴，不久自己称帝，改国号为新，后被农民起义军杀死。

⑮越王勾践长颈鸟喙，非善终之相：《史记·越王勾践世家》："越王为人长颈鸟喙，可与共患难，不可与共乐。"

⑯夏禹亦长颈鸟喙：《太平御览》卷八二引《尸子》："禹长颈鸟喙。"

⑰驽马：劣马。骥：骏马。

⑱众庶：众人。

⑲诊相：指带有征兆的相貌。

⑳縠（gǔ）子丰下，叔服知其有后：据《左传·文公元年》，公孙敖让叔服能给縠子看相，叔服说："縠的下颌丰满，后代在鲁国必然昌盛。"縠子，公孙敖之子。丰下，谓下颔丰满，面呈方形。叔服，周王室大夫。

㉑卫青方颡（sǎng），黥（qíng）徒明其富贵：《史记·卫将军骠骑列传》："青尝从入至甘泉居室，有一钳徒相青曰：'贵人也，官至封侯。'"据今本《史记》《汉书》，钳徒只说卫青有贵人之相，并未言及具体相貌。袁孝政注："黥谓青曰：'汝额方，应贵。'"不知袁注所本。卫青，字仲卿，河东平阳（今山西临汾）人，西汉名将，官至大将军，前后七次出击匈奴，屡立战功。方颡，方形的额头，古人认为是富贵之相。黥徒，受黥刑的囚徒。黥，在人脸上刺字的刑罚。

㉒亚夫纵理，许负见于饿死：据《史记·绛侯周勃世家》，许负为周亚夫看相，说他三年后封侯，封侯八年后为将相，此再过九年将会饿死。周亚夫很疑惑，许负说："您脸上有纵纹衔接口边，这是饿死的面相。"亚夫，即周亚夫，沛郡丰县（今江苏丰县）人，西汉名将，官至丞相。后因其子私买御物下狱，被诬蔑谋反，呕血而死。纵理，竖纹。许负，汉代擅长相术的许姓老妪。

㉓羊石声豺，叔姬鉴其灭族：据《左传·昭公二十八年》，羊石刚出生时，叔姬听到羊石的哭声说："这是豺狼的声音，豺狼般的孩子

必然有野心。不是他，就没有人会毁掉羊舌氏。”羊石，复姓羊舌，名食我，字伯石，春秋时晋国贵族。豺，兽名，形似犬而残猛如狼。叔姬，晋国大夫叔向之母。

【译文】

伏牺额骨隆起如日，黄帝眉骨突出似龙，帝喾头部有肉突起如干戈，颛顼肋骨相连如一骨，唐尧眉毛有八种色彩，虞舜眼睛有两个眸子，夏禹两耳各有三孔，商汤每只胳膊有两个肘，周文王有四个乳房，周武王牙齿相重叠，孔子头顶中间凹四周高，颜回眼睛有两个眸子，皋陶的嘴像鸟嘴一样尖凸。诸如此类，都是圣贤禀承上天特殊的形貌而出生的例子。虞舜眼睛有两个眸子，是极为贤明的命相，而项羽、王莽眼睛也有两个眸子。越王勾践长颈尖嘴，不是可以与之共同享乐的征兆，但夏禹也是长颈尖嘴。王莽眼睛有两个眸子，就像劣马有良马的一根毛，却不能称为良马；勾践长颈尖嘴，如同蛇有龙的一片鳞，却不能称之为龙。至于普通人，也都有带有征兆的形貌。因此縠子下颌丰满，叔服知道后嗣兴盛；卫青额头方正，受黥刑的囚徒预测他将富贵；周亚夫脸上有纵纹，许负知道他会饿死；羊石声音如豺，叔姬断定他将被诛灭全族。命相的吉利与否，都源于天意。命运本该贫贱，即使富贵，也会有祸患；命运本该富贵，即使要杀他，也还是无法害死。

夏孔甲畋于萯山，大风晦冥，入于人家。主人方乳，或占之曰：“后来而产，是子不详，终必有殃。”孔甲取之曰：“苟以为余子，谁敢殃之？”子长析薪，斧斩其左足，遂为大阍。孔甲曰：“呜呼！有疾，命矣夫[1]！”汉文以梦而宠邓通，相者占通当贫饿死。帝曰：“能富在我，何谓贫乎？”与之铜山，专得冶铸。后假衣食，寄死人家[2]。子文之生，妘子弃之，虎乃乳之，遂收养焉，卒为楚相[3]。橐离国王侍婢有娠，王欲杀之，婢曰："气从天来，故我有娠。"及子之产，捐猪圈中，猪以气嘘之，弃马枥中，马复嘘之，故得不死，卒为夫余之王④。

【注释】

①"夏孔甲畋（tián）于萯（fù）山"以下十八句：事见《吕氏春秋·音初》。夏孔甲，夏朝君主，名孔甲，禹的十四世孙。畋，打猎。萯山，古山名。晦冥，昏暗，阴沉。乳，生子。后，君王，此指孔甲。详，通"祥"，吉祥。析薪，劈柴。大阍（hūn），古代守卫城门之官。

②"汉文以梦而宠邓通"以下九句：事见《史记·佞幸列传》。邓通，蜀郡南安（今四川乐山）人，汉文帝宠臣。获赏铜山，制"邓氏钱"，富甲天下。景帝立，以事怨通，尽没其财，后竟贫饿而死。假衣食，谓依靠别人送与衣服食物来维持生活。寄死，指死在所依附的人家中。

③"子文之生"以下五句：事见《左传·宣公四年》。子文，春秋时楚国令尹，斗伯比之子。妘（yún）子，又作"郧子"，春秋时郧国国君。

④"橐（tuó）离国王侍婢有娠"以下十二句：事见《论衡·吉验》。橐离，东北地区古国名。娠，怀孕。捐，抛弃。嘘，吐气，呵气。马枥，马槽。夫余，又作"扶余"，古族名、国名，位于今松花江流域。

【译文】

夏孔甲在萯山打猎，大风刮得天昏地暗，他进入一户人家。主人家正有一个孩子出生，有人占卜说："孔甲到来时出生，这个孩子不吉利，将来一定会有灾难。"孔甲抱过来说："如果把他作为我的孩子，谁还敢使他遭受灾祸？"孩子长大后劈柴，斧头砍断了他的左脚，于是当了守卫城门之官。孔甲说："唉！有这样的残疾，是命中注定啊！"汉文帝因梦而宠幸邓通，看相的人说邓通会因贫困饥饿而死。文帝说："能使邓通富贵的人是我，怎么说他会贫穷呢?”于是赏赐给他铜山，允许他自行冶炼并铸钱。后来邓通靠别人送与衣食才能维持生活，死在了所托付的人家中。子文刚刚出生，妘子就抛弃了他，老虎于是喂他奶水，后来又被收养，最终成为楚国令尹。槖离国王的侍女有了身孕，国王想要杀死她，侍女说：“气从天而来，我才有了身孕。”等到孩子出生后，被扔到猪圈里，猪呵气温暖他，丢在马槽中，马又呵气温暖他，所以没有死，最终成为夫余国的国王。

故善恶之命，若从天堕，若从地出，不得以理数推，非可以智力要。今人不知命之有限，而妄觊于多贪[1]。命在于贫贱，而穿凿求富贵[2]；命在于短折[3]，而临危求长寿，皆惑之甚者也。

【注释】

①觊(jì)：希望，企图。

②穿凿：指牵强附会。

③短折：夭折，早死。

【译文】

所以或好或坏的命运，就像从天上掉下，从地下生出，不能用理数推测，无法以智力来求得。如今人们不知命运自有定限，而妄图贪求更多。命本贫贱，却想尽办法追求富贵；命本短寿，却在置身险境时企求长寿，这都是糊涂至极的。

卷六

【题解】

本卷主要讨论用人等施政原则，包括《妄瑕》《适才》《文武》《均任》《慎言》五章。

《妄瑕》谓对于人才不可求全责备。对人的评价，要关注其大节方面，不能以其小恶忘其大美。在任用人才时，也要以长处为先。而对于那些“小节申而大略屈”的人，品德修行即使再完备也是不可任用的。这与《三国志·魏志·武帝纪》中曹操的求才令所体现的选贤标准一脉相承，具有积极的意义。

《适才》谓合理使用人才。自然万物的价值是在不同的需求下体现出来的，而人才的任用也要适量而行。对于才学、能力、性格、兴趣等存在诸多差异的人才，“施用有宜”则能使其发挥应有的作用，反之则是浪费。文中所阐述的“适才所施，随时成务”“各尽其分而立功”等语句，行文简单而道理深刻。

《文武》谓文才与武才。承接《适才》章的观点，具体论述文武“虽形殊而用异，而适用则均”的用人要领。国家的治理需要文武人才相互协力，不同的历史时期，文与武的作用各有所不同，因而要使人才充分发挥各自的专长，“文武异材，为国大益”。作者特别提出“治乱异时，随务引才”的观点，再次强调了合理任用人才的重要性。

《均任》谓量才授任。承接《适才》章的主旨，继续完善任用人才的相关思想。用人要充分衡量其才能，使其与位置相匹配，不能“以重处轻”或“以轻载重”。同时，一定要把才能大小、职位高低与爵禄厚薄结合起来，“宁降无滥”，以此做到“君无虚授，臣无虚任”，无所忧患。这些观点对现实仍有指导意义。

《慎言》谓言辞小心谨慎。“言语者，人之文也”，“人失文，必有伤身之患”，“是以君子慎其关钥，以密言语”。文章以诸多类比阐述“明者慎言，故无失也；暗者轻言，身致灭害”的道理，其中大量语句和实例承袭了《周易》《诗经》《战国策》《韩非子》《淮南子》《说苑》等相关内容，进而强调“时然后言，则言如金石，人不厌其言”，以求“身无失行，口无过言”。

本卷进一步讨论用人的相关原则以及言辞慎重的道理。林其锬先生在《“适才”“均任”是用人之道的主要内容——〈刘子〉用人思想初探》（《兰州学刊》1986年）中指出，“《刘子》作者立足于魏晋南北朝森严的门阀制度的现实，继承和发展了先秦诸子的用人思想的许多精华，大胆地提出了冲破凭靠‘华裔世胄’唯亲是荐的门阀制度，要求‘因事施用，因便效才’和‘量才而授任，量任而授爵’，它反映了广大处于受压抑、被摧残的寒门知识分子的愿望和要求，在历史上是有积极意义的”。长处为先以辨人、随才所施而用人、随物引才而授任等观点，反映了作者进步的施政主张。

妄瑕章二十六

天道混然无形，寂然无声。视之不见，听之不闻。非可以影响求，不得以毁誉称也[1]。降此以往[2]，则事不双美，名不并盛矣。虽天地之大，三光之明[3]，圣贤之智，犹未免乎訾也[4]。故天有拆之象[5]，地有裂之形，日月有薄蚀之变[6]，五星有孛彗之妖[7];尧有不慈之诽[8],舜有卑父之谤[9],汤有放君之称[10],武有杀主之讥[11],齐桓有贪淫之目[12],晋文有不臣之声[13],伊尹有诬君之迹[14],管仲有僭上之名[15]。以夫二仪七曜之灵[16],不能无亏沴[17];尧、舜、汤、武之圣,不能免于诽谤;桓、文、伊、管之贤,不能无纤瑕之过[18]。由此观之,宇宙庸流,奚能自免于怨谤而无悔吝耶[19]?

【注释】

①"天道混然无形"以下六句:《吕氏春秋·大乐》:"道也者,视之不见,听之不闻,不可为状。"天道,天理,自然法则。影响,影子和回声。

②降此以往:犹言除此而外。

③三光:日、月、星。

④訾(cī):通"疵",瑕疵。

⑤拆:通"坼",裂开。

⑥薄蚀:即薄食,谓日月相掩食。

⑦孛彗:即彗星,孛为彗星的别称。

⑧尧有不慈之诽:据《庄子·盗跖》,盗跖称"尧不慈",盖因尧未传位给其子丹朱,而传位给了舜,故其"不慈"。

⑨舜有卑父之谤:据《庄子·盗跖》,盗跖称"舜不孝",相传舜曾将其父瞽叟降为庶人。

⑩汤有放君之称:据《尚书·仲虺之诰》,成汤把夏代最后一个君主桀流放于南巢,故《庄子·盗跖》称"汤放其主"。

⑪武有杀主之讥:据《史记·伯夷列传》,周武王出征讨伐商纣王时,伯夷谏阻说:"以臣弑君,可谓仁乎?"故称其"有杀主之讥"。

⑫齐桓有贪淫之目:据《左传·僖公十七年》,齐桓公多内宠,如夫

人就有六位，以致死后诸子争立。

⑬晋文有不臣之声：据《左传·僖公二十五年》，晋文公朝见周天子，请求死后能用隧葬之礼来埋葬，周天子没有允许，说："这是天子的典章。还没有取代周室的德行而有两个天子，这也是叔父所不喜欢的。"

⑭伊尹有诬君之迹：据《吕氏春秋·慎大》，伊尹奔夏后回来向汤报告，说桀迷惑于末嬉，不体恤民众，民心积怨，都说夏王朝将要灭亡。伊尹，名挚，夏朝末年人，因其母居伊水之上，故以伊为氏。辅佐汤讨伐夏桀，被尊为阿衡（宰相）。

⑮管仲有僭（jiàn）上之名：据《论语·八佾》，孔子批评管仲不懂礼，国君树立塞门（影壁），有反坫（堂中两楹间的土台，用来供诸侯相会饮酒后置放空杯），管仲也树立塞门，有反坫。管仲，名夷吾，字仲，春秋时期齐国著名政治家，辅佐齐桓公称霸诸侯。僭，超越本分，古代指地位在下的冒用在上的名义或礼仪、器物。

⑯二仪：天地。七曜：又作"七耀"，指日、月和水、火、木、金、土五星。

⑰沴（lì）：旧谓天地四时之气不和而生的灾害。

⑱纤瑕：微小的瑕疵。比喻事物的小毛病或人的小过失。

⑲悔吝：灾祸。

【译文】

自然法则混沌无形，寂静无声。眼睛无法看见，耳朵不能听到。不能以影子和回声来呈现，不能以非议和称赞来评述。除此而外，事情不能两全其美，名声不能处处兴盛。即使以天地的广大，日月星辰的光明，圣贤的智慧，也不免有些瑕疵。就像天有分裂的天象，地有破裂的地形，日月有相互掩食的异变，五星中有彗星的灾兆；尧有不慈爱儿子的非议，舜有贬抑父亲的诽谤，汤有流放君王的说法，周武王有杀害君主的嘲讽，齐桓公有贪图淫乐的名目，晋文公有不守臣道的名声，伊尹有诬陷君王的形迹，管仲有僭越君上的罪名。以天、地和日月星辰的威灵，也不能不发生缺损灾异；以尧、舜、商汤、周武王的圣明，也不能避免他人的非议；以齐桓公、晋文公、伊尹、管仲的贤德，也不能没有微小的过失。由此看来，世间的平庸之辈，又怎么能够免于埋怨诽谤而没有灾祸呢？

是以荆岫之玉[①]，必含纤瑕；骊龙之珠[②]，亦有微颣[③]。然驰光于千里，飞价于侯王者[④]，以小恶不足以伤其大美者也。今志人之细短[⑤]，忘人之所长，以此招贤，是书空而寻迹，披水而觅路，不可得也。定国之臣亦有细短，人主所以不弃之者，不以小妨大也。以小掩大，非求士之谓也。伊尹，夏之庖厨[⑥]，傅说，殷之胥靡[⑦]；百里奚，虞之亡虏[⑧]；段干木[⑨]，魏之大驵[⑩]。此四子者，非不贤也，而其迹不免污也。名不两盛，事不俱美。

【注释】

①荆岫（xiù）：即荆山。在今湖北南漳西部，相传卞和得璞玉于此。

②骊龙之珠：传说中骊龙颔下的宝珠。《庄子·列御寇》："夫千金之珠，必在九重之渊，而骊龙颔下。"

③颣（lèi）：缺点，疵病。

④飞价：传扬声誉。

⑤志：记。细短：小缺点。

⑥伊尹，夏之庖厨：《吕氏春秋·求人》："伊尹，庖厨之臣也。"庖厨，指厨师。

⑦傅说（yuè），殷之胥靡：《吕氏春秋·求人》："傅说，殷之胥靡也。"傅说，傅氏始祖，殷商时期著名贤臣，相传为商王武丁丞相，使商代中兴。胥靡，古代服劳役的奴隶或刑徒。

⑧百里奚，虞之亡虏：据《吕氏春秋·慎人》，百里奚本是虞国大夫，

晋献公假途伐虢后灭亡了虞国，俘获百里奚。后来他在秦国喂牛，被人用五张羊皮买下，经公孙枝举荐，得到秦穆公重用。百里奚，百里氏，名奚，字子明，号五羖大夫，春秋时虞国人。辅佐秦穆公倡导文明教化，“谋无不当，举必有功”，使秦穆公成为“春秋五霸”之一。

⑨段干木：战国初期魏国贤士，复姓段干，名木。

⑩大驵（zǎng）：驵侩，买卖的中间人。

【译文】

因此荆山的璞玉，必然含有微小的瑕疵；骊龙宝珠，也有细微的缺点。然而能够美名远播，在侯王间传扬，是因为微小的缺陷不足以损害它们整体的美好。如今总是记着别人的小缺点，忘记人家的长处，用这样的态度来招求贤士，就像用手指在空中虚画却想要寻求痕迹，把水向两边拨开而想要探索道路，都是不可能实现的。安定国家之臣也有短处，君主之所以不废除他们，是不以细微之处而损害大局。把细微之处当作整体，不是招求贤才的方式。伊尹，是夏代的厨师；傅说，是殷代的刑徒；百里奚，是虞国的逃犯；段干木，是魏国的驵侩。这四个人，不是不贤良，但是他们的形迹不免有污点。名声不能时时都好，事情不能处处完美。

昔魏文侯问于李克曰：“吴起何如人也？”克对曰：“起贪而好色，然其善用兵，司马穰苴不能过也。”乃以为将，拔秦五城，北灭燕、赵，盖起之力也①。魏无知荐陈平于汉王②，或人谗之曰：“平虽美丈夫，如冠玉耳③，其中未必有可用也。且闻盗嫂而受金④。”王乃疏平⑤，让无知⑥。无知曰：“臣进奇谋之士，诚足以利国耳。且其小过，岂妨公家之大务哉！”乃擢为护军⑦，得施其策。故范增疽发死而楚国亡，阏氏开阵而汉军全者，平之谋也[⑧]。高祖弃陈平之小愆，采六奇之大谋[⑨]；文侯舍吴起之小失，而取五城之大功。向使二主以其小过，弃彼良材，则魏国之存亡不可知，而汉、楚之雄雌未可决也。而吴起必埋名于贪淫，陈平陷身于贿盗矣。

【注释】

①“昔魏文侯问于李克曰”以下十句：事见《史记·孙子吴起列传》。魏文侯，名斯，战国时期魏国开国君主，在位时礼贤下士。李克，安邑（今山西夏县）人，战国初法家重要代表人物。曾任魏文侯相，主持变法。做过中山相和上地守，经常和秦人交锋作战。司马穰苴，姓田，名穰苴，春秋末期齐国人。曾率齐军击退晋、燕入侵之军，因功被封为大司马，故称“司马穰苴”。拔，攻占。

②魏无知荐陈平于汉王：事见《史记·陈丞相世家》。魏无知，秦末人，楚汉战争时从汉王刘邦。陈平背楚降汉，通过他求见刘邦，遂得重用。陈平，阳武（今河南原阳）人，西汉开国功臣。幼嗜读书，容貌俊美，足智多谋，事高祖屡出奇策。

③冠玉：装饰帽子的美玉。

④盗：此指私通。

⑤疏：疏远。

⑥让：责备。

⑦擢：提拔，提升。护军：秦汉时临时设置护军都尉或中尉，以调节各将领间的关系。

⑧“故范增疽发死而楚国亡”以下三句：据《史记·陈丞相世家》，陈平设计离间楚将与项王的关系，使项王对范增产生怀疑，导致范增背发疽疮而死；又刘邦率军被匈奴围困于平城时，陈平设计利用单于阏氏得以解脱困境。范增，居鄛（今安徽巢湖）人，项羽

部下主要谋士，被项羽尊为“亚父”。阏氏（yān zhī），汉时匈奴君长的嫡妻称为“阏氏”。

⑨六奇：指陈平六出奇计，协助刘邦战胜项羽，建立和巩固汉王朝。《史记·太史公自序》称之为“六奇”。

【译文】

从前魏文侯问李克：“吴起是什么样的人？”李克回答说：“吴起贪婪好色，但是善于用兵，司马穰苴也不能胜过他。”魏文侯于是任命他为将军，攻占了秦国的五座城，向北击灭燕国、赵国，都是吴起的功绩。魏无知向汉王举荐陈平，有人谗害陈平说：“陈平虽然是美男子，正如装饰帽子的美玉，不一定有实用价值。而且听说他与嫂子私通，还接受将帅的财物。”汉王于是疏远陈平，谴责魏无知。魏无知说：“臣举荐谋略非凡的贤士，看他是否真的对国家有利而已。况且有些细小的过错，难道会妨碍国家的大事吗！”于是提拔陈平作护军，使他施展自己的策略。范增发疽疮而死致使楚国灭亡，匈奴阏氏打开阵营而使汉军得以保全，都是陈平的计谋。汉高祖忽略陈平的小缺点，采用他谋划的六大奇计；魏文侯抛开吴起的小过失，而取得攻占五座城的大功。如果两位君主因为他们的小缺点而放弃有用之才，那么魏国的存亡便不可得知，而汉、楚的胜败也无从决定。而吴起一定还因贪婪淫乱而被埋没无名，陈平仍因受贿私通而身陷穷困。

俗之观士者，见其威仪屑屑①，好行细洁，乃谓之英彦②；士有大趣③，不修容仪，不惜小俭④，而谓之弃人。是见朱橘一子蠹⑤，因剪树而弃之；睹缛锦一寸点⑥，乃全匹而燔之⑦。

【注释】

①威仪屑屑：讲究仪态的细节。《左传·昭公五年》：“屑屑焉习仪以亟。”

②英彦：英俊之士，才智卓越的人。

③趣：志向。

④俭：犹约束。

⑤蠹：蛀蚀。

⑥缛：繁密的彩饰。点：小黑点，脏污。

⑦燔（fán）：焚烧。

【译文】

世俗之中品评人才，看他仪态讲究，喜好打理细节，就称之为卓越之士；而有远大志向之人，如果不修整仪表，不关注细节，就称之为无用之人。这就像见到橘子树的一个果实被蛀蚀，就把整棵树都铲除掉；看到彩锦有一寸的脏污，就把整匹锦都焚烧掉。

齐桓深知甯戚，将任之以政。群臣争谗之曰："宁戚卫人，去齐不远，君可使人问之，若果真贤，用之未晚也。"公曰："不然。患其有小恶者，以人之小恶忘其大美，此世所以失天下之士也。"乃夜举火而爵之，以为卿相，九合诸侯，一匡天下，桓公可谓善求士矣①。故仲尼见人一善而忘其百非②，鲍叔闻人一过而终身不忘③。夫子如斯之弘，鲍叔如斯之隘也。以是观之，圣哲之量相去远矣。

【注释】

①"齐桓深知甯戚"以下十八句：事见《吕氏春秋·举难》。甯戚，春秋时卫国人，早年怀经世济民之才而不得志，后长期任齐国大司田，为齐桓公主要辅佐者之一。卿相，卿和相的统称，指执政的大臣。

②仲尼见人一善而忘其百非：《说苑·杂言》："夫子见人之一善，而忘其百非。"

③鲍叔闻人一过而终身不忘:《吕氏春秋·贵公》:“鲍叔牙之为人也,……一闻人之过,终身不忘。”

【译文】

齐桓公非常了解甯戚,将要任命他处理政务。许多大臣都说他的坏话:“甯戚是卫国人,离齐国不远,您可以派人去打听,如果他确实贤良,再任用也不晚。”齐桓公说:“不是这样。总是担心一个人有小恶行,因为小恶行而忽略整体的才德,这正是世人失去天下贤士的原因。”于是夜里点燃火把为甯戚授爵,封他为执政大臣,多次会盟诸侯,使天下得到匡正,齐桓公可以称得上善于求贤了。因而孔子看到人的一处优点便忘记他其他的错误,鲍叔牙听说人的一次过失而终身不忘。孔子是如此宽宏,鲍叔牙是这样狭隘。这样看来,圣人和贤哲的度量相差真是太远了。

牛蹏之涔,不生鲂鲔[①];巢幕之窠,不容鹄卵[②];崇山廓泽[③],不辞污秽;佐世良材,不拘细行。何者?量小不足以包大形,器大无分小瑕也。人之情性,皆有细短,若其大略是也,虽有小过,不足以为累;若其大略非也,虽有衡门小操[④],未足与论大谋。樊、灌,屠贩之竖[⑤];萧、曹,斗筲之吏[⑥];英布,刑墨之隶[⑦];周勃,俳优之任[⑧]。其行皆中律[⑨],其质则将相才也。景阳,郢中之大淫也,而威诸侯[⑩];颜浊邹,梁父之大盗也,而齐为勋臣[⑪]。此皆有所短,然而功名不朽者,大略得也。袁精目、鲍焦[⑫],厉节抗行[⑬],不食非义之食,乃饿而死,不能立功拯溺者[⑭],小节申而大略屈也。伯夷、叔齐,冰清玉洁,义不为孤竹之嗣,不食周粟,饿死首阳[⑮]。杨朱[⑯],全身养性,去胫之一毛[⑰],以利天下,则不为也。若此二子,德非不茂,行非不高,亦能安治代紊[⑱],蹈白刃而达功名乎[19]？此可以为百代之镕轨[20]，不可居伊、管之任也。

【注释】

①牛躅（zhuó）之洼，不生鲂（fáng）鲔（xù）：《淮南子·泛论》："夫牛蹄之涔，不能生鳣鲔。"躅，足迹。鲂，鳊鱼。鲔，鲢鱼。

②巢幕之窠（kē），不容鹄卵：《淮南子·泛论》："蜂房不容鹄卵。"巢幕，筑巢于帷幕之上。比喻处境危险。《左传·襄公二十九年》："夫子之在此也，犹燕之巢于幕上。"杨伯峻注："幕即帐幕，随时可撤。燕巢于其上，至为危险。"窠，鸟、兽、虫类等栖息的巢穴。鹄卵，天鹅蛋。

③廓：广大，广阔。

④衡门：横木为门。比喻简陋的房屋。

⑤樊、灌，屠贩之竖：樊，指樊哙，沛县（今属江苏）人，西汉开国功臣。灌，指灌婴，秦末汉初睢阳（今河南商丘）人，西汉开国功臣。屠贩，屠夫及商贩，指地位低微的人。据《史记·樊郦滕灌列传》，樊哙少时以屠狗为业，灌婴少时以贩缯为业，后随刘邦起义，因军功分别封为舞阳侯和颍阴侯。竖，古时对人的蔑称、贱称。

⑥萧、曹，斗筲（shāo）之吏：萧，指萧何，沛县人，西汉开国功臣。曹，指曹参，字敬伯，沛县人，西汉开国功臣，继萧何之后任相国，史称"曹相国"。据《史记·曹相国世家》，两人早年仕秦，萧何担任沛县主吏掾，曹参担任沛县狱掾。斗筲，容量小的两种容器，此喻萧何、曹参出身微贱。斗，量器，容十升。筲，竹器，容一斗二升。

⑦英布，刑墨之隶：据《史记·黥布列传》，英布，六县（今安徽六安）人，秦末汉初名将。因受秦律被黥，又称"黥布"。初属项梁，后为项羽帐下将领之一，封九江王。后叛楚归汉，汉朝建立后封淮南王，与韩信、彭越并称汉初三大名将，后因谋反罪被杀。墨，古代一种刑罚，在脸上刺字并涂墨，亦称"黥"。隶，罪人。

⑧周勃，俳（pái）优之任：据《史记·绛侯周勃世家》，周勃，沛县（今属江苏）人，西汉开国将领，后任宰相。少时以编制蚕箔为生，常为人吹箫办丧事。后刘邦起义，以军功为将军，封为绛侯。俳优，古代以乐舞谐戏为业的艺人，此当指周勃为丧家吹箫事。

⑨中律：合乎法度。

⑩"景阳"以下三句：《淮南子·泛论》："景阳淫酒，被发而御于妇人，威服诸侯。"景阳，战国时楚国将军。郢，春秋战国时楚国都城。

⑪"颜浊邹"以下三句：《淮南子·泛论》："夫颜啄聚，梁父之大盗也，而为齐忠臣。"颜浊邹，一名颜雠田。梁父，即梁父山，别名"映佛山""迎福山"，在今山东泰安。

⑫袁精目：又作"爰精目"，楚国人。据《列子·说符》，他由于饥饿而躺在路上，有人看见了而喂他食物。当他听说这个人是狐父的大盗后，便伏地呕吐而死。故后文说"不食非义之食"。鲍焦：春秋时隐士，据《韩诗外传》记载，他受于贡讥讽，为保持自身廉节，"弃其蔬而立槁于洛水之上"，抱树而死。

⑬厉节：激励节操。抗行：坚持高尚的行为。

⑭拯溺：救援溺水的人。引申指解救危难。

⑮"伯夷、叔齐"以下五句：伯夷、叔齐是商末孤竹君的二个儿子，据《史记·伯夷列传》，伯夷和叔齐因辞让君王之位而逃到周国。周武王灭商后，伯夷、叔齐认为周不仁而不食周粟，隐居在首阳山而饿死。嗣，君位继承人。

⑯杨朱：字子居，战国时魏国（一说秦国）人，道家杨朱学派创始人。主张"贵己""重生""人人不损一毫"。据《列子·杨朱》，杨朱云："古之人，损一毫利天下，不与也；悉天下奉一身，不取也。"战国有"天下之言不归杨则归墨"的现象，其见解还散见于《庄子》《孟子》《韩非子》《吕氏春秋》等书。

⑰胫：小腿。

⑱代紊：犹乱世。

⑲蹈：踩踏。白刃：锋利的刀剑，利刃。

⑳镕轨：谓行为之准则。镕，同“熔”。

【译文】

牛蹄印的凹处，不能养活鲂和鲔；帷幕上的燕巢，不能容下天鹅蛋；高山广泽，可以包容污秽；辅佐君王的优秀人才，不被细节所拘束。为什么呢？容量小就不能容纳较大的物体，度量大便不计较微小的瑕疵。人的本性中都有短处，如果大节没有问题，即使有点小的过失，也都无妨；如果大节有问题，即使有些小操守，也不能与其讨论大计。樊哙、灌婴，是屠夫商贩一类的卑贱之人；萧何、曹参，是地位低微的小吏；英布，是被处以墨刑的罪人；周勃，是帮人吹拉弹唱的艺人。他们的行为合乎法度，本质却具有将相的才能。景阳，是郢城淫乱之人，却威震诸侯；颜浊邹，是梁父山中的强盗，却是齐国功臣。这些人都有缺陷，然而功名永不磨灭，是因为他们的大节很好。袁精目、鲍焦，激励节操，坚持高尚，不吃不义之食，最终因饥饿而死，但却不能建立功业解救危难，其节操在小事上得以体现却在大事上有所欠缺。伯夷、叔齐品行高洁，不肯当孤竹国的王位继承人，不吃周朝的粮食，最终饿死在首阳山。杨朱保养身体，即使拔去小腿上的一根汗毛来让天下获利，他也不会去做。这两个人，品德不是不美好，行为不是不高尚，但能够在治理乱世中奋不顾身而实现功名吗？他们可以成为历代的行为准则，却不能够担任伊尹、管仲那样的职位。

适才章二十七

物有美恶，施用有宜；美不常珍，恶不终弃。紫貂白狐，制以为裘，郁若庆云①，皎如荆玉②，此毳衣之美也③；縻营苍蒯④，编以蓑笠，叶微疏累⑤，黯若朽穰⑥，此卉服之美也⑦。

裘蓑虽异，被服实同；美恶虽殊，适用则均。今处绣户洞房[8]，则蓑不如裘；被雪沐雨，则裘不及蓑。以此观之，适才所施，随时成务，各有宜也。

【注释】

①庆云：五色云。古人以为祥瑞之气。

②荆玉：荆山之玉，即和氏璧。

③毳（cuì）衣：古代王公大夫穿的毛皮制成的衣服。

④黶（yǎn）：黑。菅：多年生草本植物，多生于山坡草地，很坚韧，可做炊帚、刷子等。苍：灰白色。蒯（kuǎi）：多年生草本植物，生长在水边或阴湿的地方，茎可编席，亦可造纸。

⑤疏：稀。累：重叠，堆积。

⑥朽穰：腐土。穰，通“壤”。

⑦卉服：用絺葛做的衣服。

⑧绣户洞房：谓华丽、深邃之室。

【译文】

物品有好有坏，使用起来却各有好处；好的东西未必永远被珍视，坏的东西也不会一直被废弃。紫貂和白狐，做成皮衣后，如五色祥云一样色彩浓郁，如荆山璞玉一样皎洁鲜亮，这是毛皮衣物之美；黑色的菅草和灰白色的蒯草，编织成蓑衣和笠帽，草叶稀薄散落分布，颜色像腐土一样晦暗，这是絺葛服饰之美。皮衣和蓑衣材质不同，穿起来却是一样的；它们的美丑虽然不同，实际用处却是一样的。如果居处华丽深邃之室，蓑衣不如皮衣适宜；如果冒雪淋雨时，则皮衣不及蓑衣适用。这样看来，根据事物的特点来使用，根据时机来做事，才能各得其所。

伏腊合欢[1]，必歌《采菱》[2]；牵石挽舟，则歌嘘吁[3]。非无

《激楚》之音[4]，然而弃不用者，方引重抽力，不如嘘吁之宜也。

【注释】

①伏腊：古代两种祭祀的名称。“伏”在夏季伏日，“腊”在农历十二月。合欢：联欢。

②《采菱》：乐府清商曲名，又称《采菱歌》《采菱曲》。

③嘘吁（yú）：劳动时众人配合用力而发出的呼声。

④《激楚》：古乐名。

【译文】

伏腊联欢，一定要歌唱《采菱》曲；搬石拉船，一定要用力喊号子。并不是没有高亢的《激楚》之乐，然而放弃它不使用，是因为正在牵引重物、集中力气，不如用力喊的号子更适宜。

卞庄子之升殷庭也[1]，鸣珮趋跄[2]，温色怡声，及其搏虎，必攘袂鼓肘[3]，瞋目震呼[4]。非不知温颜下气之美，然而不能及者，方格猛兽[5]，不如攘袂之宜也。安陵神童[6]，通国之丽也，八音繁会[7]，使以嗷吹嚽声[8]，而人悦之，则不及瞽师侏儒之美[9]。蛇衔之珠[10]，百代之传宝也，以之弹鹊[11]，则不如泥丸之劲也。棠磎之剑[12]，天下之铦也[13]，用之获穗，曾不如钩镰之功也。此四者，美不常珍，恶不终废，用各有宜也。

【注释】

①卞庄子：春秋时卞邑大夫，以勇著名，尝刺虎，一举而获两虎，齐人惧之，不敢伐鲁。殷庭：或疑当作“秦庭”，《经典释文》引郑玄注云卞庄为“秦大夫”。

②珮：玉佩。趋跄：步趋中节。古时朝拜晋谒须依一定的节奏和规则行步。亦指朝拜，进谒。

③攘袂：捋胳膊，卷衣袖。形容振奋而起。鼓肘：犹言舞肘、弄肘。

④瞋目：睁大眼睛。

⑤格：击打，格斗。

⑥安陵：战国时魏属地，在今河南鄢陵西北。

⑦八音：由金、石、丝、竹、匏、土、革、木八种材质制成的乐器。如钟属金，磬属石，琴瑟属丝，管箫属竹，笙竽属匏，埙属土，鼓属革，柷敔属木。繁会：犹交响。谓繁多的音调互相参错。

⑧噭（jiào）：呼喊。嘈（zá）：杂乱而喧闹。

⑨瞽（gǔ）师：盲乐师。古代常以盲人担任乐师，故称。侏儒：古代表演杂伎或以滑稽动作引人笑乐的艺人。

⑩蛇衔之珠：据《淮南子·览冥》高诱注，隋侯看见路边有一条受伤的大蛇，于是救回来并为它敷药。后来，蛇从江中衔一颗宝珠来报恩，即“蛇衔之珠”，也称为“隋侯之珠”。

⑪鸮：鸟名，俗称猫头鹰。

⑫棠谿之剑：棠谿，春秋时楚地名，战国属韩，以铸剑戟闻名。据《战国策·韩策一》，韩卒剑戟都出于冥山、棠谿。

⑬铦（xiān）：锋利。

【译文】

卞庄子登上殷庭时，玉佩鸣响，步趋中节，面色温和，声音和悦，等到与猛虎搏斗之时，必定是捋袖奋起，出臂挥肘，瞪大眼睛，高声呼叫。并不是他不知道面色温和声音和悦之美，然而不能够做到，是因为正值与猛兽打斗之时，不如捋袖奋起而更加适宜。安陵有个聪慧异常的儿童，是举国皆知的佳人，在八音交响之时，让其吹奏演唱来供人欣赏，则不如盲人乐师和杂耍艺人所做的更为美妙。大蛇衔来的宝珠，是历代相传的宝物，如果用来弹射猫头鹰，则不如泥土捏制的弹丸有力。棠谿出产的宝剑，是天下最锋利的宝剑，如果用来收割禾穗，还不及镰刀的成效。这四者中，好看的未必总是珍贵，丑陋的也不是始终没用，运用起来各有利弊。

昔野人弃子贡之辩，而悦马圉之辞①；越王退吹籁之音，而好鄙野之声②。非子贡不及马圉，吹籁不若野声，然而美不必合，恶而见珍者，物各有用也。水火金木土谷，六府异物而皆有施；规矩权衡准绳，六法殊形而各有任③。故伊尹之兴土功也，长胫者使之蹋锸，强脊者使之负土，眇目者使之准绳，伛偻者使之涂地。因事施用，乃便效才，各尽其分而立功焉④。商歌之士⑤，鸡鸣之客⑥，才各有施，不可弃也。若使甯子结客于孟尝⑦，则未免追军之至，囚系之辱也⑧。若使鸡鸣托于齐桓，必不能光辅于霸道，九合诸侯也⑨。时须过关，莫若鸡鸣；欲隆霸主，莫若商歌。商歌之雅而鸡鸣之鄙，虽美恶有殊，至于适道排难⑩，其揆一也⑪。楚之市偷，天下之大盗，而能却秦军⑫，虽使孙、吴用兵⑬，彼必与之拒战，未肯望风而退也。晋之叔鱼，一国之佞邪也，而能归季孙⑭，虽使甘、苏骋说⑮，彼必与之较辩，不至恐慑而逃还也。大盗谗佞，民之殚害⑯，无用之人也，苟有一术，犹能为国兴利除害；矧乃明智炼才⑰，其为大益，岂可弃邪？

【注释】

①野人弃子贡之辩，而悦马圉（yǔ）之辞：据《淮南子·人间》，有一次孔子出游，马跑进一块田里吃了人家的庄稼，田地的主人大发脾气，将马拴了起来。子贡就去请求田主放马，说了很多谦恭的

话都没有成功。于是又请马夫去讨马，马夫到田主那里说："您耕种的田从东边一直到很远的西边，我的马跑失后没人照料，怎么能不吃没人看管的禾苗呢？"田主听人夸自己田土广阔，十分高兴，就解开系着的马还给了马夫。马圉，亦作"马圄"，养马的人。

②越王退吹籁之音，而好鄙野之声：据《吕氏春秋·遇合》，有擅长吹籁的人去见越王，五音丝毫不差，越王却不喜欢，而喜欢乡野之音。籁，古代的一种箫。鄙野，郊外之地。

③"水火金木土谷"以下四句：《淮南子·泰族》："水火金木土谷，异物而皆任；规矩权衡准绳，异形而皆施。"六府，指水、火、金、木、土、谷六者为财货聚敛之所，古人以为人类养生之本。权衡，称量物体轻重的器具。准绳，测定物体平直的器具。六法，谓规、矩、权、衡、准、绳。

④"故伊尹之兴土功也"以下八句：《淮南子·齐俗》："故伊尹之兴土功也，修胫者使之跖镢，强脊者使之负土，眇者使之准，伛者使之涂。各有所异，而人性齐矣。"土功，指治水、筑城、建造宫殿等工程。锸（chā），铁锹，掘土的工具。眇（miǎo），一只眼睛瞎。伛偻（yǔ lǚ），腰背弯曲。

⑤商歌之士：指甯戚，曾以商歌感动齐桓公而受重用。据《淮南子·道应》，甯戚想见齐桓公，就把车停在齐城门之外。桓公出门，甯戚击打牛角而唱商歌（悲凉低音的歌），十分酸楚。桓公听到歌声，命人用车将甯戚带回，与他交谈后，委以重任。甯戚因而成为辅佐齐桓公称霸的重臣之一。

⑥鸡鸣之客：据《史记·孟尝君列传》，孟尝君从秦国回齐国，到达秦关时天还没有亮。关法规定鸡叫时才能使客人出关，为了避免秦王的追捕，孟尝君的一个食客模拟鸡叫声，周围的鸡都开始跟着叫，于是他们得以出关。

⑦甯子：即甯戚。孟尝：即田文，战国时齐国贵族，封于薛，称薛公，

号孟尝君，为战国四公子之一，以善养士著称。一度入秦，秦昭王要杀害他，赖门客中擅长狗盗鸡鸣者的帮助而逃归，后卒于薛。

⑧囚系：囚禁，拘禁。

⑨九合诸侯：指齐桓公曾九次召集诸侯会合结盟。据《史记·管晏列传》，管仲相齐桓公时，主张通货积财，富国强兵，九合诸侯，一匡天下，使桓公成为“春秋五霸”之一。

⑩适道：此谓走上称霸之路，成就霸业。

⑪揆：规则，道理。

⑫“楚之市偷”以下三句：据《淮南子·道应》，齐国兴兵攻打楚国，子发率兵抵御却屡屡被击退。有个市上的窃贼向子发请求用小技帮忙。于是窃贼连续三天分别偷窃了齐将军的帱帐、簪子和枕头，子发每天派人去归还。齐师听说后十分震惊，将军与军吏谋划，认为如果再不离开，楚军恐怕要拿下将军的头，于是撤军而去。此处误“齐军”为“秦军”。

⑬孙、吴：指孙武和吴起。孙武，字长卿，春秋末期齐国人，被尊称为“兵圣”“孙子（孙武子）”，著有《孙子兵法》十三篇，为后世兵法家所推崇，被誉为“兵学圣典”。吴起，战国初期卫国人，兵家代表人物，著作《吴子》传于世，与孙武并称“孙吴”。

⑭“晋之叔鱼”以下三句：据《左传·昭公十三年》，季平子在晋国时，晋侯以为季平子有罪而拘捕他，后来推度他无罪，又想要放他回去，而季平子不肯。于是使叔鱼见季平子。叔鱼说，从前他得罪了晋君而自归于鲁君，如果没有季平子的祖父季武子，就不会有今天。听说如果季平子不回去，晋国就要让他居住在西河边境。季平子听了信以为真，很害怕，于是决定回去。叔鱼，即羊舌鲋，也称叔鲋，字叔鱼，春秋时期晋国大夫。季孙，指季平子，季孙氏，名如意，春秋时鲁国正卿。

⑮甘、苏：指甘茂和苏秦，战国时著名辩士。甘茂，战国时下蔡（今

安徽凤台）人。据《史记·樗里子甘茂列传》，甘茂初为秦将，秦武王时领兵攻下韩国宜阳。昭王时，因畏惧谗言而逃亡齐国，后客死在魏国。苏秦，字季子，东周雒阳（今河南洛阳）人，主张合纵攻秦。据《史记·苏秦列传》，苏秦初游说秦惠王吞并天下，不用。又游说燕、赵、韩、魏、齐、楚六国，合纵抗秦，为纵约之长。后与齐大夫争宠，被刺死。骋说：尽情陈说。

⑯殚：通“瘅”，病，祸。

⑰炼才：经过锻炼的精干人才。

【译文】

从前，农夫不接受子贡的请求，而喜欢养马人的说辞；越王遣退吹箫之人，而独爱乡野的乐声。并不是子贡的话语不如养马人的说辞，箫的声音不如乡野之乐，美好的不被接受，粗陋的反而得到重视，是因为事物各有用处。水、火、金、木、土、谷，六府物质不同却各有用处；规、矩、权、衡、准、绳，六法形式不同而各有功用。伊尹主持治水筑城等工程时，安排长腿的人挖掘，强壮的人背土，一只眼瞎的人瞄准取平，腰背弯曲的人涂抹地面。根据特点进行分工，有效地发挥各自的才能，尽其所长而做出贡献。为求见齐桓公而唱悲凉低音的甯戚，为打开秦关而学鸡叫的食客，才能各有施用之处，都不可废弃。如果使甯戚成为孟尝君的食客，就免不了被秦军追击而成为俘虏的屈辱。如果使学鸡叫的人寄食于齐桓公，就不能辅佐桓公以成霸道，会盟诸侯。当时需要度过秦关，没有谁比鸡鸣之士管用；想要被尊崇为霸主，没有谁比唱商歌之士管用。商歌高雅而鸡叫鄙俗，美好和粗陋相差明显，至于成就霸业、排除危难，它们的道理是一样的。楚国集市的小偷，是盗窃猖獗之人，但是却能使秦军退却，就算派孙武、吴起用兵，秦军也必然抵抗，而不会那样望风而逃。晋国的叔鱼，是国中的奸邪之人，却能使季平子回归鲁国，即使派甘茂、苏秦游说，季孙也必然与之争辩，而不会因恐惧害怕而逃跑回国。小偷及奸邪之人，是民众的祸害，没有价值之人，如果能有一点手段，尚且能为国家带来利益消除灾难；何况是远见卓识、才艺出众之人，能够做出更加有益的事，又怎么能够舍弃呢？

《关雎》兴于鸟而为《风》之首①，美其挚而有别也②；《鹿鸣》兴于兽而为《雅》之端③，嘉其得食而相呼也④。以夫鸟兽之丑⑤，苟有一善，诗人歌咏，以为美谈，奚况人之有善而可弃乎？

【注释】

①《关雎》兴于鸟而为《风》之首：《关雎》开篇以雎鸠鸟起兴，是《诗经·国风·周南》首篇，也是《国风》乃至整个《诗经》的首篇。兴，《诗经》的艺术手法，指“先言他物以引起所咏之词”。

②美其挚而有别也：指雎鸠鸟往往雌雄成对出现，但双方又保持距离，象征夫妻既忠诚于对方，又不过分亲昵，相互礼敬。《关雎》郑玄笺：“挚之言至也，谓王雎之鸟，雌雄情意，至然而有别。”挚，恳切，诚恳。

③《鹿鸣》：《诗经·小雅》首篇。兴于兽：《鹿鸣》以“呦呦鹿鸣，食野之苹”开篇，以鹿鸣起兴，故云。

④嘉其得食而相呼也：意谓《鹿鸣》之所以排在《小雅》之首，是因为鹿得到食物后，就会呼朋引伴来一起吃。毛传：“鹿得蓱，呦呦然鸣而相呼，恳诚发乎中，以兴嘉乐宾客，当有恳诚相招呼以成礼也。”

⑤丑：类。

【译文】

《关雎》以鸟起兴而作为《风》的首篇，是赞美鸟雌雄情意恳切而有别；《鹿鸣》以兽起兴而作为《雅》的首篇，是颂扬鹿在食用苹草时相互呼唤。对于鸟兽之类，如果有一处优点，诗人都加以歌咏，作为美谈称颂之事，何况人有长处，怎么可以忽略呢？

夫柽柏之断也，大者为之栋梁，小者为之椽桁，直者中绳，曲者中钩，随材所施，未有可弃者[①]。是以君子善能拔士，故无弃人；良匠善能运斤，故无弃材[②]。贤能人物交泰[③]，各尽其分而立功焉。《诗》云：“虽有丝麻，无弃菅蒯；虽有姬姜，无弃憔悴[④]。”此之谓也。

【注释】

①“夫柽（chēng）柏之断也”以下七句：《淮南子·主术》：“贤主之用人也，犹巧工之制木也，大者以为舟航柱梁，小者以为楫楔……规矩方圆，各有所施，殊形异材，莫不可得而用也。”柽，树名，即河柳。栋梁，房屋正中的大梁。椽（chuán），椽子，放在檩子上架屋瓦的木条。桁（héng），屋梁上或门窗框上的横木，今称檩子、桁条。绳，定直的墨线。钩，定曲的工具。

②“是以君子善能拔士”以下四句：《老子·第二十七章》：“是以圣人常善救人，故无弃人；常善救物，故无弃物。”

③交泰：指天地之气融和贯通，万物生生不息。喻君臣之意互相沟通，上下同心。

④“《诗》云”以下五句：所引当系《诗经》逸文，见于《左传·成公九年》，原文作“虽有丝麻，无弃菅蒯；虽有姬姜，无弃蕉萃。”菅蒯，茅草之类，可编绳索。比喻微贱的人或物。姬姜，相传炎帝姓姜，黄帝姓姬；后来周王室姓姬，齐国姓姜，两国常通婚姻，所以“姬姜”为贵族妇女的美称。憔悴，指卑贱低下的人。《左传·成公九年》杜预注：“蕉萃，陋贱之人。”

【译文】

柽柳、柏树被砍断后，大的用来做房屋正中的大梁，小的用来做椽子和桁条，直的合乎定直的绳，弯的合乎定曲的钩，根据事物的性质加以利用，没有可以废弃的。所以君子如果善于选拔贤士，那么就没有无用之人；优秀的工匠如果善于运用斧子，就没有无用之材。贤能之人同心协力，各尽职分而创立功业。逸《诗》中说："即使有了丝麻，也不要丢弃茅草；即使拥有贵族女子，也不要抛弃卑贱低下的人。"说的就是这个道理。

文武章二十八

规者，所以法圆，裁局则乖；矩者，所以象方，制镜必背①；轮者，所以辗地，入水则溺；舟者，所以涉川②，施陆必踬③。何者？方圆殊形，舟车异用也。虽形殊而用异，而适用则均。盛暑炎蒸，必藉凉风④；寒交冰结，必处温室。夏不御毡，非憎恶之，炎有余也；冬不卧簟，非怨仇之，凉自足也⑤。不以春日迟迟而毁羔茵⑥，秋露洒叶而剔笋席⑦。白羽相望⑧，霜刃竞接⑨，则文不及武；干戈既韬⑩，礼乐聿修⑪，则武不及文。不可以九畿熠然而弃武⑫，四郊多垒而摈文⑬，士用各有时，未可偏无也。

【注释】

①"规者"以下六句：《淮南子·时则》："规者，所以员万物也……矩者，所以方万物也。"规，画圆的仪器。局，通"跼"，弯曲不能伸展。乖，不顺，不和谐。矩，画直角或方形的工具。

②涉：步行过水。

③踬（zhì）：被绊倒。

④藉：依赖。

⑤"夏不御毡"以下六句：《淮南子·俶真》："有夫夏日之不被裘者，

非爱之也，燠有余于身也；冬日之不用翣者，非简之也，清有余于适也。”御，使用。簟（diàn），竹席。

⑥春日迟迟：形容春日阳光暖洋洋的样子。《诗经·豳风·七月》：“春日迟迟，采蘩祁祁。”羔茵：小羊皮做的垫子。

⑦笋席：以弱竹编成的席。

⑧白羽：箭。

⑨霜刃：明亮锐利的锋刃。

⑩干戈：干与戈，古代常用兵器。韬：隐藏，隐蔽。

⑪聿：组词，无义。

⑫九畿（jī）：相传古时王城以外五千里之内，自内而外，每五百里为一畿，共有侯、甸、男、采、卫、蛮、夷、镇、藩等九畿，为各级诸侯之领地及外族所居之地。慴（shè）然：恐惧的样子。慴，同“慑”。

⑬四郊多垒：四郊营垒很多。指国家频繁地受到敌军侵犯。摈：排除，抛弃。

【译文】

圆规用来画圆形，如果用来裁度曲线则不管用；曲尺用来量角，如果用来制作圆镜也必不合用；车轮能够转动，如果放到水里就会被淹没；船只能够渡河，如果用于陆地上必然受阻。为什么呢？因为方和圆形状不同，船和车的用途各异。虽然事物会有不同的形状和用途，但都有各自独特的用处。夏季暑热熏蒸，必然依赖凉爽的清风；冬天严寒冰冻，一定要居住在温暖的房屋。夏天不盖毡子，并不是厌恶它，而是因为暑气有余；冬天不睡竹席，并不是怨恨它，而是因为凉意足够。所以我们不会因春天日暖而毁掉皮垫，秋天下霜而丢弃竹席。当弓箭对峙、刀剑交锋时，那文才就不如武略；当战争平息、礼乐兴修时，则武略又不如文才。我们不能因诸侯慑服就放弃武事，也不可因敌军迫近就放弃文治。人有各自发挥才干的时机，不可片面地废弃某方面的才能。

五行殊性[①]，俱为人用，文武异材，为国大益。犹救火者，或提盆榼，或执瓶盂，其器方圆形体虽返，名质相乖，至于盛水灭火，功亦齐焉[②]。缴者身仰[③]，钓者身俯，俯仰别状，取利同焉。织者渐进，耕者渐退，进退异势，成务等焉[④]。墨子救宋，重趼而行；干木在魏，身不下堂。行止异迹，存国一焉[⑤]。文以赞治[⑥]，武以凌敌[⑦]，趋舍殊律，为绩平焉。秦之季叶，土崩瓦解，汉祖躬提三尺之剑，为黔首请命，跋涉山川，蒙犯矢石，出百死以绩一生，而争天下之利，奋武厉诚，以决一旦之命[⑧]。当斯之时，冠章甫[⑨]，衣缝腋[⑩]，未若戴金胄而擐犀甲也[⑪]。嬴、项既灭，海内大定，以武创业，以文止戈，征邹、鲁诸生，而制礼仪，修三代之乐，朝万国于咸阳。当此之时，修文者荣显，习武者惭忸，一世之间而文武递为雄雌[⑫]。以此言之，治乱异时，随务引才也。

【注释】

①五行：水、火、木、金、土五种物质。

②“犹救火者”以下七句：《淮南子·修务》：“今夫救火者，汲水而趍之，或以瓮瓴，或以盆盂，其方员锐椭不同，盛水各异，其于灭火均也。”榼（kē），古代盛酒或贮水的器具。盂，盛汤浆或食物的器具。返，通“反”，相反。

③缴（zhuó）：系在箭上的丝绳。此指射箭。

④“织者渐进”以下四句：《淮南子·缪称》：“夫织者日以进，耕者日以却，事相反，成功一也。”

⑤“墨子救宋”以下六句：《淮南子·修务》：“夫墨子趹蹄而趍千里，以存楚、宋；段干木阖门不出，以安秦、魏。夫行与止也，其势

相反，而皆可以存国，此所谓异路而同归者也。”据《墨子·公输》《战国策·宋卫策》，公输班为楚国设计了攻城的器械，将要用来攻打宋国。墨子听说后，步行上千里，脚上起了厚重的茧子，去见公输班，说服他停止攻打宋国。又据《吕氏春秋·期贤》，段干木隐居魏国，不受官禄。魏文侯每经过他的门前，一定要伏轼致敬。秦国听说魏国有段干木，罢兵而不敢进攻魏国。墨子，名翟，宋国人，墨家学派创始人，主张“兼爱”“非攻”，提出“尚贤”“尚同”的政治思想。趼（jiǎn），手脚掌上因摩擦而生的硬皮。干木，即段干木。

⑥赞：帮助，辅佐。

⑦凌：凌驾，压倒。

⑧“秦之季叶”以下十句：《淮南子·泛论》：“秦之时，……道路死人以沟量……逮至高皇帝，存亡继绝，举天下之大义，身自奋袂执锐，以为百姓请命于皇天。当此之时，天下雄俊豪英，暴露于野泽，前蒙矢石而后堕溪壑，出百死而给一生，以争天下之权，奋武厉诚，以决一旦之命。”季叶，犹谓末世、衰世。土崩瓦解，像土倒塌、瓦碎裂，比喻溃败不可收拾。汉祖，即汉高祖刘邦。躬，亲身，亲自。黔首，庶民，平民。蒙犯，冲冒，冒犯，指不顾危险、恶劣环境等。矢石，箭和垒石，古时守城的武器。古代作战，发矢抛石以打击敌人。绩，延续。奋武，扬武，用武。厉诚，激励忠诚。

⑨章甫：礼冠。

⑩缝掖：袖子宽大的衣服。章甫、缝掖指儒者的服饰。

⑪胄：头盔。擐（huàn）：贯，穿。犀甲：犀牛皮制成的甲胄。

⑫“嬴、项既灭”以下十二句：《淮南子·泛论》：“逮至暴乱已胜，海内大定，继文之业，立武之功，……纵邹、鲁之儒墨，通先圣之遗教，……当此之时，有立武者见疑。一世之间，而文武代为雌雄，有时而用也。”嬴，指秦王朝，王室为嬴姓，故称。项，指项羽。止

戈，停止干戈，平息战事。邹、鲁，孟子和孔子的故乡，儒家文化昌盛之地。邹，春秋时邾国，又称“邾娄国”，战国时改称为“邹国”，国都在今山东邹城。鲁，春秋时鲁国，国都在今山东曲阜，周武王封其弟周公旦于鲁，战国时为楚所灭。三代，指夏、商、周。惭忸（niǔ），羞愧。递，相继，依次。

【译文】

水、火、木、金、土性质不同，都为人所用，文臣和武将才能各异，都对国家有益。就像救火，有人提着盆、榼，有人拿着瓶、盂，这些器皿虽然有方有圆，形状完全相反，名号实质各自不同，但用于盛水灭火，功效却是等同的。射箭的人仰头，垂钓的人俯身，仰和俯的姿态不同，追求的目的却是一样的。纺织的人逐步前进，耕种的人逐步后退，进和退的姿势不同，完成的结果却是一样的。墨子为救宋国，步行千里脚上起了厚重的茧子；段干木在魏国，身子不走出屋室，秦国就不敢进攻。行动的踪迹不同，但保全国家的作用却是一样的。文臣用以协助治理，武将用来威慑敌国，进退的方略不同，成就的功业却是一样的。秦朝末世，天下崩溃而不可收拾，汉高祖亲自提着三尺之剑，想要保全平民的性命，在山川间劳苦奔波，冒着被弓箭石头伤害的风险，历经百死一生，去争夺天下之权，发扬武略，激励忠诚，来决定一时的命运。在那样的时候，戴礼冠穿儒服的文士，当然不如戴头盔穿铠甲的武士。秦朝、项羽败亡后，四方安定，用武略来开创基业，用文治来平息战争，召集邹、鲁儒生，制定礼仪，恢复三代之乐，使各国朝拜于咸阳。在这样的时候，习文之人显贵，练武之人惭愧，同一个时代文臣武将相继各领风骚。由此说来，治世和乱世的时局不同，往往根据实际需要而任用人才。

今代之人，为武者则非文，为文者则嗤武，各执其所长而相是非[①]，犹以宫笑角[②]，以白非黑，非适才之情，得实之论也。

【注释】

①“今代之人”以下四句:《淮南子·泛论》:“今世之为武者,则非文也;为文者,则非武也。文武更相非,而不知时世之用也。”

②宫:五声音阶的第一音级。角:五声音阶的第三音级。

【译文】

现在的人,学习武略的人则否定文治,学习文治的人则鄙视武略,各自凭借自身的长处而互相贬斥,就像宫音讥讽角音,白色反对黑色一样,这不是符合人才的实情、切合实际的看法。

均任章二十九

器有宽隘,量有巨细,材有大小,则任有轻重,所处之分,未可乖也[①]。是以万硕之鼎[②],不可满以盂水[③];一钧之钟[④],不可容于泉流;十围之木[⑤],不可盖以茅茨[⑥];榛棘之柱[⑦],不可负于广厦。即小非大之量,大非小之器,重非轻之任,轻非重之制也。以大量小,必有枉分之失;以小容大,则致倾溢之患;以重处轻,必有伤折之过;以轻载重,则致压覆之害。

【注释】

①乖:违背,不合。

②硕:通“石”,容量单位,十斗为一石。鼎:古代烹煮用的器物,一般是三足两耳。

③盂:一种盛液体的器皿。

④钧:古代重量单位,合三十斤。

⑤十围:亦作“十韦”,十围约等于一米多,形容粗大。

⑥茅茨:指茅屋。

⑦榛棘：荆棘。

【译文】

器物有宽有窄，容量有多有少，用途有大有小，功效有轻有重，要根据不同情况区分利用，不可违背客观规律。正如万石之鼎，不能被一盂之水填满；一钧之钟，不能放在泉流之中；十围粗的树木，不能用来搭建茅屋；荆棘的树枝，不能支撑高大的房屋。也就是说，大尺度不能用来量小器物，大物体不能放入小容器中，重物不能靠轻物支撑，轻物难以维持住重物。用大尺度来量小器物，必然造成较大的误差；以小容量盛装大物体，就会倾倒外溢；把重物体安放在轻物体上，轻物体就会损坏折断；以轻物体负载重物体，就会重压翻倒。

故鲲鹏一轩①，横厉寥廓②，背负苍天，足蹠浮云③，有六翮之资也④；騕褭一骛⑤，腾光万里，绝尘掣彻⑥，有迅足之势也。今以燕雀之羽，而慕冲天之迅；犬羊之蹄，而觊追日之步⑦，势不能及，亦可知也。

【注释】

①鲲鹏：古代传说中的大鹏鸟，即鲲鱼变化成的鹏鸟。轩：飞扬。

②横厉：纵横凌厉，形容气势威猛。寥廓：形容气度宽宏。

③蹠（zhí）：践踏。

④六翮（hé）：鸟类双翅中的正羽。指鸟的两翼。

⑤騕褭（yǎo niǎo）：古代骏马名。骛：奔驰。

⑥绝尘掣彻：犹言速度极快。

⑦觊（jì）：希望得到。

【译文】

鹏鸟振翅而飞，威猛恢弘，背负青天，脚踏浮云，是凭借双翼的资质；

骏马奔跑飞驰，光耀万里，风驰电掣，是因为捷足的优势。以燕、雀的翅膀，羡慕一飞冲天的迅猛；以犬、羊的蹄子，希望得到逐日般的步伐，力所不及，是可想而知的。

故奔蜂不能化藿蠋，而能化螟蛉；越鸡不能伏鹄卵，而鲁鸡能伏之。夫藿蠋与螟蛉俱虫也，鲁鸡与越鸡同禽也，然化与不化，伏与不伏者，藿蠋大，越鸡小也①。

【注释】

①“故奔蜂不能化藿蠋（huò zhú）”以下十句：《庄子·庚桑楚》：“奔蜂不能化藿蠋，越鸡不能伏鹄卵，鲁鸡固能矣。鸡之与鸡，其德非不同也，有能与不能者，其才固有巨小也。”奔蜂，小蜂，也叫土蜂。藿蠋，生长在豆叶中的大青虫。螟蛉，螟蛾的幼虫，一种害虫。蜾蠃是一种寄生蜂，常捕捉螟蛉存放在窝里，卵孵化后就拿螟蛉作食物，古人误以为蜾蠃养螟蛉为己子。越鸡，越地所产的鸡，其形体较小。伏，孵卵。鹄卵，天鹅卵。鲁鸡，大鸡。

【译文】

土蜂不能孵化豆叶中的大青虫，而可以孵化螟蛉；越鸡不能孵出天鹅卵，但鲁鸡就可以。大青虫和螟蛉都是虫类，鲁鸡和越鸡同是禽类，然而土蜂能孵化螟蛉而不能孵化大青虫，鲁鸡能孵天鹅卵而越鸡不能，是大青虫大而越鸡小的缘故。

夫龙蛇有飞腾之质，故能乘云依雾；贤才有政理之德，故能践势处位①。云雾虽密，蚁蚓不能升者，无其质也；势位虽高，庸蔽不能治者②，乏其德也。故智小不可以谋大，狭德不可以处广，以小谋大必危，以狭处广必败。子游治武城，夫子发割鸡之叹[3]；尹何为邑宰，子产出制锦之谏[4]。德小而任大，谓之滥也[5]；德大而任小，谓之降也[6]。而其失也，宁降无滥。

【注释】

①践势：取得权势地位。

②庸蔽：庸暗，庸鄙悖理。

③子游治武城，夫子发割鸡之叹：据《论语·阳货》，孔子到子游所治理的武城，听到了弹琴瑟唱诗歌的声音。孔子微微笑着说道："割鸡焉用牛刀？"意思是治理这个小地方，用得着礼乐教化吗？子游，姓言，名偃，字子游，春秋末吴国人，孔子弟子，仕鲁为武城宰，习于礼，以文学著称。

④尹何为邑宰，子产出制锦之谏：据《左传·襄公三十一年》，子皮欲使尹何作邑宰，子产说："尹何年少，不知能否胜任。"子皮说："可以让他去学，然后他渐渐就会治理了。"子产说："子有美锦，不使人学制焉。"意谓你家有好布料，不会让不懂裁缝的人去裁制，治理城邑的官员，怎么能边干边学呢？尹何，春秋时郑国贵族子皮属臣。邑宰，县邑之长，即县令。子产，春秋时郑国执政大臣。

⑤滥：不加选择，不加节制。

⑥降：减低，贬抑。

【译文】

龙、蛇有高飞的本性，因而能够乘云驾雾；贤士有理政的德行，因而能够居处权位。云雾纵然浓密，蚂蚁、蚯蚓不能飞升，是因为没有高飞的资质；权位纵然高高在上，昏庸之人不能掌握，是因为缺乏德行。因而智谋不足不可以谋划大事，德行浅薄不能够居处高位，智谋不足而谋划大事必然危险，德行浅薄而居处高位必然挫败。子游治理武城，孔子感叹"杀鸡何必用宰牛之刀"；尹何担任邑宰，子产进谏"这好比让不懂裁缝的人学裁制衣服”。德行浅薄而委任要职，称为滥竽充数；德行高尚而委任小职，称为大材小用。如果有错，宁可大材小用也不要才不胜任。

是以君子量才而授任，量任而授爵，则君无虚授，臣无虚任。故无负山之累①、折足之忧也②。

【注释】

①负山：比喻力不胜任。《庄子·应帝王》：“其于治天下也，犹涉海凿河，而使蚊负山也。”成玄英疏：“蚊虫至小，山岳极高，令其负荷，无由胜任。”累：忧患。

②折足：比喻力不能胜任，必至败事。《周易·鼎卦》：“九四，鼎折足，覆公𫗧，其形渥，凶。”

【译文】

君子根据才能授予官职，根据职责授予爵位，因而君主不会授职给德才不相称的人，臣子中也不会有德才不相称的人在位。因此不会有使蚊子背负大山一样无法胜任、折足覆𫗧一样必至败事的忧患。

慎言章三十

日月者，天之文也①；山川者，地之文也；言语者，人之文也。天文失，必有谪蚀之变②；地文失，必有崩竭之灾；人文失，必有伤身之患。

【注释】

①文：现象，表现。

②谪：变异。蚀：同“食”，日月亏缺或完全不见的现象。

【译文】

太阳月亮是天空变化的现象；山岳江河是大地起伏的态势；一言一语是人们表达的方式。天象错位，就会有日月亏缺的变异；地势改变，就会有山崩川竭的灾难；人有失言，就会有伤害自身的祸患。

故口者，言语之门户；舌者，门户之关钥[①]。关钥动则门户开，门户开则言语出。出言之善，则千里应之；出言之恶，则千里违之[②]。言失于己，不可遏于人；情发于近，不可止于远[③]。是以君子慎其关钥，以密言语[④]。言语在口，譬含锋刃，不可动也。动锋刃者，必伤喉舌。言失之害，非惟锋刃，其所伤者，不惟喉舌。故天有卷舌之星[⑤]，人有缄口之铭[⑥]，所以警恌言[⑦]，防口訧也[⑧]。

【注释】

①关钥：谓锁门的横木。

②“出言之善”以下四句：《周易·系辞上》：“出其言善，则千里之外应之……出其言不善，则千里之外违之。”

③“言失于己”以下四句：《淮南子·人间》：“言出于口者，不可止于人；行发于迩者，不可禁于远。”遏，阻止，拦截。

④密：严密，指发言谨慎。

⑤卷舌：星名。

⑥人有缄口之铭：《孔子家语·观周》：“孔子观周，遂入太祖后稷之庙。庙堂右阶之前，有金人焉，三缄其口，而铭其背曰：‘古之慎言人也。戒之哉！无多言，多言多败。’”后因谓闭口不言为“缄口”。

⑦恌（tiāo）：轻薄，放纵。

⑧訧（yóu）：同“尤”，过失。

【译文】

所以口就像是言语所出之门，舌就像是锁门的横木。横木被挪动门就会打开，门打开了言语就会出来。言语良善，千里之外都会回应；言语恶毒，千里之外都将避开。自己失口说出的话，不可能阻止它传到别人那里；已经表达的情感，也不可能在发出后收住。因而君子重视对自己的约束，不轻易发言。言语在口中，就像含着尖刀，不可轻易活动。触动尖刀，必然要伤害到咽喉和口舌。言语失当所造成的伤害，不仅如尖刀，它所伤害到的，也不仅是咽喉和口舌。所以天上有称为卷舌的星宿，金人背后有三缄其口的铭文，就是用来警戒言语轻佻者，防止说话造成的过失。

口舌者，患祸之官，亡灭之府也；语言者，性命之所属，而形骸之所系也。言出患入，语失身亡。身亡不可复存，言出不可复追。其犹射也，悬机未发[①]，则犹可止，矢一离弦，虽欲返之，弗可得也。《易》诫枢机[②]，《诗》刺言玷[③]。斯言一玷，非礛礑所磨[④]；枢机既发，岂骇电所追[⑤]？皆前圣之至慎，后人之埏镕[⑥]。明者慎言，故无失言；暗者轻言，身致害灭。昔智伯失言于水灌，韩魏蹑其肘足[⑦]；魏武漏语于英雄，玄德遗其匕箸[⑧]。是以头为秽器[⑨]，师驰徐州[⑩]；地分三晋[⑪]，土割岷蜀[⑫]。亡败长衅[⑬]，为天下笑，不慎言也。韩昭侯与棠谿公谋而终夜独寝，虑梦言露于妻妾也[⑭]；孔光不对温室之树，恐言之泄于左右也[⑮]。

【注释】

①悬机：犹言箭矢在弩机上待发未发之时。

②《易》诫枢机：《周易·系辞上》："言行，君子之枢机。枢机之发，

荣辱之主也。”诫，警告，劝人警惕。枢机，门轴与弩机，比喻事物的关键。

③《诗》刺言玷：《诗经·大雅·抑》：“白圭之玷，尚可磨也；斯言之玷，不可为也。”刺，讽刺。《毛诗序》言诗大旨，必称“美刺”。玷，此谓过失。

④礛础（jiān zhū）：琢磨玉器、刀剑等的磨石。

⑤骇电：惊人的电光。常形容快速无比。

⑥埏（shān）镕：指培育、栽培。

⑦智伯失言于水灌，韩魏蹑其肘足：据《战国策·秦策四》，晋国六卿之时，智氏帅韩、魏在晋阳围困赵襄子，引晋水淹晋阳城。智伯出行巡查水势，韩康子驾车，魏桓子陪乘。智伯说：“我不知道水还可以致人死命，汾水可以用来灌安邑，绛水可以用来灌平阳。”魏桓子听后用胳膊肘碰了韩康子一下，韩康子用脚踩了魏桓子一下，双方会意，后来联合赵氏灭了智伯。智伯，智氏，名瑶，因“智”通“知”，故古书多作“知瑶”“智瑶”，时人尊称为智伯。蹑，踩，践踏。

⑧魏武漏语于英雄，玄德遗其匕箸：据《三国志·蜀书·先主传》，汉末群雄并起，曹操与刘备都怀有大志。有一次他们一同吃饭，曹操说：“今天下英雄，唯使君（指刘备）与操耳。”刘备听了不觉心惊，认为曹操看出他有称霸天下的野心，吓得掉落了羹匙和筷子。魏武，即魏武帝曹操，字孟德，小字阿瞒，沛国谯（今安徽亳州）人，三国中曹魏政权的实际缔造者，谥号为武王。玄德，即刘备，字玄德，涿郡涿县（今河北涿州）人，三国时期蜀汉开国皇帝，谥号昭烈皇帝，史家又称为先主。匕箸，羹匙和筷子。

⑨头为秽器：据《韩非子·喻老》，智伯被杀后，赵襄子把智伯的头骨漆成秽器。秽器，盛粪便的器具。

⑩师驰徐州：指刘备脱离曹操控制，引兵占据徐州之事。

⑪地分三晋:指智氏被灭后,韩、赵、魏三家瓜分智氏领地,史称“三家分晋”。因三国系晋国分裂而成,故合称“三晋”。

⑫土割岷蜀:此谓刘备最终在蜀中称帝,成偏霸之业。岷蜀,指今天四川一带。

⑬亡败:指智氏败亡之事。长衅:此指魏、蜀分割而治之事。衅,通“畔”,边界。

⑭韩昭侯与棠磎公谋而终夜独寝,虑梦言露于妻妾也:《韩非子·外储说右上》:“棠谿公每见而出,昭侯必独卧,惟恐梦言泄于妻妾。”韩昭侯,即韩昭僖侯,名武,战国时期韩国国君。棠磎公,封于棠磎,生平不详。

⑮孔光不对温室之树,恐言之泄于左右也:《汉书·孔光传》:“(光)沐日归休,兄弟妻子燕语,终不及朝省政事。或问光:‘温室中树皆何木也?’光嘿不应,更答以它语,其不泄如是。”孔光,字子夏,西汉末大臣,曾任给事中,录尚书事,为人谨慎。

【译文】

口舌是产生灾祸之处,也是导致灭亡之地;言语常常与性命相连,与自身相关。话说出口而祸患降临,言语失当而丧失性命。丧命不可能复生,说话不可能收回。这就像是射箭,在弩机未发之时,还可以阻止,箭矢一旦脱离弓弦,即使想要收回,也不可能做到了。《周易》中有“言行,君子之枢机”的规劝,《诗经》中有“斯言之玷,不可为也”的警戒。言语失当,不是磨石能磨掉的;箭已发出,难道是惊人的电光就能追得上的吗?这些都是前代圣人最为警惕之事,更是后人应该培养的品格。明智的人出言谨慎,所以不会言语失当;愚蠢的人说话轻率,因而导致受伤害甚至灭亡。从前智伯说水可用来灌注城邑,韩康子和魏桓子碰触手足会意而灭掉智伯;曹操说天下英雄唯有他与刘备,刘备惊慌得掉落了手中的汤匙和筷子。因而后来智伯的头被当作溺器,刘备逃窜到了徐州之地;智伯的土地分为三晋,刘备在岷蜀一带割据称王。智伯失败,魏、蜀割据的结局，被天下人所嘲笑，这都是说话不谨慎的后果。韩昭侯与棠谿公谋划之后整夜独自睡觉，担心梦话被妻妾所听到；孔光不回答温室中有什么树木，害怕向身边人泄露了宫禁之事。

言者，风也，无足而行，无翼而飞，不可易也。是以圣人当言而惧，发言而忧，如蹈水火、临危险也。礼然后动，则动如春风，人不厌其动；时然后言，则言如金石[①]，人不厌其言。故身无失行，口无过言也。

【注释】

①金石：金和玉石之类。常用来比喻坚固、坚贞。

【译文】

言语就像风一样，没有脚却可以走，没有翅膀却可以飞，不可轻易说出。因而圣人要说话时就会恐惧，说出话后就会担忧，好像走在沸水烈火之中，处于十分危险的境地。符合礼法而后再行动，行为就如春风一样和顺，人们不会厌恶这样的行为；合于时宜而后再发言，言语就像金石一样珍贵，人们不会厌恶这样的言语。因而行为没有过失，言语不会失当。

卷七

【题解】

本卷进一步讨论把握言行及心态的要领，包括《贵言》《伤谗》《慎隙》《诫盈》《明谦》《大质》六章。

《贵言》谓广开言路以采忠善之谏。善言的作用，其一为“正不善”，其二为彰显品行，其三为“修其行”，其四为帮助省察过失。同时，作者还从另一个角度论证了不听善言带来的危害，强调施政者应“听言如响，从善如流”，避免“谗邪之蔽善人”的现象发生，这正是对贵言意义的探索。

《伤谗》谓谗言导致伤害。“扬善生于性美，宣恶出于情妒。性美以成德为恒，情妒以伤人为务”，揭示了谗言的本质与害处。在“誉者寂寞而谗者喧哗”的环境里，谗言不仅“积毁销骨”，亦会伤害自身，因而不可不慎重对待。

《慎隙》谓重视引发灾祸的细小之处。“隙”即裂缝，犹小的漏洞。“过之所始，多因忽小”，产生过失往往因为忽略了细节。“将防其萌，急于水火”，及时防备控制坏的苗头非常重要，因而一定要关注细微之处，善于分辨，防微杜渐。

《诫盈》谓留心满水不外溢，比喻警戒自己不要自满。“阳极而阴降，阴极而阳升”是天象的规律，“势积则损，财聚必散，年盛返衰，乐极还悲”是世事的常理，因而人应“不以德厚而矜物，不以身尊而骄民”，正如曹操《善哉行》中所云：“持满如不盈，有德者能卒。”“高而能卑，富而能俭，贵而能贱，智而能愚，勇而能怯，辩而能讷，博而能浅，明而能暗”，亦是民众对高位者的期待。

《明谦》谓懂得谦虚。与《诫盈》章主旨近似，基于“极升必降”“满终则亏”等规律，阐述“道盈体充，圣人之谦”的道理。正如《老子》中所言“不伐故有功”，“心存功善，口虽不言，未免矜伐；心舍功善，口虽明言，无伤于谦”，可谓“明谦”的真意。

《大质》谓身体。《文选》司马迁《报任少卿书》中“若仆大质已亏缺矣”李周翰注曰：“大质，身也。”此章阐述不以外部环境而改变自身的本性。事物“各抱自然之性，非可强变者也”，亦如忠义之性、贞直之操，都是不可动摇的。同时指出，贤才在平常可能也显得很普通，其品行和气节“无异于众人”，“及至处患蹈难，……然后知其殊也”，因而须透过相应的行为才能清楚地看到人的本质。

本卷所涉及的内容既是修身的准则，也是施政的要义。重视善言、箴言、正言，抵制谗言、假言、恶言；关注细微，戒满而虚；严于律己，坚守本性。这些论述反映出作者谨言慎行的处世原则和主张，进一步阐明物盛必衰，居谦才能长久；矜功非善，谦退方是世则。

贵言章三十一

越剑性锐，必托槌砧[①]，以成纯钩[②]；楚柘质劲[③]，必资榜檠[④]，以成弴弓[⑤]；人性虽敏，必籍善言[⑥]，以成德行。故槌砧者，夷不平也；榜檠者，矫不正也[⑦]；善言者，正不善也。

【注释】

①槌砧（chuí zhēn）：铁锤和铁砧。锤锻之器。

②纯钧：亦名“纯钩”，古宝剑名，春秋时期铸剑大师欧冶子所铸。

③柘（zhè）：落叶灌木或乔木，木材质坚而致密，是贵重的木料。

④资：凭借，依靠。榜檠（qíng）：矫正弓弩的器具。

⑤弴（diāo）：皇帝用的漆成红色的弓。

⑥籍：凭借。

⑦“故槌砧者”以下四句：《韩非子·外储说右下》：“椎锻者，所以平不夷也；榜檠者，所以矫不直也。”

【译文】

越地的宝剑本性锋利，但要经过锤锻，才能成为纯钧宝剑；楚地的柘木质地坚韧，但要经过矫正，才能成为弴弓；人的天性即使聪敏，也要遵从良言，才能成就美德。所以，槌砧就是用来打磨不平的；榜檠就是用来矫正不直的；良言就是用来纠正缺点的。

人目短于自见，故借镜以观面①；发拙于自理，必假栉以修束②；心暗于自照，则假言以荣行。面之所以形，明镜之力也；发之所以理，玄栉之功也③，行之所以荣，善言之益也。镜栉理形，其惠轻也；善言成德，其惠重也。人皆悦镜之明己形，而不慕士之明己心④；人皆欲栉之理其发，而不愿善言之理其情。是弃重德而采轻惠，不亦倒乎？

【注释】

①人目短于自见，故借镜以观面：《韩非子·观行》：“古之人目短于自见，故以镜观面。”

②栉（zhì）：梳子和篦子的总称。修束：修整，约束。

③玄：黑色。

④人皆悦镜之明己形，而不慕士之明己心：《吕氏春秋·达郁》：“人

皆知明镜之明己也，而恶士之明己也。”

【译文】

人的眼睛不善于观察自己，所以要借助镜子来照脸；头发不能自然而然地理顺，所以要利用梳篦来梳理；内心不能清楚地察觉自己的短处，所以要通过良言来使自己德行荣耀。脸面能被照出来，是明镜的功劳；头发能被梳理好，是玄梳的作用；德行能够荣耀，是良言的成就。镜子和梳篦帮助修整形象，这种好处是微薄的；良言帮助成就美德，这种恩惠是厚重的。人们都喜欢用镜子照出自己的形象，却不向往让贤士了解自己的内心；人们都想用梳篦梳理自己的头发，却不乐意以良言调理自己的性情。这是放弃深厚的恩德而选取微薄的好处，难道不是颠倒吗？

为衣冠者，己手不能制，则知越乡借人以制之，至于理身，而不知借言以修其行，是处其身轻而于冠重，不亦谬乎？

【译文】

穿衣戴帽之人，如果自己不能做出，就知道远到他乡求助他人来做，至于修身，却不懂得借助良言来修养德行，这是忽视自身而重视衣冠，难道不是荒谬吗？

君子重正言之惠，贤于轩璧之赠[①]；乐闻其过[②]，胜于德义之名。故楚庄王轻千乘之国，而重申叔一言[③]；范献贱万亩之田，以贵舟人片说[④]。季路抱五慎之诫[⑤]，赵孟佩九言之箴[⑥]。由此观之，轩璧之与田邑，岂能与善言齐价哉！夫桓侯不采越人之说，卒成骨髓之疾[⑦]；吴王不听枚乘之言，终受夷灭之祸[⑧]。夫人之将疾者，必不甘鱼肉之味；身之将败者，必不纳忠谏之言[⑨]。故临死者谓无良医之药，将败者谓无直谏之臣。而不听善言,是耳聋也[10]。非其耳之有塞,善言不入耳乎!

【注释】

①君子重正言之惠,贤于轩璧之赠:《荀子·非相》:“赠人以言,重于金石珠玉。”正言,正直的话,合于正道的话。轩,古代一种有围棚或帷幕的车,指华美的车子。璧,美玉的通称。

②乐闻其过:乐于听取别人的批评。《孟子·公孙丑上》:“子路,人告之以有过,则喜。”

③楚庄王轻千乘之国,而重申叔一言:《孔子家语·好生》:“孔子读史,至楚复陈,喟然叹曰:‘贤哉楚王!轻千乘之国,而重一言之信。’”据《史记·陈世家》,陈国发生了内乱,大臣夏征舒杀国君而自立为陈侯。楚庄王趁机带兵伐陈,很快将陈国攻破。此时楚庄王听从了申叔的建议,没有把陈国并入楚国,而是立陈太子为陈侯,使陈国延续下去。这一举动赢得了诸侯的敬意。楚庄王,芈姓,熊氏,名旅(一作侣、吕),春秋时期楚国国君,“春秋五霸”之一。千乘之国,拥有一千辆兵车的国家,春秋时指中等诸侯国。申叔,即申叔时,楚国大夫。

④范献贱万亩之田,以贵舟人片说:据《尸子·贵言》,一次范献子乘船,听到一位船夫让他勤修德政的良言,次日便赐予船夫万亩田邑,船夫辞谢。范献子说:“用这田邑换你的良言,我还是赚了啊!”范献,即范献子,名鞅,晋国大夫,谥“献”,故称。

⑤季路抱五慎之诫:据《说苑·杂言》,子路将要出行,向孔子辞行。孔子问他想得到车子还是话语。子路说希望得到告诫的话语。于是,孔子告诫他五件需要慎重对待的事:“不坚强就走不远,不勤劳就没有功绩,不忠诚就没人亲近,不讲信用就没人搭理,不恭敬就得不到礼遇。”

⑥赵孟佩九言之箴：据《左传·定公四年》，郑大夫子太叔去世后，晋大夫赵鞅亲往吊唁，十分悲伤地说："黄父会盟时，您曾教我九件事：'不可兴兵作乱，不可恃财而骄，不可恃宠而傲，不可与同僚争执，不可违背礼义，不可自夸其能，不可屡次对人发怒，不可谋划不合道义的事，不可作不合义理的事。'"赵孟，指赵简子，名赵鞅，亦称赵孟，春秋时期晋国赵氏的领袖，时为晋国的执政大臣。箴，劝告，劝戒。

⑦桓侯不采越人之说，卒成骨髓之疾：据《史记·扁鹊仓公列传》，扁鹊路过齐国时朝见齐桓侯，说齐桓侯有病，齐桓侯不相信。此后扁鹊又几次提醒桓侯病情加深，桓侯还是不信，最终病入骨髓，无药可救，不治身亡。桓侯，即齐桓公田午，战国时齐国第三位君主。因易与春秋时的齐桓公姜小白混淆，故多称为"田齐桓公"或"田桓公"。越人，即秦越人，又号"卢医"，渤海鄚（今河北任丘）人，战国时医学家。创造总结出望、闻、问、切的诊断疾病的方法，因医术高超，人们以黄帝时神医"扁鹊"的名号来称呼他。

⑧吴王不听枚乘之言，终受夷灭之祸：据《汉书·枚乘传》，吴王刘濞图谋造反时，其属下郎中枚乘上书谏阻。吴王不听，最后叛乱兵败，死于丹徒。吴王，指西汉时吴王刘濞（bì），"七国之乱"的发起者。枚乘，字叔，淮阴（今江苏淮阴）人，西汉辞赋家，先后为吴王濞、梁孝王武文学侍从之臣，《汉书·艺文志》著录"枚乘赋九篇"。

⑨"夫人之将疾者"以下四句：《文子·微明》："人之将疾也，必先厌鱼肉之味；国之将亡也，必先恶忠臣之语。"

⑩是耳聋也：此四字于上下文语意无涉，疑是注文误入，不译。

【译文】

君子重视正直之言的好处，胜过赠送自己香车美玉；乐于听取别人的批评，胜过称颂自己的道德信义。因而楚庄王放弃吞并陈国，而重视申叔的建议；范献子不重视万亩封地，而认为船夫的片言规劝更珍贵；季路持守孔子关于需要慎重的五件事的告诫，赵简子牢记子太叔教诲的九句箴言。这样看来，香车、美玉以及封地，又怎么能够与良言的价值等同呢！正如齐桓侯不接受秦越人的劝说，以致疾病深入骨髓；吴王刘濞不听取枚乘的劝谏，最终遭受被诛灭的祸患。将要得病时，一定品尝不出鱼肉的美味；将要衰败时，必然不接受别人忠心的劝谏。所以临死的人会说没有医术高明的医生开药，将要败亡的人会说没有直言规谏的大臣劝谏。然而不听良言的人，不是因为耳朵被堵塞，而是对良言听而不闻啊！

是以明者纳规于未形①，采言于意表②，从善如转圆，谴恶如仇敌。正音日闻于耳，祸害逾远于身。昔帝尧建招谏之鼓，舜树诽谤之木，汤立司过之士，武王立诫慎之鼗③。以圣哲之神鉴，穷几洞微④，非有毫厘之谬也，犹设广听之术，开嘉言之路，岂不贻厥将来⑤，表正言之益邪？

【注释】

①纳规：接受规劝。

②意表：言外之意。

③“昔帝尧建招谏之鼓”以下四句：《吕氏春秋·自知》：“尧有敢谏之鼓，舜有诽谤之木，汤有司直之士，武王有戒慎之鼗。”招谏，谓帝王征求规劝意见。诽谤之木，供百姓书写政治缺失的表木。司过，纠正过失。鼗（táo），两旁缀有灵活小耳的小鼓，有柄，执柄摇动时，两耳双面击鼓作响。俗称“拨浪鼓”。

④几：微。

⑤贻厥：留传，遗留。

【译文】

因此明智的人会在事情尚未发生时就接受规劝，听取言外之意中的警诫，接受善言如同圆环转动般顺利，排斥恶行如同对待仇敌般坚决。每天都有忠言入耳，祸患灾害就会远离于身。从前尧设置了征求规劝之鼓，舜树立了书写政治缺失的表木，汤设立了纠正过失的官吏，周武王设立了告诫谨慎之鼓。以圣人英明的鉴察力，能够通晓洞察幽微之事，并没有丝毫的偏差，却还要广泛听取言论，拓展接纳良言之路，难道不是要流传后世，彰显接纳正言的好处吗？

以夫先圣，犹能采言于刍荛①，奚况布衣②，而不贵言乎？故臣子之于君父，则有献可替否讽谏之文③。如交之于朋友，亦有切磋琢磨相成之义④。君子若能听言如响⑤，从善如流⑥，则身安南山，德茂松柏，声振金石⑦，名流千载也。

【注释】

①刍荛（chú ráo）：割草称刍，打柴为荛。此指割草打柴的人。

②布衣：指平民百姓。

③臣子之于君父，则有献可替否讽谏之文：《左传·昭公二十年》："君所谓可而有否焉，臣献其否以成其可；君所谓否而有可焉，臣献其可以去其否。"献可替否，指建议可以施行的方案，废止不可行的。讽谏，以婉言隐语劝谏。

④切磋琢磨：分别指把骨头、象牙、玉石、石头加工成器物。《诗经·卫风·淇奥》："如切如磋，如琢如磨。"毛传："治骨曰切，象曰磋，玉曰琢，石曰磨。"后用以比喻朋友之间互相批评，取长补短。

⑤听言如响：对劝谏之言迅速做出反应，如同声音的回响。

⑥从善如流：形容能迅速而顺畅地接受别人的正确意见。

⑦金石：指钟磬等乐器。

【译文】

这些先世圣贤，尚且能够向割草打柴的人采集言论，何况平民百姓，难道可以不重视良言吗？因而臣子对于君父，有劝善规过的委婉之辞。正如朋友交往，也有取长补短以相互成全的道义。君子如果能够接受谏言如回声般迅速，顺从善行如流水般顺畅，就会使寿命像南山一样长久，才德如松柏一样繁茂，名声如钟磬一样响亮，千古流传。

伤谗章三十二

誉者，扬善之枢也[①]；毁者，宣恶之机也[②]。扬善生于性美，宣恶出于情妒。性美以成物为恒，情妒以伤人为务。故誉以论善，则辞以极善为功；毁以举过，则言以穷恶为巧。何者？俗人好奇，不奇不用也。誉人不增其美，则闻者不快于心；毁人不益其恶，则听者不满于耳[③]。代之善人少而恶人多[④]，则誉者寂寞而谗者喧哗。

【注释】

①枢：重要的或中心的部分，起决定性作用的部分。

②机：事物的关键，枢纽。

③“故誉以论善”以下十一句：《论衡·艺增》：“称美过其善，进恶没其罪。何则？俗人好奇，不奇，言不用也。故誉人不增其美，则闻者不快其意；毁人不益其恶，则听者不惬于心。”

④代之善人少而恶人多：《庄子·胠箧》：“天下之善人少而不善人多。”

【译文】

赞美是宣扬美善的关键，诋毁是散播丑陋的重心。称赞优点源于心地美好，宣扬缺点出于内心嫉妒。心地善良，就总是成全他人；内心嫉妒，就总是伤害他人。因而称赞他人优点时，把人说得越好越有效；评说他人过错时，把人说得越坏越巧妙。为什么呢？世人都喜欢追求新奇，不奇特就不被听信。称赞别人如果不夸大他的美好，听到的人就会感觉不痛快；诋毁别人如果不夸大他的邪恶，听到的人就会感觉不满足。然而世上好人少而坏人多，所以赞誉之声沉寂而诋毁之言嘈杂。

是以洗垢求痕，吹毛觅瑕①，挥空为有，转白为黑，提轻当重，引寸至尺。墨子所以泣素丝，杨朱所以泣岐路，以其变为青黄，回成左右也②。昔人兴谗言于青蝇③，譬利口于刀剑者，以其点素成缁④，刀劲伤物。故有四畏，不可不慎。鸟之曲喙钩距者⑤，羽类畏之⑥；兽之方喙钩爪者，毛群畏之⑦；鱼之哆唇锯齿者⑧，鳞族畏之⑨；人之利口谗谄者⑩，人共畏之。谗嫉之人，必好闻人恶，恶闻人善。妒才智之在己前，忌富贵之在己上⑪。犹喉中有噎，吞之思入；目上有翳⑫，决之愿去。吞决之情深，则萋斐之辞作⑬。故扬娥眉者⑭，为丑女之所妒；行贞洁者，为谗耶之所嫉⑮。昔直不疑未尝有兄，而谗者谓之盗嫂⑯；第五伦三娶孤女，而世人谮其挝妇翁⑰。此皆听虚而责响，视空而索影，悖情倒理，诬罔之甚也。以二子之贤，非身行之不洁，与人有仇也，而不免于世谤者，岂非"兽恶其网，人恶其上"耶⑱？

【注释】

①洗垢求痕，吹毛觅瑕：《韩非子·大体》："不吹毛而求小疵，不洗垢而察难知。"比喻过分挑剔别人的过失或缺点。

②"墨子所以泣素丝"以下四句：《淮南子·说林》："杨子见逵路而哭之，为其可以南可以北；墨子见练丝而泣之，为其可以黄可以

黑。”墨子，名翟，墨家学派创始人，主张“兼爱”“非攻”，提出“尚贤”“尚同”的政治思想。素丝，本色的丝，白丝。杨朱，字子居，主张“贵己”“重生”“人人不损一毫”，是道家杨朱学派的创始人。岐路，从大路上分出来的小路，岔路。岐，同“歧”。

③昔人兴谗言于青蝇：从前人们把毁谤的言语比作青蝇。《诗经·小雅·青蝇》：“营营青蝇，止于樊。岂弟君子，无信谗言。”毛传：“兴也。”郑玄笺：“兴者，蝇之为虫，污白使黑，污黑使白，喻佞人变乱善恶也。”

④素：白色的，无涂饰的。缁（zī）：黑色。

⑤喙：鸟兽等的嘴。距：公鸡、雄雉等爪子后面突出像脚趾的部分，中有硬骨，外包角质，打斗时可做武器。

⑥羽类：指鸟类。

⑦毛群：指兽类。

⑧哆（chǐ）：张口的样子。

⑨鳞族：指鱼类和爬行类等有鳞动物。

⑩谗谄：用谗言逢迎取悦他人。

⑪忌：嫉妒。

⑫翳（yì）：掩蔽物。

⑬萋斐：花纹错杂的样子。后用来比喻谗言。

⑭娥眉：女子秀美的眉毛。《楚辞·离骚》：“众女嫉余之娥眉兮。”

⑮耶：通“邪”，指邪说。

⑯昔直不疑未尝有兄，而谗者谓之盗嫂：据《汉书·直不疑传》，有人诋毁直不疑，说他长相英俊，可惜品行不端，曾与嫂子私通。直不疑得知后说，自己根本就没有哥哥。直不疑，汉代南阳（今河南南阳）人，景帝时为御史大夫。盗，谓私通。

⑰第五伦三娶孤女，而世人谮其挝（zhuā）妇翁：据《后汉书·第五伦传》，光武帝和第五伦开玩笑说：“听说你曾经殴打岳父，不让兄

长和你一起吃饭,有这样的事吗?”第五伦回答说:“我三次娶的妻子都没有父亲。少年时曾遭遇饥荒之苦,实在不敢随便请人吃饭。”第五伦,字伯鱼,京兆长陵(今陕西咸阳)人,东汉大臣,以峭直著称。谮,诬陷。挝,打,敲打。

⑱兽恶其网,人恶其上:《国语·周语中》:“谚曰:‘兽恶其网,民恶其上。’”

【译文】

有人洗掉泥垢还要寻找污痕,吹开皮上的毛来寻找瑕疵,把虚空当作存在,把白色说成黑色,把轻物看成重物,把寸夸大为尺。墨子之所以面对白丝而哭泣,杨朱之所以面临岔路而哭泣,是因为白丝可以染成青色也可以染成黄色,岔路可以通向左边也可以通向右边。从前人们把毁谤的言语比作青蝇,把善辩的口才比作刀剑,因为它可以把白色说成黑色,就像刀剑锋利可以伤害事物。所以有四种可怕的事物,不可不谨慎对待。嘴形弯曲、距形如钩的鸟,鸟类都畏惧它;嘴呈方形、爪子如钩的野兽,兽类都畏惧它;鱼嘴巴张开、牙齿如锯的鱼,鱼类都畏惧它;口齿伶俐、善于毁谤和奉承的人,人们都畏惧他。谗害嫉妒别人的人,一定喜欢听到别人的短处,不愿意听到别人的优点。嫉妒别人比自己有才华,忌恨别人比自己更富贵。好像咽喉被堵住,希望把阻塞物吞咽下去;就像眼睛被遮蔽,希望把遮蔽物排除掉。吞咽和排除的心情急切,中伤的话语就会产生。因而扬起秀眉的女子会被丑陋的女子所妒忌,行为贞洁的人会被兴谗言邪说的人所嫉妒。从前直不疑不曾有兄长,而毁谤他的人说他与嫂子私通;第五伦三次娶的都是父亲去世的女子,而世人诬陷他殴打妻子的父亲。这些就像在无声中要求回响,在无形中寻求影子,违背情理,过分诬陷。直不疑和第五伦都是贤良之人,并非行为不检点或与人有仇怨,但依然没有免于世人的诽谤,难道不正如“野兽厌恶捕捉自己的网,而世人憎恨位居自己之上的人”吗?

故谗邪之蔽善人也，犹朝日洞明[1]，雾甚则不见天，沙石至净，流浊则不见地。虽有明净之质，而不发明者，水雾蔽之也。兰荪欲茂，秋风害之[2]；贤哲欲正，谗人败之。故谗者但知害嫉于他人，而不知伤所说之主，知伤所说之主，而不知还害其身。故无极之谗，子常蒙谤，郄、费双灭[3]。谗谄之流弊[4]，一至于斯。呜呼！后代之君子，可不慎诸也？

【注释】

①洞明：通亮。

②兰荪欲茂，秋风害之：《淮南子·说林》："兰芝欲修，而秋风败之。"兰荪，即菖蒲，一种香草。

③子常蒙谤，郄（xì）、费双灭：据《左传·昭公二十七年》，费无忌在子常和郄宛之间互相说坏话，挑拨二人的关系。子常听信谗言，而杀害了郄宛。国人都怨恨子常，有人劝子常杀掉费无忌以解众怒，于是子常又杀了费无忌，尽灭其族。子常，即囊瓦，字子常，春秋时期楚国令尹。郄，指郄宛，楚昭王时任左尹。费，指费无忌，亦作费无极，春秋末年楚国佞臣。

④流弊：遗害，流毒。

【译文】

谗言邪说常常淹没善良的人，就像初升的太阳本来明亮，但雾气浓重便无法看到天空；沙土石子本来洁净，但污水浑浊就无法看到地底。初升的太阳和沙土石子虽然明亮洁净，却不能显现出来，是因为雾气和污水的掩盖。正如兰荪繁茂，而秋风使之凋零；贤者正直，而毁谤使之名声败坏。因而毁谤之人只知道伤害妒忌他人，却不知道会伤害听信谗言的人，知道伤害了听信谗言的人，却不知道反过来也会伤害他们自己。所以费无忌的谗言，使子常蒙受诽谤，而郄宛和费无忌也都遭到杀害。谗言导致的弊端竟到了如此地步。哎呀！后代的君子，对此能不慎重吗？

慎隙章三十三

过者，怨之梯也；怨者，祸之府也。祸之所生，必由积怨；过之所始，多因忽小。小过之来，出于意表；积怨之成，在于虑外。故其来也，不可防；其成也，不可悔。防怨不密，而祸害臻焉[1]。

【注释】

①臻（zhēn）：至。

【译文】

过失，是招致怨恨的阶梯；怨恨，是包藏祸患的地方。祸患的产生，一定是由于积聚的怨恨；过失的引发，多数是因为忽略了细节。小错的出现，总是在意料之外；积怨的形成，也常常无法预料。所以，过失的到来，无法防备；怨恨的形成，不可追悔。对其防备不够严密，灾祸就会到来了。

故登峭坂而不跌坠者[1]，慎于大也；跨阜垤而好颠蹶者[2]，轻于小也。苟慎其步，虽履险能安；轻易其足，虽夷路易蹶[3]。智者识轻小之为害，故慎微细之危患，每畏轻微，懔懔焉若朽索之驭六马也[4]。

【注释】

①峭坂：高陡的山坡。

②阜垤（dié）：小土丘。颠蹶：指行走不平稳。

③踬（zhì）：被绊倒。

④懔懔（lǐn）焉若朽索之驭六马也：《尚书·五子之歌》："予临兆民，懔乎若朽索之驭六马。"懔懔，危惧、戒慎的样子。六马，古代天子车驾用六马。谓驾车之马众多。

【译文】

攀登高陡的山坡却不摔跤坠落，是因为对大事谨慎；跨越小土丘却走不平稳，是对小事忽视。如果走路小心，即使身处险境也可能平安；随意迈步，即使道路平坦也可能跌倒。明智的人懂得轻视小事的危害，因而慎重对待小事中存在的危险和祸患，对每个细节都很敬畏，就好像用腐朽的绳索驾驭众多马匹一样谨慎小心。

鸿毛性轻，积之沉舟；鲁缟质薄，叠之折轴[①]。以毛缟之轻微，能败舟轴者，积多之所至也。故墙之崩隤，必因其隙；剑之毁折，皆由于璺[②]。尺蚓穿堤，能漂一邑；寸烟泄突，致灰千室[③]。怨之始也，微于隙璺，及其为害，大于墙剑。祸之所伤，甚于邑室，将防其萌，急于水火。

【注释】

①"鸿毛性轻"以下四句：《淮南子·缪称》："积羽沉舟，群轻折轴。"鲁缟，古代鲁地生产的一种白色生绢，以薄细著称。

②"故墙之崩隤（tuí）"以下四句：《淮南子·人间》："夫墙之坏也于隙，剑之折必有啮。"隤，同"颓"，坍塌。璺（wèn），裂纹。

③"尺蚓穿堤"以下四句：《淮南子·人间》："千里之堤，以蝼蚁之穴漏；百寻之屋，以突隙之熛焚。"漂，淹没。突，烟囱。

【译文】

鸿雁的羽毛轻盈，但堆积得多也可以使舟船沉没；鲁地的生绢薄细，叠加起来也可以把车轴压断。以羽毛、生绢的轻微,能使舟船和车轴毁坏,是积少成多的结果。因而墙壁倒塌,必然源于缝隙;宝剑折损,也都始于裂纹。蚯蚓虽小,但能够把堤岸穿透,进而使整个城邑都被淹没;烟尘虽轻,但能够从烟囱喷出,从而使千家万户化为灰烬。怨恨开始形成的时候,比缝隙和裂纹还要轻,等到变成祸害时,就比墙壁倒塌和宝剑折损都更为严重。祸患所造成的伤害,要比淹没城市和烧毁房屋更为严重,因而防备祸患的发生,比防止水火到来更加紧急。

《夏书》曰:"怨岂在明,不见是图①。"故怨不在大,亦不在小②。荧荧不灭,能焚昆山;涓涓不绝,能成江河③。怨之所生,不可类推;祸之所延,非可情测。或怨大而成小,或祸轻而至重。深仇不必危,而睚眦未必可易也④。譬如风焉,披云飞石,卷水蹶木⑤,而人血脉不为之伤。隙穴之风,轻尘不动,毛发不摇,及中肌肤,以为深疾。大不为害,小而成患者,大风散漫,小风激射也⑥。

【注释】

①怨岂在明,不见是图:《尚书·夏书·五子之歌》:"怨岂在明,不见是图。"是,助词。

②怨不在大,亦不在小:《尚书·康诰》:"我闻曰:'怨不在大,亦不在小。'"

③"荧荧不灭"以下四句:《孔子家语·观周》:"焰焰不灭,炎炎若何?涓涓不壅,终为江河。"

④睚眦(yá zì):发怒时瞪眼睛的样子。此指极小的仇恨。

⑤蹶:使仆倒。

⑥激射:喷射,冲击。

【译文】

《夏书》中说："防止怨恨不仅针对明显的仇恨，还必须考虑那些不显而易见的细微之处。"怨恨不仅由于大事引起，也会由于小事引起。微弱的火光，可能会烧毁昆山；细小的水流，可能会聚成江河。怨恨的生成，不可推断；祸患的蔓延，不可预测。有时怨恨深重，最终却变成小事，有时祸患轻微，却导致严重后果。深仇不一定很危险，小怨却未必可以轻视。就像大风，拨开云层卷起沙石，掀起波涛吹倒大树，而人体内部血液脉络却不被它伤害。墙缝和洞穴中的轻风，吹不起轻微的尘土，掀不动一丝毛发，可是它若吹中了人的肌肤，就会在体内生成疾病。大风对人没有危害，小风反而使人生病，是因为大风分散，小风直击。

故汉祖免贯高之逆[①]，魏后泄张绣之仇[②]，韩信削少年之辱[③]，安国释田甲之慢[④]。此皆遇英达之主、宽廓之衿[⑤]，得以深怨而不为仇也。鲁酒薄而邯郸围[⑥]，羊羹偏而宋师败[⑦]，郈孙以斗鸡亡身[⑧]，齐侯以笑嫔破国[⑨]。皆以轻蔑细怨，妄树祸端，以酒食戏笑之故，败国灭身，为天下笑，不慎故也。

【注释】

①汉祖免贯高之逆：据《史记·张耳陈馀列传》，汉高祖路过赵国时，赵王张敖对他十分恭敬，而汉高祖却非常无礼。赵相贯高等人因此谋划刺杀高祖，未成。后来，贯高的冤家把他的密谋告诉高祖，高祖便派人抓捕赵王张敖及贯高等。贯高入狱后，受到刑罚，坚称刺杀计划完全是他们自作主张，赵王张敖不知情，高祖敬贯高是条汉子，相信了他，便释放了赵王张敖，也赦免了贯高。汉祖，即汉高祖刘邦。贯高，汉初赵国相国。

②魏后泄张绣之仇：据《三国志·魏书·张绣传》，曹操统兵南征时，张绣率军投降，但由于曹操纳其族叔张济妻为妾，张绣因此深怀怨恨。曹操得知张绣心中不悦，便密谋杀害张绣。张绣得知后将计就计，使部下假降曹操，突袭曹营，曹操长子曹昂、侄儿曹安民阵亡，曹操侥幸逃生。袁绍与曹操在官渡对垒时，曹弱袁强，而张绣听从贾诩计谋，率兵重新投靠曹操。曹操非常高兴，执手宴请张绣，求张绣女许配其子曹均为妻，并拜张绣为扬武将军。魏后，指曹操。泄，此指不计较。张绣，武威祖厉（今甘肃会宁）人，汉末群雄之一。初随张济征伐，后降曹操，参加官渡之战，官至破羌将军，封宣威侯。

③韩信削少年之辱：据《史记·淮阴侯列传》，韩信初为平民百姓时，淮阴屠户中有个年轻人对韩信说："你虽然长得高大，喜欢带刀佩剑，其实不过是个胆小鬼罢了。"又当众侮辱他说："你要不怕死，就拿剑刺我；如果怕死，就从我胯下爬过去。"于是韩信仔细地打量了他一番，低下身去从他的胯下爬了过去。后来韩信封侯回乡，对当时的那个年轻人说："你从前欺辱我，现在还欺辱吗？"年轻人乞求饶命，韩信放过他，并给了他一个官位。韩信，西汉开国功臣，名将。初从项羽，后归刘邦，项羽灭亡后被封为楚王，后被贬为淮阴侯。

④安国释田甲之慢：据《史记·韩长孺列传》，韩安国在狱中时，狱官田甲常常斥责侮辱他。一次韩安国说："死灰就没有复燃的时候吗？"田甲说："如果死灰还会燃烧，我就用尿浇灭它。"后来韩安国被释放，担任梁国内史，田甲吓得要逃跑。韩安国说："你要是逃跑就杀掉你的亲族，要是不跑就赦免你。"田甲于是去向韩安国致歉。韩安国笑道："死灰如今复燃，你可以撒尿啦！"最终善待了田甲。安国，即韩安国，字长孺，西汉梁国成安（今河南民权）人，西汉景帝、武帝时大臣，官至御史大夫。

⑤衿：同“襟”，胸怀。

⑥鲁酒薄而邯郸围：据《淮南子·缪称》许慎注，鲁国与赵国一起朝见楚国，并进献美酒，鲁国的酒清淡而赵国的酒醇厚。楚国主管酒的官吏向赵国要酒，赵国不给，官吏生气了，把赵国的酒换成鲁国的酒献给楚王。楚王认为赵国的酒清淡，便包围了邯郸。邯郸，战国时赵国都城。

⑦羊羹偏而宋师败：据《左传·宣公二年》，宋国派华元率兵攻打郑国。作战前日为将士杀羊做羹，而华元的车夫羊斟没有分到羹，因而心生不满。第二天与郑国交战时，羊斟说：“前日之羹，您做主；今日之事，我做主。”于是驾车驶向郑国的阵营，使宋军战败，华元被捕。

⑧郈（hòu）孙以斗鸡亡身：据《左传·昭公二十五年》，郈昭伯与季平子斗鸡，季平子做了一个小铠甲戴在鸡头上，郈昭伯在鸡距上装了金属套。季平子失败后非常生气而责备郈昭伯，郈昭伯也怨恨季平子。后来季平子在南门之西杀了郈昭伯。郈孙，即郈昭伯，郈氏，名恶，春秋时鲁国贵族。

⑨齐侯以笑嫔破国：据《左传·宣公十七年》《左传·成公二年》，晋侯派郤克出使齐国，齐顷公让妇人在帷帐中偷看郤克。郤克跛脚，登阶的时候妇人都嘲笑他。郤克十分生气，在河边发誓说：“不报这个仇，就不过河！”后来郤克果然帅军攻入齐国，在鞌之战中大败齐军，齐顷公差点被俘。齐侯，指齐顷公，名无野。嫔，古代妇女的通称。

【译文】

因此汉高祖赦免了贯高的叛逆行为，曹操不计较与张绣的仇怨，韩信放下了年轻人对他的污辱，韩安国释怀了田甲的侮慢。这些人都是遇到了通达之人，有着宽广的胸怀，虽有深怨却没有结仇。鲁国献薄酒而使邯郸被围困，宋国因羊羹没有分给驾车人而导致交战溃败。郈昭伯因斗鸡发生矛盾而遭到杀害，齐顷公因让妇人嘲笑郤克而招致国家被攻破。这些人都因为轻视细小的怨恨，随便埋下祸根，因为酒菜玩笑等原因亡国丧命，被天下人所嘲笑，都是由于不谨慎的缘故。

代之暗者，皆以轻小害、易微事，以至于大患①。祸之至也，人自生之；福之来也，人自成之。祸与福同门，害与利同邻，若非至精，莫能分矣。是以智虑者，祸福之门户；动静者，利害之枢机，不可不慎也②。

【注释】

①“代之暗者”以下三句：《文子·微明》：“凡人皆轻小害，易微事，以至于大患也。”

②“祸之至也”以下十三句：《文子·微明》：“夫祸之至也，人自生之；福之来也，人自成之。祸与福同门，利与害相邻，自非至精，莫之能分。是故智虑者，祸福之门户也；动静者，利害之枢机也，不可不慎察也。”

【译文】

世上愚蠢的人，都因为轻视小事，忽略细节，以至造成重大的祸患。灾祸的到来，是人自身造成的；幸福的到来，也是人自身成就的。灾祸与幸福并存，危害与利益接近，如果不是极为精明的人，恐怕难以将其分清。可见，智谋思虑是福祸的根由，行为举止是利害的关键，不可不慎重。

诫盈章三十四

四时之序，节满即谢；五行之性，功成必退。故阳极而阴降，阴极而阳升。日中则昃，月盈则亏①，此天之常道也。

势积则损，财聚必散，年盛返衰，乐极还悲[②]，此理之恒情也。

【注释】

①日中则昃，月盈则亏：《周易·丰卦·彖传》："日中则昃，月盈则亏。"昃，太阳偏西。

②年盛返衰，乐极还悲：《淮南子·道应》："夫物盛而衰，乐极则悲。"

【译文】

四季更迭，节令满盈就会逝去；五行交错，功效完成就会消退。因而阳气到达顶点阴气就要下降，阴气到达顶点阳气又开始上升。太阳到达中天便开始偏西，月亮到达圆满就开始缺损，这是天象的普遍规律。势力积聚得多就要减损，财富聚敛得多就要消散，年华达到鼎盛便要开始衰败，快乐到达极至就要转成悲哀，这是世事中的常理。

昔仲尼观欹器而革容[①]，鉴《损》《益》而叹息[②]，此察象而识类，睹霜而知冰也。夫知进而不知退，则践盈满之危；处存而不忘危，必履泰山之安。故雷在天上曰大壮，山在地中曰谦。谦则裒多益寡，壮则非礼勿履[③]。处壮而能用礼，居谦而能益寡。降高以就卑，抑强而同弱。未有挹损而不光[④]，骄盈而不毙者也。

【注释】

①仲尼观欹（qī）器而革容：据《荀子·宥坐》，孔子参观鲁桓公的祭庙，见到一个欹器，守庙人告诉他这是放在国君座右以为警诫的一种器物。孔子说："我听说器物空则倾斜，不多不少能够正立，注满水就会倾覆。"孔子让弟子向器皿里注水，确实如此。孔子改变了表情而感叹："唉，哪有满而不倾覆的呢？"欹器，古代一种

倾斜易覆的盛水器，水少则倾，中则正，满则覆。革容，改变表情。

②鉴《损》《益》而叹息：据《淮南子·人间》，孔子每读到《周易》中的《损》《益》二卦，未尝不感叹："懂得益和损之间关系的，应该是行王道的君王的事吧？事情有时候想对它有利却恰恰害了它，有时候想害它却又恰恰对它有利。利和害向相反方面的转化，祸与福的缘由，不能不明察呀！"鉴，明察。《损》《益》：《周易》卦名。

③"故雷在天上曰大壮"以下四句：《周易·大壮卦·象传》："雷在天上，大壮，君子以非礼弗履。"又《周易·谦卦·象传》："地中有山，谦，君子以多益寡。"大壮，《周易》六十四卦之一，即乾下震上，为阳刚盛长之象。谦，卦名。《周易·谦卦》："谦，亨，君子有终。"裒（póu），减少。

④挹损：减少，缩小。此指谦逊。

【译文】

从前孔子看到注满则倒的欹器便改变了表情，读到《周易》中的《损》《益》二卦而为之叹息，这是根据现象便能了解那类事物，就像看到霜冻就知道将要结冰。只知前进而不懂后退，就会遭受过于满盈所导致的危害；身处平安而不忘潜在的危机，就会获得如泰山一样的安宁稳固。天上响雷是大壮卦的卦象，地中有山是谦卦的卦象。谦卦说要减损多余、增补不足，大壮卦说不要做不合礼制的事情。处于大壮卦所象征的处境时，要能遵循礼法，处于谦卦所象征的处境时，要能增补不足。降低身份以迁就低位，抑制强势而同于弱势。没有谦逊而不荣耀，自满而不毁败的事情。

圣人知盛满之难持，每居德而谦冲①。虽聪明睿智而志愈下，富贵广大而心愈降，勋盖天下而情愈惕②，不以德厚而矜物③，不以身尊而骄民。故楚庄王功立而心惧④，晋文公战胜而色忧[⑤]。非憎荣而恶胜，乃功大而心小，居安而念危也。夏禹一馈而七起[⑥]，周公一沐而三握[⑦]，食不遑饱[⑧]，沐不及晞[⑨]，非耐饥而乐劳，是能心急于接士[⑩]，德处于谦光也[⑪]。

【注释】

①谦冲：谦虚和顺。

②“虽聪明睿智而志愈下”以下三句：《淮南子·道应》：“是故聪明睿智，守之以愚；……富贵广大，守之以俭；德施天下，守之以让。”惕，戒惧。

③矜：自负，自夸。物：类。指同辈的人。

④楚庄王功立而心惧：据《左传·宣公十二年》，晋国大臣栾武子称，楚国自从战胜庸国以来，楚庄王没有一天不教育国人生存不容易，灾祸随时可能到来，要警戒而不可懈怠。楚庄王，名旅，春秋时期楚国国君，“春秋五霸”之一。

⑤晋文公战胜而色忧：据《左传·宣公十二年》，晋国大夫士贞子称城濮之战后，晋军大胜，而“文公犹有忧色”，因为楚相子玉未死，担心他报仇。晋文，指晋文公重耳。

⑥夏禹一馈而七起：《鬻子·禹政》：“禹尝据一馈而七起，日中而不暇饱食。曰：‘吾犹恐四海之士留于道路。’”此谓大禹礼贤下士，吃一顿的时间，七次起来接见贤士。馈，进食。

⑦周公一沐而三握：据《说苑·敬慎》，周公自称“尝一沐而三握发，一食而三吐哺，犹恐失天下之士。”沐，洗头发。

⑧遑：闲暇。

⑨晞：干，干燥。

⑩接士：延揽人才为己所用。

⑪谦光：《周易·系辞下》：“谦尊而光。”本指尊者虽谦抑退让，但其德性更见光明磊落。后多用为谦退之意。

【译文】

圣人懂得满盈盛极的状态难以持久,因而常常保持谦虚和顺的美德。虽然很明智但心志低调,虽然很富贵但心态平和,虽然功盖天下但心怀警惕,不因为自己德行深厚而向同辈自夸,也不因为自己身份尊贵而对民众傲慢。所以楚庄王立下战功依然戒惧,晋文公作战得胜依然忧愁。他们并不是憎恨荣誉、厌恶胜利,而是功业越大而越小心,处境安全也会考虑潜在的危险。夏禹吃一顿饭七次起身,周公洗一次头三度握住散开的头发,饭来不及吃饱,头发来不及晾干,他们并不是愿意忍受饥饿而乐于忙碌操劳,而是心中急于接待贤士,具有谦虚待人的美德。

《易》曰:“以贵下贱,大得民也[①]。”是以君子高而能卑,富而能俭,贵而能贱,智而能愚,勇而能怯,辩而能讷,博而能浅,明而能暗,是谓损而不穷也[②]。

【注释】

①以贵下贱,大得民也:《周易·屯卦·象传》:“以贵下贱,大得民也。”指身份尊贵者不高高在上,能甘心处于低贱之位,所以能大得民心。

②“是以君子高而能卑”以下九句:《说苑·敬慎》:“孔子曰:‘高而能下,满而能虚,富而能俭,贵而能卑,智而能愚,勇而能怯,辩而能讷,博而能浅,明而能暗,是谓损而不极。’”讷,话语迟钝,口才不佳。

【译文】

《周易》中说:“身份尊贵而能甘居低贱之位,因而大得民心。”所以君子居高而能谦卑,富有而能俭朴,显贵而能处贫贱,智慧而能敦厚,勇敢而能戒惧,善辩而能少言,博学而能浅近,聪明而能内敛,这就叫谦退而不陷入困境。

明谦章三十五

天道下济而光明①,江湖善下而为王②。故山在地中成谦③,王侯以孤寡为损④。谦则荣而逾高,损则显而弥贵。高必以下为基,贵则以贱为本⑤。在贵而忘贵,故能以贵下民;处高而遗高,故能以高就卑。是以大壮往则复,天地之谦也⑥;极升必降,阴阳之谦也;满终则亏,日月之谦也;道盈体冲⑦,圣人之谦也。

【注释】

①天道下济而光明:《周易·谦卦·彖传》:"谦,亨。天道下济而光明。"下济,利泽下施,长养万物。

②江湖善下而为王:《老子·第六十六章》:"江海所以能为百谷王者,以其善下之。"王,此指水流归向之处。

③山在地中成谦:《周易·谦卦·象传》:"地中有山,谦,君子以多益寡。"

④王侯以孤寡为损:《老子·第三十九章》:"是以侯王自谓孤、寡、不穀,此非以贱为本邪?"

⑤高必以下为基,贵则以贱为本:《老子·第三十九章》:"故贵以贱为本,高必以下为基。"

⑥大壮往则复,天地之谦也:《周易·泰卦·象传》:"无往不复,天地际也。"

⑦体冲:谓内心空虚。冲,通"盅",空虚。

【译文】

天道利泽下施而昌明盛大,江湖处于低位而容纳水流。因而山在地中是谦卦的卦象,侯王以"孤""寡"作为谦称。谦逊使人荣耀而愈加崇高，退让使人显达而愈加尊贵。高位是以低位为基础的，尊贵是以卑贱为根本的。身份尊贵而忘掉尊贵，就能放下架子接近百姓；居处高位而放下高位，就能屈就低位。正如往而复来，是天地之谦；盛极则衰，是阴阳之谦；盈满将亏，是日月之谦；德高谦冲，是圣人之谦。

《易》称："谦尊而弥光①。"《老子》云："不伐故有功②。"谦者在于降己，以高从卑，以圣从鄙。不伐在于有功不矜，有德不言，归于冲退③，谦挹之流也④。好盈自贤，矜功伐善者，俗之恒情，圣人之恶也。必矜其功，虽赏之而称劳，情犹不足；苟伐其善，虽与之赏多，必怨其少，则慊望之情生⑤，躁竞之色见⑥，矜伐之路开，患难之衅作矣⑦。君子则不然，在荣以挹损为基，有功而不矜，有善而不伐，遗其功而功常存，忘其善而善自全。情常忘善，故能以善下物；情恒存善，故欲以善胜人。

【注释】

①谦尊而弥光：《周易·系辞下》："谦尊而光。"谦逊使处于尊位的人更显光荣。

②不伐故有功：《老子·第二十二章》："不自伐，故有功。"伐，自夸。

③冲退：谦让。

④谦挹：谦逊，退让。

⑤慊（qiǎn）：不满。望：埋怨，责备。

⑥躁竞：急于进取而争竞。

⑦衅：争端。

【译文】

《周易》中说："谦逊的品德使处于尊位的人更加光荣。"《老子》中说："不自夸所以能见功。"谦逊的人在于把自身放低，在高位能屈就低位，自身圣明却愿听从鄙陋者的意见。不自夸在于有功而不炫耀，有德而不称述，归于谦虚退让。满足于自己的贤明，夸耀功绩和优点，是俗人的常情，却是圣人所厌恶的。炫耀功绩的人，即使得到奖赏也还要述说辛劳，内心还是感到不满足；自夸德行的人，即使得到很多的奖赏，也还是会埋怨所得太少，因而抱怨和不满的情绪就会产生，急于与人攀比的姿态就会显现，恃才夸功的风气形成，忧患灾难的端倪就会产生。君子则不是这样，他们受人敬重却能够把谦虚退让作为根本，不炫耀功绩，不自夸德行，放下功绩而功绩却一直存在，忽略德行而德行始终保全。心中忘记自己的美德，因而能够以德待物；心中总念着自己有德，因而想以德行胜过他人。

是以情存功善，非心谦也；口虚托谦，岂非矫乎[①]？心遗功善，非矜伐也；口及其善，岂非实乎？故心存功善，口虽不言，未免矜伐；心舍功善，口虽明言，无伤于谦。故夏禹昌言，明称我功[②]；咎繇陈谟，云说我惠[③]，岂其矜功而存惠哉[④]！

【注释】

①矫：假托，诈称。

②夏禹昌言，明称我功：据《尚书·皋陶谟》，帝舜让禹谈一谈自己的高见。禹便讲述了自己跋山涉水，治理洪水，然后与稷一起播种百谷，因而使"烝民乃粒，万邦作乂"，即让民众吃饱饭，天下得以太平的功绩。昌言，直言无隐。

③咎繇（gāo yáo）陈谟（mó），云说我惠：据《尚书·皋陶谟》，皋陶向舜帝阐述了修身安民的各种方法谋略，最后说："朕言惠可底行。"即他的话很明智，可以实行。咎繇，即皋陶，传说为虞舜时

大臣。谟,谋略,计谋。

④惠:通“慧”,聪慧。

【译文】

所以心里总念着自己的功德,并不是发自内心的谦虚;即使口头假意表示谦虚,难道不是伪饰吗?心中忘记自己的功德,便不会恃才夸功;即使口头提及,难道不也是实情吗?因而心里念着自己的功德,即使不说出来,也难免炫耀;心里放下自己的功德,即使陈述其事,也并不影响谦虚。所以夏禹直言不讳,称述自己的功德;咎繇陈述谋略,表现自己的智慧。难道他们是炫耀功德、显摆智慧吗!

夫言善非伐,而伐善者每称其善;言惠非矜,而矜惠者常存其惠。圣人知人情尚贤而好伐,故发言裁典[①],多由谦退,所以弃其骄夸,竞垂世则也[②]。

【注释】

①裁典:此当指孔子删述整理经典之事。

②竞:通“竟”,最终。垂:留传。世则:世人的法则。

【译文】

称述功德不一定是自夸,但自夸之人一定会称述功德;表现智慧不一定是炫耀,但是夸耀之人常常要显摆智慧。圣人懂得人性本是崇尚贤德喜欢炫耀,因此发表言论,整理经典,都推崇谦恭退让,就是为了摒弃自夸炫耀之风,最终流传下去作为世人践行的法则。

大质章三十六

火之性也,大寒惨凄,凝冰裂地,而炎气不为之衰;大热烜赫，燋金烁石，而炎气不为之炽者，何也？有自然之质，而寒暑不能移也[①]。故丹可磨而不可夺其色，兰可燔而不可灭其馨[②]，玉可碎而不可改其白，金可销而不可易其刚[③]，各抱自然之性，非可强变者也。士有忠义之性，怀贞直之操，不移之质，亦如兹者也。

【注释】

①"火之性也"以下十句：《淮南子·诠言》："夫寒之与暖相反，大寒地坼水凝，火弗为衰其热；大暑烁石流金，火弗为益其烈。寒暑之变，无损益于己，质有定也。"烜赫，声势盛大。燋（zhuó）金烁石，将金石烧到熔化，形容非常炎热。燋，同"灼"，火烧。烁，通"铄"，销熔。

②丹可磨而不可夺其色，兰可燔（fán）而不可灭其馨：《拾遗记·后汉录》："夫丹石可磨而不可夺其坚色，兰桂可折而不可掩其贞芳。"丹，赤色的矿石，可以制成颜料。兰，兰草。燔，焚烧。

③销：熔化。

【译文】

火的本性，在天气极寒、结冰裂地时，热气也不因此而衰减；天气酷热、金石可熔时，热气也不因此旺盛。为什么呢？这是源于它的本质，冷热的环境并不能使之改变。就像赤色的矿石可以打磨却不能改变它的坚硬颜色，兰草可以焚烧却不能消灭它的芳香，玉石可以粉碎却不能改变它的白净，金属可以熔化却不能改变它的刚硬，各自保有自然属性，不可以强制改变。志士具有忠诚仁义的本性，怀抱忠贞正直的节操，他们不变的品质，也正是如此。

是以生苟背道，不以为利；死必合义，不足为害。故不趋利而逃害[①]，不忻生而憾死[②]，不可以威胁而变其操，不可以利诱而易其心。昔子闾之劫也，拟之白刃而其心不倾[③]；晏婴之盟也，钩以曲戟而其志不回[④]。不可以利害移其情矣。

【注释】

①不趋利而逃害：《庄子·齐物论》："不就利，不违害。"

②不忻（xīn）生而憾死：《庄子·大宗师》："不知说生，不知恶死。"忻，同"欣"，心喜。

③昔子闾之劫也，拟之白刃而其心不倾：据《左传·哀公十六年》，白公想把子闾立为楚王，子闾不答应，白公于是用武力威逼他。子闾说："王孙如果能安定楚国，扶正王室而庇护百姓，这就是我的愿望，怎么敢不服从呢？如果只顾私利而使王室倾覆，不顾楚国，那么我宁死也不服从。"于是白公杀死了子闾。子闾，楚平王之子启，字子闾，五次推辞王位。拟，比划。

④晏婴之盟也，钩以曲戟而其志不回：据《晏子春秋·内篇杂上》，崔杼杀害了齐庄公而立景公，晏子仰天长叹："崔子犯上作乱，杀害君王，如果我不支持公室却亲附于他，会不吉祥。"崔杼对晏子说："改变你所说的话，我将与你一起统治齐国；否则，戟就在脖子上，剑就在心口。"晏子说："用刀剑来威胁我，如果我丧失意志，这是不勇；用利益诱惑我，如果我背叛君王，这是不忠。即使用刀剑胁迫，用兵器进攻，我也不会改变！"

【译文】

违背道义而生，不算作有利；顺应道义而死，不算作有害。因而不要总是趋向有利的而避开有害的，不要高兴活着而痛恨死亡，不要因为被威胁而改变操守，不要因为利益的诱惑而改变初心。从前子闾遭到威逼，面对举起的刀子而内心不改；晏婴面对违心结盟，曲戟钩在脖子上也不转变意志。所以不可以因为利害关系而改变情操。

夫士有忠义之行，践绳墨之节[①]，其于为作[②]，乃无异于众人。及至处患蹈难[③]，而志气贞刚，然后知其殊也。譬如钟山之玉[④]，寒岭之松，比之瑌珉梓柳无殊也[⑤]。及其烧以炉炭，三日而色润不改[⑥]，处于积冰，终岁而枝叶不凋，然后知其异于他玉众木也。

【注释】

①绳墨：比喻规矩或法度。

②为作：犹作为，行为。

③蹈难：经受危难。

④钟山：山名，在昆仑西北。一说即昆仑。其地多产美玉。

⑤瑌（ruǎn）：似玉的美石。珉（mín）：似玉的美石。梓：落叶乔木，木材可供建筑及制造器物之用。

⑥及其烧以炉炭，三日而色润不改：《淮南子·俶真》："譬若钟山之玉，炊以炉炭，三日三夜而色泽不变。"

【译文】

志士有忠诚仁义的品行，循规蹈矩的节操，在日常行为中，和多数人没有什么不同。在面临危难之时，可见其节操纯贞刚正，然后才知道他们的与众不同。就像钟山的玉石，寒岭的松树，与瑌、珉和梓树、柳树相比并没有什么特殊之处。把钟山之玉放在炉炭中焚烧，三天后色泽依然润泽而不改变；松树处于经久不化的寒冰之中，枝叶整年都不凋零，然后才知道它们与其他玉石和树木是不一样的。

故袒裼暴虎[①]，而后勇气发焉；超腾绝坂[②]，而后迅梗露焉；手提万钧，而后多力见焉；处难践患，而后贞勇出焉。不用干将[③]，奚以知其锐也；不引乌号[④]，奚以知其劲也。劲锐之质，卓然易见⑤，犹因人获显，况乃志行难睹，曷得不因事而后明乎？

【注释】

①袒：脱去上衣。褐：粗布或粗布衣服。暴虎：空手与虎搏斗。

②超腾：跳跃，翻腾。坂：山坡，斜坡。

③干将：古代宝剑名。干将、莫邪是干将、莫邪夫妻二人铸的两把剑。干将是雄剑，莫邪是雌剑。

④乌号：良弓名。《淮南子·原道》："射者扜乌号之弓。"高诱注："乌号，桑柘，其材坚劲，乌峙其上，及其将飞，枝必桡下，劲能复巢，乌随之，乌不敢飞，号呼其上。伐其枝以为弓，因曰乌号之弓也。"

⑤卓然：出众的样子。

【译文】

因而脱去上衣空手与猛虎搏斗，才表现出无所畏惧；翻腾越过山坡，才表现出快捷迅猛；手提万钧重物，才表现出力大无比；遭遇危难祸患，才表现出坚定忠勇。不使用干将宝剑，怎么知道它的锋利；不拉开乌号良弓，怎么知道它的坚强有力。坚强、锋利的本质，本来显而易见，但还需要借助人来呈现，何况志向和品行，都是很难鉴察的，怎么能不通过事情而体现呢？

卷八

【题解】

本卷讨论关于交往行为及交战策略等方面的问题，包括《辨施》《和性》《殊好》《兵术》《阅武》《明权》六章。

《辨施》谓分辨施予行为。关于施予，文章描述了两个耐人寻味的现象：其一，人们认为一个人可能或应当做出善举，往往是依据他所拥有的财力，而不是他本身是否具有施予之心；其二，人能否施予他人，有时不完全源于善良的本心，很大程度上取决于自身的境遇和需求的程度。总之，一个人衣食饶足就很容易被认为拥有善心；反之，没有足够的能力帮助他人时，即便有善心也往往会被掩盖。这些道理也适用于相人求贤之事——选用人才不应以贫富贵贱、俭吝疏慢等表面现象进行评判，而要体察其是否具有真正的才能和德行。

《和性》谓调和性情。种种事例说明，性情过于软弱、刚烈、迟缓、急躁都将引起麻烦，因而要理性，“刚而不猛，柔而不懦，缓而不后机，急而不懁促”，如智者一样“宽而栗，严而温，柔而毅，猛而仁”，以致“强弱相参，缓急相弼”。当然，这也是一个不断认识自我和完善自我的过程。

《殊好》谓特殊偏好。人与物有不同的特质和习性，并存在不同的偏好。人的审美有客观性和共同性，但也存在明显的主观因素和个性特征，表现为不同主体异于常人的偏好，因而对个人的不同感受应给予相应的尊重和包容，但缺乏基本标准的“以皂为白，以羽为角，以苦为甘，以臭为香”的颠倒好坏的倾向，则不可提倡。

《兵术》谓兵法及战术。本章阐述作者对于交战的一些观点。首先，战争劳民伤财，“修正道而服人”才是王者用兵的高明之道；其次，将领“以全国为重，以智谋为先”，才会取得“用奇出于不意”的效果；再次，“仁恩洽而赏罚明”，“均寒暑”“齐劳逸”“同饥渴”“共安危”，才能求得同心协力、视死如归的志士。本章多处事例承袭《左传》和《史记》，一些语句承袭《孙子》和《淮南子》的相关内容，对施政者合理用兵有所启示。

《阅武》谓讲习武事。“亟战则民凋，不习则民怠”，施政者不可轻易发动战争，但要坚持习武练兵。“因于闲隙，大阅简众，缮修戎器”，培养民众的尚武精神则可以“为国豫备”。与《兵术》章相承，本章对于练兵方式、用兵程序、带兵经验等进行了详细论述，主张治正义之师，而其主旨则是阐述军队在维护封建统治秩序中的作用。

《明权》谓权宜行事。“权”即“临危制变”，往往“反于经而合于道，反于义而后有善”。“溺而捽父”是“权之所设”，“大义灭亲”是“以义权亲”。对于“道”与“权”的关系，“自非贤哲，莫能处矣”。本章对儒家思想中的“权”与“义”等重要问题有着简明而精辟的论述。

本卷内容主要涉及端正行为和探讨兵事。特别强调了兵法中“为将”和“练兵”两个重要因素以及权衡事态、决谋机速等要义。

辨施章三十七

夫山皋非为鸟植林，林茂而鸟自栖之；江湖非为鱼凿潭，潭深而鱼自归之[①]；处世非为人积财，财积而人自依之。非其所招，势使然也。

【注释】

①“夫山阜非为鸟植林”以下四句:《荀子·致士》:“川渊深,而鱼鳖归之;山林茂,而禽兽归之。”山阜,土山,泛指山岭。

【译文】

山岭的树林不是为鸟而栽种,但树林茂盛鸟就自然来栖息;江河的水潭不是为鱼而开凿,但潭水深广鱼就自然来聚集;所居之地不会为人而积累财富,但资源丰富的地方人们自然就依存于这里。这并非这些地方主动招揽所致,而是形势使其如此。

怀璧之子,未必能惠[①],而人竞亲者,有惠人之资也;被褐之士[②],性能轻财,而人皆疏之者,无惠人之资也。今富而俭吝[③],犹见亲敬;贫而仁施,必见疏慢。非行之失,彼情变也。策驷登山[④],不得直辔而行[⑤];泛舟入海,不得安身而坐。何者?山路迂回,海水沦波[⑥],行者欲直,而路曲之;坐者欲安,而水荡之;仁者欲施,而贫遏之。富而赈物[⑦],德不为难;贫而俭啬,行非为过。

【注释】

①惠:惠赠,给予好处。

②被褐:身穿粗布短衣,谓处境贫困。

③俭吝:悭吝,吝啬。

④策:用鞭棒驱赶骡马役畜等。驷:古代同驾一辆车的四匹马。此指车辆。

⑤辔:驾驭牲口的嚼子和缰绳。

⑥沦波:水波。此指荡漾。

⑦赈:救济。

【译文】

怀藏玉璧的人，未必能把宝物赠与他人，但人们争相接近他，是因为他有赠与的资本；穿粗布短衣的贫困之人，本性轻视钱财，但人们都疏远他，是因为他没有施予的资本。如今富有却吝啬的人，还是能够被亲近和敬重；贫困却施行仁义的人，却会遭到疏远和怠慢。并不是他们的行为失当，而是情形发生了变化。驱马登山，不可能笔直前行；行船入海，不可能安稳静坐。为什么呢？山路弯弯绕绕，海水波涛荡漾，行人想要走直路，但山路使他拐弯；坐船的人想要安坐，但海水让他动荡；仁义者想要施予他人，但贫困限制他这样做。富有者救济他人，算不上难得的品行；因贫困而节俭吝啬，也不能说是行为有错。

天之道损有余①，人之情矜不足也②。昆山之下，以玉抵乌；彭蠡之滨，以鱼食犬③。而人不爱者，非性轻财，所丰故也。挈瓶丐水④，执萑求火⑤，而人不吝者，非性好施，有余故也。口非匏瓜，不能不食⑥，身非木石，不得不衣。食不满腹，岂得辍口而惠人⑦？衣不蔽形，何得露体而施物？非性俭吝，不足故也。饥馑之春，不赈朋戚；多稔之秋，飨及四邻。不赈朋戚，人之恶行；惠及四邻，人之善义。善恶之行，不出于性情，而系于饥穰也。以此观之，太丰则恩情生，窭乏则仁惠废也⑧。

【注释】

①天之道损有余：《老子·第七十七章》："天之道，损有余而补不足。"

②矜：怜悯，怜惜。

③"昆山之下"以下四句：《论衡·定贤》："昆山之下，以玉为石；彭

蠡之滨，以鱼食犬豕。”抵，此处指击打。彭蠡，彭蠡湖，即今鄱阳湖，在今江西北，长江以南。食，通“饲”，喂养。

④挈（qiè）：用手提着。丐：乞求。

⑤萑（huán）：芦类植物。

⑥口非匏（páo）瓜，不能不食：《论语·阳货》：“吾岂匏瓜也哉，焉能系而不食？”匏瓜，葫芦。

⑦辍：放下，舍弃。

⑧“饥馑之春”以下十四句：《论衡·治期》：“饥岁之春，不食亲戚；穰岁之秋，召及四邻。不食亲戚，恶行也；召及四邻，善义也。为善恶之行，不在人质性，在于岁之饥穰。由此言之，礼义之行，在谷足也。”饥馑，灾荒，饥荒，五谷收成不好叫“饥”，蔬菜和野菜吃不上叫“馑”。稔（rěn），庄稼成熟。飨（xiǎng），指用酒食招待人。穰（ráng），丰年。窭（jù）乏，穷困，贫乏。

【译文】

自然规律就是减少多余的，人之常情就是怜悯不足者。昆山之下，拿玉石打乌鸦；彭蠡之滨，用鱼来喂狗。人们不吝惜玉和鱼，并非本性轻视财物，而是这两者在当地数量多的缘故。提着瓶子要水，抱着萑苇求火，人们不会吝惜给予，并不是本性喜欢施舍，是因为自己有剩余的缘故。人的嘴不是葫芦，不能不吃东西；身体不是木头和石头，不能不穿衣服。如果自己不能填饱肚子，怎么能舍弃自己的食物而给予别人呢？如果衣服不足以遮蔽自己的身体，哪能裸露自己的身体而把衣物施舍给别人呢？并不是本性吝啬，而是因为衣食不充足的缘故。饥荒的春天，不会用财物去救济亲戚朋友；丰收的秋季，却舍得用酒食款待左邻右舍。不拿财物去救济亲戚朋友，是人的恶劣行为；施恩惠给左邻右舍，是人的善良道义。行为的善恶，不决定于人的品质，而与收成的好坏紧密相关。由此看来，富足往往让人产生恩情，贫乏常常使人抛弃仁义。

相马者，失在于瘦，求千里之步亏也；相人者，失在于贫，求恩惠之迹缺也[①]。轻财之士，世非少也，然而不见者，贫掩之也。德行未著[②]，而称我能，犹足不能行而卖躄药[③]，望人信之，实为难矣！

【注释】

①“相马者”以下六句：《文子·上仁》：“相马失之瘦，选士失之贫。”

②著：显明，显出。

③躄（bì）：跛脚。

【译文】

观察马，往往错在只看到马的瘦弱，以为它没有驰骋千里的力量；观察人，常常只看到人的贫穷，以为他没有施行恩惠的条件。轻视钱财的人，世上并不稀少，然而没有被发现，是因为被贫困的处境所掩盖。德行没有显现，便宣扬自己能干，就像脚不能行走却卖治疗跛脚的药物，希望人们相信，实在是很难啊！

和性章三十八

夫欧冶铸剑[①]，太刚则折，太柔则卷[②]。欲剑无折，必加其锡[③]；欲剑无卷，必加其金[④]。何者？金性刚而锡质柔。刚柔平分，则为善矣。良工涂漆，缓则难晞[⑤]，急则弗牢。均其缓急，使之调和，则为美也。人之含性，有似于兹[⑥]。刚者伤于严猛[⑦]，柔者失于软懦[⑧]，缓者悔于后机[⑨]，急者败于懁促[⑩]。故铸剑者，使金不至折，锡不及卷；制器者，使缓而能晞，急而能牢；理性者，使刚而不猛，柔而不懦，缓而不后机，急而不懁促。故能剑器兼善而性气淳和也[⑪]。

【注释】

①欧冶：即欧冶子，春秋时著名铸剑工。

②太刚则折，太柔则卷：《淮南子·泛论》："太刚则折，太柔则卷，圣人正在刚柔之间，乃得道之本。"

③锡：一种金属，银白色，质软，富有延展性。

④金：铜。

⑤晞：干，干燥。

⑥兹：这，这个。

⑦严猛：严厉暴躁。

⑧软懦：软弱，怯懦。

⑨后机：谓处理事情错过时机。

⑩懁（xuān）促：急迫。

⑪性气：性情，脾气。

【译文】

欧冶铸造宝剑，过于坚硬就会折断，过于柔软就会卷曲。想要使剑不折断，就要加入锡；想要使剑不卷曲，就要加入铜。为什么呢？铜性坚硬而锡质柔软。坚硬和柔软达到均衡，就恰到好处了。工匠涂抹油漆，动作慢就会使油漆不易干，动作快就会使油漆不粘固。调整动作的快慢，使之均匀，就尽善尽美了。人的性情，也类似于此。刚强的人往往过于严厉，柔和的人常常失之懦弱，迟缓的人常因错失时机而后悔，性急的人常因做事急迫而失败。所以铸造宝剑，要让铜的比例不至于使剑折断，锡的比例不至于使剑卷曲；给器物刷漆，动作慢时要确保油漆晾干，动作快时要确保油漆粘固；调理性情，要做到刚强而不暴躁，柔和而不懦弱，宽缓而不犹豫，紧迫而不急促。这样才能使宝剑器物品质优良，使人的性情仁厚平和。

昔徐偃王软而国灭①，齐简公懦而身亡②，此性太柔之失也。晋阳处父以纯刚致害[3]，郑子阳以严猛致毙[4]，此性太刚之过也。楚子西宽而招败[5]，郏庄公懦而自祸[6]，此性偏急之灾也。西门豹性急，佩韦皮以自缓；董安于性缓，带丝弦以自急[7]。彼各能以一物所长，攻其所短也。

【注释】

①徐偃王软而国灭：据《后汉书·东夷传》，徐偃王好施行仁义之道，因而朝拜他的国家有三十六个，结果楚文王率大军灭了徐国。史称"偃王仁而无权，不忍斗其人，故致于败"，即讲仁义而不懂权变，不忍心让人民参加战斗，所以大败亡国，盖因性情过于仁弱。徐偃王，春秋时期徐国国君，一说与周穆王同时。事略见《韩非子》《史记》《淮南子》《说苑》等书。

②齐简公懦而身亡：据《左传·哀公十四年》，齐简公即位后，任用自己的宠臣阚止与权臣陈成子共同执政，有人说二人不能并存，劝齐简公二选一，齐简公不听。后来二人果然发生矛盾，陈成子杀了阚止和齐简公。齐简公，名壬，春秋末年齐国君主。

③晋阳处父以纯刚致害：据《左传·文公六年》，晋国太傅阳处父，强行改变经过大蒐礼确定的执政大臣人选，以自己的党徒赵盾代替贾季，后来贾季派人刺杀了阳处父。阳处父，春秋时晋国大夫，时人评价其为人"以刚"，即太过刚强。

④郑子阳以严猛致毙：据《吕氏春秋·适威》，子阳过于严厉，有人路过而折断弓箭，担心必死无疑，于是杀死了子阳。郑子阳，郑国大臣。毙，死。

⑤楚子西宽而招败：据《左传·哀公十六年》，楚国令尹子西对白公胜很好，让他领兵镇守吴楚边境。白公胜之父被郑国杀害、因而请求出兵伐郑。这时晋国伐郑，子西反而出兵救郑，白公胜很不

满，扬言要杀子西等人。子西听后，认为自己待白公胜很好，而且自己死后，白公胜就可继任令尹，不相信白公胜会心急杀他，最终被白公胜杀害。

⑥邾庄公懁而自祸：据《左传·定公三年》，邾庄公脾气急躁而且有洁癖，有一次看见有人往宫廷的院子里倒水，很生气，那人说是因为夷射姑在这里小便，所以要洒水清洗。邾庄公便下令捉拿夷射姑，没抓到，更加生气，从床上跳下来，摔入火炉的炭火中，被烫伤，最终伤口溃烂而死。邾庄公，即曹穿，春秋时邾国君主。

⑦"西门豹性急"以下四句：《韩非子·观行》："西门豹之性急，故佩韦以自缓；董安于之心缓，故佩弦以自急。"西门豹，战国时魏国人，魏文侯时任邺令，使邺城成为魏国的东北重镇。韦，经去毛加工制成的柔皮。董安于，字阏于，春秋时晋卿赵鞅的家臣，古代晋阳城的建造者。弦，系在弓背两端、能发箭的绳状物。

【译文】

从前徐偃王因软弱而使国家覆灭，齐简公因懦弱而使自己身亡，这是性格过于柔弱所造成的过失。晋国的阳处父因刚强而招致祸害，郑国的子阳因严厉而导致丧命，这是性格过于刚烈所造成的过失。楚国的子西因宽缓而招致失败，邾庄公因急躁而遭遇灾难，这是性格过于焦躁而造成的灾害。西门豹性格急躁，所以经常佩带柔软的熟皮，提醒自己宽缓下来；董安于性情迟缓，所以经常佩带绷紧的丝弦，提醒自己紧张起来。他们都能用一样东西的特点来克制自己的短处。

故阴阳调，天地和也；刚柔均，人之和也。阴阳不和则水旱失节①，刚柔不均则强弱乖政②。水旱失节则岁败③，强弱乖政则身亡。是以智者宽而栗，严而温，柔而毅，猛而仁④。刚而济其柔⑤，柔而抑其强，强弱相参⑥，缓急相弼⑦。

以斯善性，未闻迕物而有悔吝也[8]。

【注释】

①失节：失去调节、控制。

②乖：不顺，不和谐。

③岁：年景，一年的农事收成。

④“是以智者宽而栗”以下四句：《尚书·尧典》：“直而温，宽而栗，刚而无虐，简而无傲。”又《淮南子·泛论》：“故圣人之道，宽而栗，严而温，柔而直，猛而仁。”栗，庄敬，严肃。

⑤济：补益。

⑥参：相间，夹杂。

⑦弼：辅助。

⑧迕物：犹忤物。触犯他人。悔吝：悔恨。

【译文】

因此阴阳协调，则天地和谐；刚柔均衡，则人心和乐。阴阳不协调，水旱就会失去控制；刚柔不均衡，政令就会宽严失当。水旱失去控制，则导致年成不好，政令宽严失当，则导致自己灭亡。因而明智之人宽宏而庄敬，严厉而温厚，柔和而刚毅，勇敢而仁爱。以刚补柔，以柔制强，强弱相间，缓急相济。怀有这样美好的性情处世，没有听说会触犯他人而有所悔恨的。

殊好章三十九

累榭洞房，珠帘玉扆，人之所悦也，鸟入而忧；耸石巉岩，轮菌纠结，猿狖之所便也，人上而栗；《五韺》《六韶》，《咸池》《箫韶》，人之所乐也，兽闻而振；悬濑碧潭，澜波汹涌，鱼龙之所安也，人入而畏[1]。飞鼯甘烟[2]，走貊美铁[3]，鸡日嗜蛇④，人好刍豢⑤。鸟兽与人受性既殊⑥，形质亦异⑦，所居隔绝，嗜好不同，未足怪也。

【注释】

①“累榭洞房”以下十六句：《淮南子·齐俗》：“广夏阔屋，连闼通房，人之所安也，鸟入之而忧；高山险阻，深林丛薄，虎豹之所乐也，人入之而畏；川谷通原，积水重泉，鼋鼍之所便也，人入之而死；《咸池》《承云》，《九韶》《六英》，人之所乐也，鸟兽闻之而惊；深溪峭岸，峻木寻枝，猿狖之所乐也，人上之而栗。”榭，建筑在高台上的房屋。洞房，深邃的内室。扆（yǐ），古代宫殿内设在门和窗之间的大屏风。巉（chán）岩，一种陡而隆起的岩石。轮菌，又作“轮囷”，盘曲的样子。纠结，互相缠绕。猿狖（yòu），泛指猿猴。栗，因恐惧而发抖。《五韺》，又作《五英》，乐曲名，相传为帝喾所作。《六韹（jīng）》，又作《六茎》，传说为颛顼之乐。《咸池》，相传为尧乐，一说为黄帝之乐，尧增修沿用。《箫韶》，舜所制的乐曲。振，通“震”，犹谓惊恐。悬濑，悬注急流，瀑布。

②飞鼯（wú）：即鼯鼠。哺乳动物，形似松鼠，能从树上飞降下来。住在树洞中，昼伏夜出。

③貊（mò）：古书上的一种野兽。据《后汉书·南蛮西南夷列传》注引《南中八郡志》：“貊大如驴，状颇似熊，多力，食铁，所触无不拉。”

④鸩（yùn）日：鸩鸟的别名，又作“运日”。据《山海经·中山经》郭璞注：“大如雕，紫绿色，长颈赤喙，食蝮蛇头。雄名运日，雌名阴谐也。”

⑤刍豢（chú huàn）：指牛、羊与犬、猪等。刍，吃草的家畜。豢，食谷的家畜。

⑥受性：秉性，生性。

⑦形质：外形和本质。

【译文】

层叠的木屋，深邃的内室，串珠的帘幕，玉饰的屏风，是人乐于居住的地方，但鸟飞入其中就会感到忧惶；耸立隆起的岩石，弯曲缠绕的枝藤，猿猴觉得生活很便利，但人在其上就会产生恐惧；《五韺》《六茎》《咸池》《箫韶》是人们喜爱的乐曲，但野兽听到就会惊惶而逃；瀑布碧潭，水流翻腾，鱼、龙在里面十分安适，但人进入就会感到害怕。鼯鼠喜欢吃烟，貊喜欢吃铁，鸩鸟喜欢吃蛇，人喜欢食用家畜。鸟兽与人生性不同，外形和本质也不一样，居所互相隔离，爱好有所不同，并不值得奇怪。

人之与人，共禀二仪之气①，俱抱五常之性②，虽贤愚异情，善恶殊行，至于目见日月，耳闻雷霆，近火觉热，履冰知寒，此之粗识，未宜有殊也。声色芳味，各有正性③，善恶之分，皎然自露④。不可以皂为白⑤，以羽为角⑥，以苦为甘，以臭为香，然而嗜好有殊绝者⑦，则偏其反矣⑧。非可以类推，弗得以情测，颠倒好丑，良可怪也⑨。

【注释】

①禀：承受。二仪：指天地。

②五常：指五行。

③正性：自然的禀性，纯正的禀性。

④皎然：清晰分明的样子。

⑤皂：黑色。

⑥羽：古代五音之一。角：古代五音之一。

⑦殊绝：差别，差异。

⑧偏其反矣：完全相反。偏，通“翩”。

⑨良：确实。

【译文】

每一个人，都是共同接受天地之气，具有自然赋予的本性，即使贤良愚蠢的性情各异，善良恶劣的行为不同，但至于眼睛能看到日月，耳朵能听见雷声，靠近火会觉得热，踩在冰上会觉得冷，这样粗浅的认知，并不应该有什么不同。声色味道，各有特性，好坏之分，清晰分明。不会把黑色当作白色，把羽音当作角音，把苦味当作甜味，把臭味当作香味，然而喜好与众不同的人，就完全相反了。不能根据同类事物来推断，无法用常情来揣测，把美好与丑陋完全颠倒，确实是令人奇怪啊。

赪颜玉理①，盼视巧笑②，众目之所悦也。轩皇爱嫫母之魋貌，不易落慕之丽容③；陈侯悦敦洽之丑状，弗贸阳文之婉姿④。炮羔煎鸿⑤，臛蠵臑熊⑥，众口之所嗛也⑦。文王嗜菖蒲之菹，不易龙肝之味⑧。《阳春》《白雪》，《噭楚》《采菱》⑨，众耳之所乐也。而汉顺帝听山鸟之音，云胜丝竹之响⑩；魏文侯好槌凿之声，不贵金石之和⑪。郁金玄胆⑫，春兰秋蕙⑬，众鼻之所芳也。海人悦至臭之夫，不爱芳馨之气⑭。若斯人者，皆性有所偏也。执其所好而与众相反，则倒白为黑，变苦成甘，移角成羽，佩莸当薰⑮，美丑无定形，爱憎无正分也⑯。

【注释】

①赪（chēng）颜：犹红颜。指美色。玉理：玉的纹理。比喻肌肤纹理温润密致。

②盼视巧笑：《诗经·卫风·硕人》："巧笑倩兮，美目盼兮。"盼视，谓眼波流动。巧笑，美好的笑容。

③轩皇爱嫫母之魌（qī）貌，不易落慕之丽容：据《吕氏春秋·遇合》，嫫母侍奉黄帝，黄帝说："劝勉品德而不忘，端正行止而不懈，即使长得丑陋又有什么关系呢？"轩皇，指黄帝轩辕氏。嫫母，传说中黄帝之妻，貌极丑。魌，古代驱疫鬼时扮神的人所戴的面具。落慕，传说中的古代美女。

④陈侯悦敦洽之丑状，弗贸阳文之婉姿：据《吕氏春秋·遇合》，陈国有一个丑陋的人，名叫敦洽仇麋，她长得尖顶宽额，面色黑红，双眼下垂靠近鼻子，胳膊很长而腿向两侧弯曲。陈侯一看到他就特别喜欢，在居室外让她治理国家，在居室之内让她负责自己的饮食起居。陈侯，即周代陈国国君，妫姓，帝舜后裔。敦洽，古代丑女，因其敦厚和合与人无仇，所以得名。贸，改变。阳文，古代美女。

⑤炮（páo）：古烹饪法的一种，用烂泥等裹物而烧烤。鸿：大雁。

⑥臛（huò）：烹煮。蠵（xī）：蠵龟，一种海产的大龟。臑（ér）：通"胹"，煮烂。熊：此指熊掌。

⑦嗛（qiè）：同"慊"，满足，快意。

⑧文王嗜菖蒲之菹（zū），不易龙肝之味：《吕氏春秋·遇合》："文王嗜菖蒲菹。"文王，指周文王。菖蒲，水生植物，有香气，地下有根茎，可作香料，又可作健胃药。菹，腌菜。龙肝，喻指珍美稀有的佳肴。

⑨《阳春》《白雪》，《嗷楚》《采菱》：均为古乐名。嗷，通"激"。

⑩汉顺帝听山鸟之音，云胜丝竹之响：据阮籍《乐论》，顺帝上恭陵，过樊衢，听见鸟鸣而悲泣感慨，于是让身边的人吟唱，并以乐器模仿出这种声音。汉顺帝，即刘保，东汉皇帝。丝竹，弦乐器和竹管乐器。

⑪魏文侯好槌凿之声，不贵金石之和：《抱朴子内篇·辨问》："魏明好椎凿之声，不以易丝竹之和音。"此或误以魏明帝事为魏文侯

事。魏文侯,战国时魏国开国君主。据《礼记·乐记》,魏文侯自称听古乐则昏昏欲睡,听郑卫之音则不知疲倦。槌凿,用槌子凿子敲击凿通。金石,钟磬类乐器。

⑫郁金:多年生草本植物,夏季开花。有纺锤状肉质块根,黄色,有香气。中医以块根入药,古人亦用作香料。玄胆:一本作“玄憺”。《抱朴子内篇·辨问》:“人鼻无不乐香,故流黄郁香、芝兰苏合、玄胆素胶、江离揭车、春蕙秋兰,优同琼瑶。”当为此处所本。玄胆,疑为一种香物。

⑬蕙:香草名。

⑭海人悦至臭之夫,不爱芳馨之气:据《吕氏春秋·遇合》,有个人体臭很重,没人能和他一起居住,他自感苦闷而居住在海上。海上有一个人喜欢他的体臭,日夜跟随着他而不肯离开。芳馨,芳香。

⑮莸(yóu):古书上指一种有臭味的草。薰:古书上说的一种香草。

⑯正分:确定的标准。

【译文】

红润的脸颊,如玉的肌肤,流动的眼波,美好的笑容,是众人都会喜欢的。轩辕黄帝喜爱嫫母的丑陋,不为落慕的美丽而动心;陈侯喜欢敦洽的丑陋,不因阳文的柔美而改变。烧烤的羊羔、烹炸的大雁、烹煮的蠵龟、煮烂的熊掌,是人们都享受的美味。而周文王却喜爱用菖蒲腌菜,而不喜欢稀有的美味佳肴。《阳春》《白雪》《噭楚》《采菱》,是众人都喜欢的乐曲。而汉顺帝听到山中鸟鸣,说那远远胜过丝竹乐器的声音;魏文帝喜好槌子凿子敲击的声音,不看重钟磬乐器的和鸣。郁金、玄胆、春兰、秋蕙,散发着众人都会喜爱的芳香。而海上有个喜欢体味恶臭的人,不喜爱芬芳的气息。像这些人,性情都较为独特。他们的爱好与多数人相反,于是会把白色看作黑色,把苦味当成甜味,把角音当成羽音,把臭莸当作香薰,使美丽与丑陋没有固定的区分,喜爱和憎恶没有确定的标准。

兵术章四十

太古淳朴①，民心无欲。世薄时浇②，则争起而战萌生焉。神农氏弦木为弧，剡木为矢，弧矢之利，以威天下②。其后蚩尤强暴③，好习攻战，销金为刃④，割革为钾⑤，而兵遂兴焉。黄帝战于涿鹿⑥，颛顼争于不周⑦，尧战丹水⑧，舜征有苗⑨，夏讨有扈⑩，殷攻葛伯⑪，周伐崇侯⑫。

【注释】

①太古：上古时代。

②世薄时浇：指社会风气浮薄。

③“神农氏弦木为弧”以下四句：据《周易·系辞下》：“神农氏没，黄帝、尧、舜氏作，……弦木为弧，剡木为矢，弧矢之利，以威天下。”则其事当为神农氏死后之事，《史记·五帝本纪》称“神农氏世衰……于是轩辕乃习用干戈”，则用兵之事始于轩辕黄帝。神农氏，上古传说中教人农耕，亲尝百草的人物。弦，安上弓弦。弧，木弓。剡（yǎn），削，削尖。

③“其后蚩尤强暴”以下五句：《史记·五帝本纪》：“而蚩尤最为暴，莫能伐。”蚩尤，传说中的古代九黎族首领，以金作兵器，与黄帝战于涿鹿，失败被杀。

④销：熔化金属。

⑤钾：铠甲。

⑥黄帝战于涿鹿：《史记·五帝本纪》：“于是黄帝乃征师诸侯，与蚩尤战于涿鹿之野，遂禽杀蚩尤。”涿鹿，地名，故城在今河北涿鹿南。

⑦颛顼（zhuān xū）争于不周：《淮南子·天文》：“昔者，共工与颛顼争为帝，怒而触不周之山，天柱折，地维绝。”颛顼，相传为黄帝之

孙，五帝之一。不周，神话传说中的山名。

⑧尧战丹水：《吕氏春秋·召类》："尧战于丹水之浦，以服南蛮。"丹水，俗称丹河，发源陕西，会淅水，流入汉水。

⑨舜征有苗：据《尚书·尧典》，舜曾"窜三苗于三危"，《吕氏春秋·召类》亦云"舜却有苗，更易其俗"。有苗，古代部族名，又作"三苗"。

⑩夏讨有扈：《史记·夏本纪》："有扈氏不服，启伐之，大战于甘。"讨，征伐，发动进攻。有扈，古国名。夏启立，有扈不服，灭之。《尚书·甘誓》据说即夏伐有扈的誓词。

⑪殷攻葛伯：《史记·殷本纪》："葛伯不祀，汤始伐之。"殷，此指商汤，商朝的建立者。葛伯，夏朝末年诸侯。

⑫周伐崇侯：《诗经·大雅·皇矣》："帝谓文王，询尔仇方，同尔弟兄。以尔钩援，与尔临冲，以伐崇墉。"即周文王伐崇之事。伐，征讨。崇，古国名。《史记·周本纪》正义引皇甫谧说："虞、夏、商、周皆有崇国，崇国盖在丰、镐之间。"约在今陕西西安鄠邑区一带。

【译文】

远古时期社会风气淳朴，民众无欲无求。后来社会风气浮薄，纷争发生以致出现战争。神农氏把木条拴上弦而做成弓，把木棍削尖做成箭，以弓箭的锋利来威服天下。其后蚩尤强横凶暴，喜欢进攻作战，将金属熔化做成刀，将兽皮切割做成铠甲，战争就这样兴起了。黄帝在涿鹿作战，颛顼在不周山作战，尧在丹水作战，舜征伐有苗，夏讨伐有扈，殷进攻葛伯，周征讨崇侯。

夫兵者，凶器；财用之蠹，而民之残也[①]。五帝三王弗能弭者，所以禁暴而讨乱，非欲耗财以害民也[②]。然众聚则财散，锋接则民残，势之所然也。故兵贵伐谋，不重交刃[③]。百战百胜，非用兵之善也。善用兵者，不战而胜，善之善也④。王者之兵⑤，修正道而服人；霸者之兵⑥，奇谲变而取胜⑦。

【注释】

①“夫兵者”以下四句：《左传·襄公二十七年》：“兵，民之残也，财用之蠹。”蠹，蛀蚀器物的虫子。

②“五帝三王弗能弭者”以下三句：《淮南子·兵略》：“自五帝而弗能偃也，又况衰世乎？夫兵者，所以禁暴讨乱也。”弭，平息，消除。

③兵贵伐谋，不重交刃：《孙子兵法·谋攻》：“上兵伐谋，其次伐交，其次伐兵，其下攻城。”交刃，刀兵相交，交战。

④“百战百胜”以下五句：《孙子兵法·谋攻》：“百战百胜，非善之善者也；不战而屈人之兵，善之善者也。”

⑤王者：以王道治天下的人。

⑥霸者：以武力称霸的人。

⑤谲变：诡诈权变。

【译文】

战争犹如凶器，消耗财物，残害民众。自五帝三王就没有消除战争，是为了禁止暴行，征讨叛乱，并非想要消耗财物而危害民众。但是人力聚集就要消耗财物，刀剑交锋就会伤害民众，这是势所必然的。因而作战贵在以谋略取胜，不在于交兵格斗。百战百胜，并不是最高明的用兵之道。善于用兵的人，不通过交战而能取得胜利，才是最高明的。以王道统治天下的人用兵，是通过施行正道来使人臣服；以武力称霸的人用兵，是运用诡计而取得胜利。

夫将者，国之安危，民之性命①，不可不重。故诏之于庙堂，授之以斧钺。受命既已，则设明衣，凿凶门②。临军之日，则忘其亲；援枹之时，则忘其身[③]。用能无天于上，无地于下，无敌于前，无君于后[④]。以全国为重，以智谋为先。

【注释】

①“夫将者”以下三句：《孙子兵法·作战》：“故知兵之将，民之司命，国家安危之主也。”

②“故诏之于庙堂”以下五句：据《淮南子·兵略》，国家有难时，“君自宫召将诏之曰：‘社稷之命在将军，即今国有难，愿请子将而应之。”然后择吉日在太庙授予将军旗鼓斧钺，然后将军乃“设明衣也，凿凶门而出”。斧钺，斧和钺，古代兵器，授予将帅，作为加重权力的象征。既已，已经完成。明衣，丧衣，死者殓前所穿的内衣。亦以丧礼处军事。凶门，古代将军出征时，凿一扇向北的门，由此出发，如办丧事一样，以示必死的决心。

③“临军之日”以下四句：《尉缭子·武议》：“将受命之日忘其家，张军宿野忘其亲，援枹而鼓忘其身。”援枹（fú），手持鼓槌，谓随时可以指挥进军。枹，同“桴”，鼓槌。

④“用能无天于上”以下四句：《尉缭子·武议》：“无天于上，无地于下，无主于后，无敌于前。”又《淮南子·兵略》：“其临敌决战，不顾必死，无有二心。是故无天于上，无地于下，无敌于前，无主于后，进不求名，退不避罪。”

【译文】

将领，关系着国家的安危，民众的性命，不能不重视。因而君王在宗庙颁布诏令，授予将领斧钺。将领接受诏命之后，就要摆出死后所穿的明衣，开凿以誓必死决心的凶门。将领出征作战之时，就忘记亲人；手持鼓槌指挥进军之时，就忘记自身。因此决战时不顾一切好像上面没有天，下面没有地，前面没有敌人，后面没有君主。以保全国家为重，以才智谋略为先。

故将者，必明天时，辨地势，练人谋[①]。明天时者，察七纬之情[②]，洞五行之趣[③]，听八风之动[④]，鉴五云之候[⑤]。辨地势者，识七舍之形[⑥]，列九地之势[⑦]。练人谋者，抱五德之美[⑧]，握二柄之要[⑨]。五德者，智、信、仁、勇、严也；二柄者，赏、罚也。智以能谋，信以约束，仁以爱人，勇以陵敌，严以镇众，赏以劝功，罚以惩过。

【注释】

①“故将者”以下四句：《淮南子·兵略》：“将者，必有三隧……所谓三隧者，上知天道，下习地形，中察人情。”练，经验多，精熟。

②七纬：日、月和金、木、水、火、土五星。

③洞五行之趣：此五字疑当位于“辨地势者”之下，此前后文俱言天时，而五行属于地势。

④八风：《吕氏春秋·有始》：“何谓八风？东北曰炎风，东方曰滔风，东南曰熏风，南方曰巨风，西南曰凄风，西方曰飂风，西北曰厉风，北方曰寒风。”

⑤五云：青、白、赤、黑、黄五种云色。古人视云色占吉凶丰歉。候：情况或征兆。

⑥七舍：室、堂、庭、门、巷、术、野七个处所。《淮南子·天文》：“何谓七舍？室、堂、庭、门、巷、术、野。”

⑦九地：用兵之九种地势。据《孙子兵法·九地》，有散地、轻地、争地、交地、衢地、重地、圮地、围地、死地。

⑧五德：指智、信、仁、勇、严。《孙子兵法·计》：“将者，智、信、仁、勇、严也。”

⑨二柄：指赏与罚。柄，权力，权柄。

【译文】

将领一定要掌握自然运行的时序，明辨地面高低起伏的形势，详熟作战的计谋和策略。掌握自然运行的时序，要观察日月星辰的运行，洞察五行的变化趋向，聆听八方所吹之风的动静，鉴别五色之云的征兆。明辨地面高低起伏的形势，要识别七个处所的外形，列举出九种地形的态势。详熟作战的计谋和策略，要持守五种德行的要义，把握两种权力的关键。所谓五德，是智慧、诚信、仁爱、勇敢、威严。所谓二柄，是奖赏和惩罚。以智慧激发谋略，以诚信约束下属，以仁爱对待他人，以勇敢降伏敌人，以威严安抚兵众，以奖赏激励功业，以刑罚惩治过失。

故智者，变通之源，运奇之府也①。兵者，诡道而行②，以其制胜也。是以万弩上彀，孙膑之奇③；千牛俱奔，田单之策④；囊土壅水，韩信之权⑤；曳柴扬尘，栾枝之谲⑥；舒车豕突，尹子之术⑦；云梯烟浮，鲁生之巧⑧。用奇出于不意⑨，少可以挫多，弱可以折强。况夫以众击寡，以明攻昧⑩。

【注释】

①运奇：运用奇谋、奇兵。府：谓聚集的地方。

②兵者，诡道而行：《孙子兵法·计》："兵者，诡道也。"

③万弩上彀（gòu），孙膑之奇：指马陵之战中，孙膑设计，万箭齐发射杀魏将庞涓事。据《史记·孙子吴起列传》，齐国派孙膑指挥军队与庞涓交战，孙膑以减灶损兵的假象迷惑庞涓。庞涓果然丢下步兵，只率轻装精锐的骑兵日夜兼程追击齐军。孙膑估计他们天黑应当赶到马陵。马陵道路狭窄，两旁又多是峻隘险阻，孙膑就叫人削去树皮，露出白木，写上"庞涓死于此树之下"。然后命令万名善于射箭的齐兵，埋伏在道两旁，约定天黑看见点着的火把就万箭齐发。庞涓果然当晚赶到削去树皮的大树下，看到白木上写着字，就点火把照看树干上的字。还没读完，齐军伏兵万箭

齐发，魏军大乱。庞涓自知无计可施，败局已定，于是拔剑自刎。弩，一种用机械力量射箭的弓，泛指弓。彀，张满弓。孙膑，战国时齐人，孙武的后代。被庞涓嫉妒而施以刖刑，后来作为齐威王的军师，指挥齐军在桂陵之战、马陵之战中大败魏军，有《孙膑兵法》传世。

④千牛俱奔，田单之策：指田单在即墨以火牛阵大破燕军事。据《史记·田单列传》，燕国攻打齐国，田单固守即墨。他收集了一千多头牛，给它们披上大红绸绢制成的被服，在上面画上五颜六色的蛟龙图案，在牛角上绑好锋利的刀子，把渍满油脂的芦苇绑在牛尾巴上，点燃其末端。又把城墙凿开几十处缺口，趁夜间把牛从缺口中赶出，火牛于是狂怒地直奔燕军。这一切都在夜间突然发生，使燕军惊慌失措。牛尾巴上的火把夜晚照得通明如昼，燕军看到的都是龙纹，所触及的人非死即伤。燕军一路败逃，田单趁机收复此前被燕军攻战的七十余城。田单，战国时齐国名将。

⑤囊土壅水，韩信之权：指楚汉相争的潍水之战中，韩信水淹楚军之事。据《史记·淮阴侯列传》，齐王田广和司马龙且两支部队合兵一处与韩信作战，隔着潍水摆开阵势。韩信下令连夜赶做一万多个口袋，装满沙土，堵住潍水上游。然后带领一半军队渡河，攻击龙且，假装战败而退。龙且以为韩信胆小害怕，于是渡潍水追赶韩信。韩信下令撤掉堵塞潍水的沙袋，河水汹涌而来，龙且的军队一多半还没渡过河去，韩信立即回师猛烈反击，杀死了龙且。龙且在潍水东岸尚未渡河的部队，见势四散逃跑，齐王田广也逃跑了。韩信追赶败兵直到城阳，把楚军士兵全部俘虏。壅，堵塞。权，谋略。

⑥曳柴扬尘，栾枝之谲：指春秋晋楚城濮之战时，晋国将领栾枝用战车拖树枝，扬起尘土，假装逃跑以诱骗楚军追击之事。据《左传·僖公二十八年》，在击溃楚国右军后，晋国下军主将栾枝让战

车拖着树枝假装逃跑，尘土四起，楚国左军受骗追击，原轸和郤溱率领晋军中军精锐兵力向楚国左军拦腰冲杀，狐毛和狐偃也指挥上军从两边夹击楚国左军，结果楚军大败。曳，拖。栾枝，即栾贞子，春秋时晋国下军将，后为上军将。谲，诡诈。

⑦舒车豕突，尹子之术：此事未详。豕突，疑指像野猪一样奔突窜扰。

⑧云梯烟浮，鲁生之巧：指公输班为楚造云梯攻宋事。据《墨子·公输》，公输班为楚国制造云梯，将用来攻打宋国。云梯，古代攻城的工具，极言其高，故称为"云梯"。鲁生，即公输班，春秋时鲁国人，也称"鲁班"，古代杰出的能工巧匠，被奉为工匠祖师。

⑨用奇出于不意：《孙子兵法·计》："攻其无备，出其不意。"

⑩以明攻昧：《左传·宣公十二年》："兼弱攻昧，武之善经也。"意谓兼并弱小、进攻昏乱之敌，是用兵的好方法。此谓以明智之师攻击昏乱之敌。

【译文】

因而智谋是机变百出的源头，出奇制胜的关键。用兵之道，在于运用诡诈之术，以此来夺取胜利。所以让射手埋伏起来准备万箭齐发，是孙膑的奇谋；把千头牛尾点着火一齐冲向敌军，是田单的策略；用成袋的沙土堵塞水流，是韩信的谋略；拖着树枝假装逃跑得烟尘四起，是栾枝的诡诈；使军队像野猪一样奔突窜扰，是尹子的办法；制造云梯凌空攻城，是鲁班的技巧。趁人不备而出奇制胜，就可以以少胜多，以弱胜强。更何况以多击少，以明智之师进攻昏乱之敌。

兵形象水，水之行，避高而就下；兵之势，避实而击虚，避强而攻弱，避治而取乱，避锐而击衰。故水因地而制流，兵因敌而制胜，则兵无成势，水无定形①。观形而运奇，随势而应变，反经以为巧②，无形以成妙③。故风雨有形，则可以帷幕捍；寒暑无形，不可以关钥遏也④。是以善攻者，敌不知其所守，如畏雷电，击无常处；善守者，敌不知其所攻，如寻寰中，不见其际⑤。视吾之谋，无畏敌坚；视吾之坚，无畏敌谋。以此言之，不可不知也。

【注释】

①“兵形象水”以下十二句：《孙子兵法·虚实》：“夫兵形象水，水之形避高而趋下，兵之形避实而击虚。水因地而制流，兵因敌而制胜。故兵无常势，水无常形，能因敌变化而取胜者，谓之神。”治、乱，当指军纪严明与混乱。锐、衰，当指士气之旺盛与衰微。成势，一成不变之势。

②反经：违反常道。

③无形：《孙子兵法·虚实》：“故形兵之极，至于无形。”谓不露形迹，让敌军无法察知我军虚实。

④“故风雨有形”以下四句：《淮南子·兵略》：“风雨可障蔽，而寒暑不可开闭，以其无形故也。”捍，抵挡，抵御。关钥，锁匙。

⑤“是以善攻者”以下八句：《孙子兵法·虚实》：“故善攻者，敌不知其所守；善守者，敌不知其所攻。”寰（huán）中，宇内，天下。一说，“寰”通“环”，《孙子兵法·势》：“奇正相生，如循环之无端，孰能穷之？”

【译文】

用兵作战的方法就像水一样，水流动，总是避开高处而流向低处；用兵时，也要避开敌军兵力充实的地方而进攻其兵力空虚的地方，避开敌军战斗力强的部队和进攻其战斗力弱的部队，避开敌军队伍严整的部队而进攻队伍混乱的部队，避开敌军士气旺盛的时候而进攻其士气衰微的时候。水顺应地势而流，作战要根据敌情而夺取胜利，所以作战没有一定之规，正如流水没有固定的方向。根据情况而运用奇谋，顺应形势而灵活应变，违反常规以求奇巧，不露形迹才显神妙。因而风雨有形，就可以用帐幕来遮蔽；冷热无形，就无法靠锁门来阻挡。善于进攻的人，敌人不知道如何防守，就像害怕雷电的击打，没有固定的地点；善于防守的人，敌人不知道如何进攻，就像在宇宙中探寻，却始终看不到边际。知道自己的谋略高妙，无需畏惧敌方防守严密坚固；知道自己防守严密坚固，无需畏惧敌方的谋略。这样说来，不能不懂这些道理。

夫将者，以谋为本，以仁为源。谋以制敌，仁以得人。故谋能制敌者，将也；力能胜敌者，卒也。将以权决为本，卒以齐力为先。是以列宿满天，而明不及胧月者①，形不一、光不同也。虎兕多力，而受制于人者，心不一、力不齐也②。万人离心，不如百人同力③；千人递战，不如十人俱至④。今求同心之众，必死之士，在于仁恩洽而赏罚明⑤。胥靡者⑥，临危而不惧，履冰而不栗⑦，以其将刑而不忧生也。今士抢白刃而不顾死⑧，赴水火而如归，非轻死而乐伤，仁恩驱之也。将得众心，必与同患，暑不张盖，寒不御裘，所以均寒暑也；隘险不乘，丘陵必下，所以齐劳逸也；军食熟然后敢食，军井通然后敢饮，所以同饥渴也；三军合战，必立矢石之下，所以共安危也⑨。故箪醪注流，军士通醉⑩；温辞一洒，师人挟纩⑪。苟得众心，则人竞趋死。以此众战，犹转石下山，决水赴壑，孰能当之矣⑫！

【注释】

①列宿满天，而明不及胧月：《淮南子·说林》："百星之明，不如一月之光。"胧月，微明之月。

②"虎兕(sì)多力"以下三句:《淮南子·兵略》:"今夫虎豹便捷,熊罴多力,然而人食其肉而席其革者,不能通其知而一其力也。"兕,犀牛。

③万人离心,不如百人同力:《尉缭子·兵令下》:"万人之斗不用命,不如百人之奋也。"离心,心志相违,不能同心协力。

④千人递战,不如十人俱至:《淮南子·兵略》:"万人之更进,不如百人之俱至也。"递战,轮流作战。

⑤洽:广博,周遍。

⑥胥靡:古代服劳役的奴隶或刑徒。

⑦栗:恐惧。

⑧白刃:锋利的刀剑。

⑨"将得众心"以下十四句:《淮南子·兵略》:"故古之善将者,必以其身先之。暑不张盖,寒不被裘,所以程寒暑也;险隘不乘,上陵必下,所以齐劳佚也;军食孰然后敢食,军井通然后敢饮,所以同饥渴也;合战,必立矢射之所及,以共安危也。"张盖,张开伞盖。裘,皮衣。隘险,险要。劳逸,劳苦与安逸。矢石,箭和垒石,古时作战用的武器。

⑩箪醪(láo)注流,军士通醉:据《吕氏春秋·顺民》,越王勾践行军时得到一樽酒,于是把酒倒在江中,让军士同饮。箪,古代用竹或苇编成的圆形盛器,用于盛食物。醪,浊酒,即醪糟。

⑪温辞一洒,师人挟纩:据《左传·宣公十二年》,楚庄王伐萧国时,天气寒冷,军士受冻。楚庄王视察整个军队,抚慰勉励将士,将士们都感到像身穿丝绵一样温暖。温辞,情意恳切的言辞。挟纩,披着绵衣,用以比喻受人抚慰而感到温暖。

⑫"以此众战"以下四句:《淮南子·兵略》:"是故善用兵者,势如决积水于千仞之堤,若转员石于万丈之溪。天下见吾兵之必用也,则孰敢与我战者!"决水,掘堤或开闸放水。壑,大土沟。

【译文】

将领，把谋略作为基本，把仁爱作为根源。谋略用来制服敌人，仁爱用来获得人心。以谋略制服敌人的是将帅，以武力战胜敌人的是兵卒。将领以权衡决策为本，兵卒以齐心合力为先。遍布满天的星星，光芒也不及微明的月亮，是因为位置分散、光芒不聚拢的缘故。老虎与犀牛力气很大，却被人类所制服，是因为不能齐心合力。一万个人离心离德，不如一百个人齐心协力；一千个人轮流作战，不如十个人一起来到。想要得到同心协力、视死如归的士兵，就要仁爱恩德周遍而奖赏惩罚分明。服劳役的刑徒，面临危险而不害怕，脚踩薄冰而不恐惧，因为他面临死刑而不再为性命担忧。士兵迎着锋利的刀剑而不担心身亡，赴水蹈火而视死如归，并不是他们轻视死亡而乐于受伤，而是将领的仁爱恩德激励他们这样做。将领要得到众人之心，一定要与大家共患难，热天不张伞盖，冷天不穿皮衣，是为了与大家经历同样的冷热；险要的地方不乘车马，丘陵之处必定下来，是为了与大家感受同样的劳苦；军粮都做成熟饭然后才敢吃饭，军井都打出水然后才敢喝水，是为了与大家面对同样的饥渴；军队交战，一定站在箭石可能攻击的危险之处，是为了与大家遭遇同样的危险。越王勾践把浊酒倒在江水中，军士同饮而共醉；楚庄王温言抚慰将士，使将士如冷天穿上绵衣一样温暖。如果众心所归，士兵就会争相拼死作战。依靠这样的军队作战，就像滚动石头下山，掘开堤坝放水，谁又能阻挡得了呢！

阅武章四十一

《司马法》曰[①]："国虽大，好战则亡；天下虽安，忘战必危[②]。"亟战则民凋[③]，不习则民怠。凋非保全之术，怠非拟寇之方[④]。故兵不妄动，而习武不辍[⑤]，所以养民命而修戎备也[⑥]。

【注释】

①《司马法》:古代兵书。据《史记·司马穰苴列传》,齐威王使大夫追论《司马兵法》而把穰苴兵法附于其中。今存一卷。

②"国虽大"以下四句:《司马法·仁本》:"国虽大,好战必亡;天下虽安,忘战必危。"

③亟(qì):屡次。凋:贫穷困苦。

④拟寇:犹御寇。

⑤辍:停止。

⑥戎备:武备,战备。

【译文】

《司马法》中说:"国家即使强大,如果热衷于战争就会导致灭亡;天下即使太平,如果忘记备战就必然出现危机。"频繁的战争会使民众贫穷困苦,不习练武事会使民众懒惰松懈。民众贫穷困苦不是保全国家的办法,民众懒惰松懈也不是抵御敌人的方式。所以不要轻率地用兵,也不能停止习武,这样才能维持民众生计并实施战备。

孔子曰:"以不教民战,是谓弃之①。"《易》曰:"君子以修戎器,戒不虞②。"是以春蒐、夏苗、秋狝、冬狩,皆于农隙,以讲武事。三年而治兵,习战敌也。出曰治兵,治其事也,入曰振旅,言整众也。还归而饮至,告于庙。所以昭文章,明贵贱,顺长少,辨等列,习威仪③。

【注释】

①"孔子曰"以下三句:《论语·子路》:"子曰:'以不教民战,是谓弃之。'"不教民,指未经军事训练的民众。

②"《易》曰"以下三句:《周易·萃卦·象传》:"君子以除戎器,戒

不虞。”戎器，兵器。不虞，没有预料到的事。

③“是以春蒐（sōu）、夏苗、秋狝（xiǎn）、冬狩”以下十六句：《左传·隐公五年》：“故春蒐、夏苗、秋狝、冬狩，皆于农隙以讲事也。三年而治兵，入而振旅，归而饮至，以数军实。昭文章，明贵贱，辨等列，顺长少，习威仪也。”春蒐、夏苗、秋狝、冬狩，据《尔雅·释天》：“春猎为蒐，夏猎为苗，秋猎为狝，冬猎为狩。”农隙，农事闲暇的时候。振旅，整顿部队，操练士兵。饮至，上古诸侯朝会盟伐完毕，祭告宗庙并饮酒庆祝的典礼。后代指出征奏凯，至宗庙祭祀宴饮庆功之礼。文章，此指车服旌旗。

【译文】

孔子说：“让没有受过军事训练的人去作战，就是让他们去送死。”《周易》中说：“君子应该修治兵器，以防不测。”因而春、夏、秋、冬的打猎都在农事闲暇之时进行，通过这样的方式来讲习武事。每三年整治一次军队，训练如何与敌人作战。军队出发叫作治兵，训练与作战相关的事情，进入国都叫作振旅，即整顿军队。回来后饮酒庆功，祭告宗庙。通过这样来彰显车服旌旗，明确尊卑地位，理顺长幼次序，辨别等级差异，练习军事礼仪。

夫三军浩漫①，则立表号②。言不相闻，故为鼓铎以通其耳；视不相见，故制旌麾以宣其目③。若民不习战，则耳不闻鼓铎之音，目不察旌麾之号，进退不应令，疏数不成行④。故士未战而震栗⑤，马未驰而沫汗⑥，非其人怯而马弱，不习之所致也。

【注释】

①浩漫：众多的样子。

②表号：标记番号。

③“言不相闻”以下四句：《孙子兵法·军争》：“言不相闻，故为金鼓；视不相见，故为旌旗。”鼓铎，鼓与铎，军中所用的乐器，用于发号施令。铎，一种大铃。旌麾，帅旗，也泛指指挥军队的旗帜。

④数（cù）：细密。

⑤震栗：惊惧战栗。

⑥沫汗：犹言通身流汗。

【译文】

军队人数众多，就要确立标记番号。话语不能相互听到，所以用鼓和铎来发号施令；眼睛不能彼此看到，所以用旌旗来发布指令。民众如果不练习作战，耳朵就听不懂鼓铎的号令，眼睛就看不懂旌旗的指令，因而军队的进退不合指令，队伍排列的疏密不整齐。因而士兵没等开战就感到恐惧，战马没有驰骋就已经大汗淋漓，这并不是士兵胆怯而战马懦弱，而是平时缺乏练习所导致的。

吴王宫人[①]，教之战阵[②]，约之法令，回还进退，尽中规矩[③]，虽蹈水火而不顾者，非其性勇而气刚，教习之所成也。镆铘不为巧者锐[④]，不为拙者钝，然而巧以生胜，拙而必负者，习与不习也。阖闾习武，试其民于五湖，剑刃加肩，流血不止[⑤]。勾践习战，试其民于寝宫，民争入水火，死者千余，遽击金而退之。岂其恶生而贪死，赏罚明而教习至也[⑥]。

【注释】

①吴王宫人：此指春秋时期吴国君主阖闾让孙武训练宫女以试其兵法事，详见《史记·孙子吴起列传》。

②战阵：作战的阵法。

③规矩:此指尺度、准则。

④镆铘(mò yé):又作“镆邪”“莫邪”,宝剑名。常与“干将”并称,泛指宝剑。

⑤“阖闾习武”以下四句:《吕氏春秋·用民》:“阖庐试其民于五湖,剑皆加于肩,地流血几不可止。”阖闾,一作“阖庐”,春秋末期吴国君主。五湖,此指太湖或太湖及其附近的湖泊。

⑥“勾践习战”以下七句:《吕氏春秋·用民》:“句践试其民于寝宫,民争入水火,死者千余矣,遽击金而却之,赏罚有充也。”据《韩非子·内储说上七术》,越王接受大夫文种的建议,焚烧宫室以考验民众。起初民众没有去救火的,于是越王下令:“救火而死的人,将得到与杀死敌人一样的奖赏;救火未死的人,将得到与打败敌人一样的奖赏;不救火的人,将治以投降逃跑的罪行。”于是人们纷纷披上浸湿的衣服冲向大火。勾践,也作“句践”,春秋末期越国君主。寝宫,旧时帝王起居的宫室。遽,立即。

【译文】

吴王宫中的宫女,教给她们作战的阵法,用法令加以约束,迂回进退,完全符合准则,即使赴汤蹈火也奋不顾身,并不是因为她们天生勇敢而性格刚烈,而是训练的结果。镆铘宝剑不因灵巧的人而变得锋利,也不因笨拙的人而变得不锋利,然而灵巧的人取得胜利,笨拙的人遭受失败,是训练与不训练的分别。阖闾操练军队,在五湖试兵,剑锋触肩,血流不止。勾践训练作战,在宫室试兵,大家赴汤蹈火,死亡千余人,立即收兵才使他们撤退。难道他们厌恶活着而贪恋死亡吗?其实是赏罚严明和训练到位的结果。

是以逄蒙善射①,不能用不调之弓;造父善御②,不能策不服之马③;般、倕善斫④,不能运不利之斤⑤;孙、吴善将⑥,不能战不习之卒。貔貅戾兽,而黄帝教之战⑦;鹰鹯鸷鸟⑧,

而罗氏教之击⑨。夫鸟兽无知之性，犹随人指授而能战击者，教习之功也。奚况国之士民而不习武乎⑩？故射御惯习，至于驰猎，则能擒获，教习之所致也。若弗先习，覆逸是惧，奚遽望获⑪？今以练卒与不练卒争锋，若胡、越争游⑫，不竞明矣。是以先王因于闲隙，大阅简众⑬，缮修戎器，为国豫备也⑭。

【注释】

①逄（páng）蒙：帝尧时善射之人，后羿的徒弟。

②造父：周穆王时善于驾车之人。御：驾驶车马。

③策：本指马鞭，这里指驾驭。

④般：指公输般，又作“公输班”，即鲁班。倕（chuí）：相传为尧舜时代的一名巧匠，善作弓、耒、耜等。斫：用刀、斧等砍劈。

⑤斤：斧头。

⑥孙：指孙武，春秋末期军事家，著有《孙子兵法》。吴：指吴起，战国初期军事家，著有《吴子》。孙武与吴起并称“孙吴”。将：统帅指挥。

⑦貔貅（pí xiū）戾兽，而黄帝教之战：《史记·五帝本纪》：“轩辕乃修德振兵，……教熊罴貔貅貙虎，以与炎帝战于阪泉之野。”貔貅，古书上记载的一种凶猛野兽。戾，暴戾，残暴。

⑧鹰鹯（zhān）：鹰与鹯，均为凶猛的鸟。鸷：凶猛。

⑨罗氏：古代负责以网捕鸟的官吏。《周礼·夏官·罗氏》：“掌罗乌鸟。”

⑩“夫鸟兽无知之性”以下四句：《论衡·率性》：“夫禽兽于人殊形，犹可命战，况人同类乎？”

⑪“故射御惯习”以下七句：《左传·襄公三十一年》：“譬如田猎，射

御贯，则能获禽；若未尝登车射御，则败绩厌覆是惧，何暇思获？”惯习，熟练、经常练习。驰猎，驱马打猎。覆，翻，倾倒。逸，逃跑。奚遽，哪能。

⑫胡：古代指北边或西域的少数民族。越：古代南方的少数民族之一，居于浙、闽、粤一带。

⑬大阅：大规模演习检阅。简：检阅，视察。

⑭豫备：又作“预备”，事先准备。

【译文】

因而逢蒙擅长射箭，也不能使用没有调好的弓；造父擅长骑马，也不能驾驭没经过调教的马；鲁班和倕擅长砍削，也不能挥动不锋利的斧头；孙武和吴起擅长带兵，也不能指挥没经过训练的士兵。貔貅是暴戾的野兽，而黄帝教它格斗；鹰与鹯是凶猛的鸟，而罗氏教它攻击。鸟兽那样无知，尚且可以根据人的指令进行格斗攻击，就是训练的功效啊。何况国家的百姓，怎么可以不习武呢？射箭、骑马之术常常加以训练，等到驱马打猎之时，就能够有所收获了，也是训练的结果啊。如果没有提前练习，到时唯恐车翻而马逃，又哪能期望有所收获呢？如果用未经训练的士兵与经过训练的士兵交锋，就像胡人与越人比赛游泳，比不过是显而易见的。所以先代君王利用农闲时间，大规模演习检阅兵众，修缮兵器，为国家做好准备。

明权章四十二

循理守常曰道①，临危制变曰权②。权之为称，譬犹权衡也③。衡者，测邪正之形；权者，揆轻重之势④。量有轻重，则形之于衡。今加一环于衡左则右蹶⑤，加之于右则左蹶，唯莫之动则平正矣。

【注释】

①循理：依照道理或遵循规律。守常：固守常法，按照常规。

②制变：犹言应变。

③权衡：谓称量物体轻重的工具。权，秤锤。衡，秤杆。

④揆：测量。

⑤环：同“锾”，古代重量单位，一说为六两。蹶：犹跳动，这里指上翘。

【译文】

遵循规律固守常法叫作“道”，面临危难及时应变叫作“权”。权的称名，就像秤锤和秤杆。秤杆，用来测量物体的偏正；秤锤，用来称量物体的轻重。秤锤测量出的轻重，会体现在秤杆上。如果在秤杆左边增加一锾，右边就会向上翘起；如果加在右边，左边就会向上翘起，只有两边都没有变动才能使之平衡。

人之于事，临危制变，量有轻重，衡之平，亦犹此也。古之权者，审于轻重，必当于理而后行焉。《易》称：“巽以行权①。”《论语》称：“可与适道，未可与权②。”权者，反于经而合于道，反于义而后有善③。若棠棣之华，反而更合也④。孝子之事亲，和颜卑体，尽孝尽敬。及其溺也，则揽发而拯之，非敢侮慢，以救死也。故溺而捽父，祝则名君，势不得已，权之所设也⑤。

【注释】

①巽（xùn）以行权：《周易·系辞下》：“巽以行权。”孔颖达疏：“巽，顺也。既能顺时合宜，故可以行权也。”巽，《周易》卦名。行权，权宜行事。

②可与适道，未可与权：《论语·子罕》：“子曰：‘可与共学，未可与适

道；可与适道，未可与立；可与立，未可与权。'"

③反于经而合于道，反于义而后有善："道""义"二字疑误倒。此句当作"反于经而合于义，反于道而后有善"，则文义更合适。

④若棠棣之华，反而更合也：《论语·子罕》："唐棣之华，偏其反而。"棠棣，花名，花黄色，春末开。

⑤"孝子之事亲"以下十一句：《淮南子·泛论》："孝子之事亲，和颜卑体，奉带运履；至其溺也，则捽其发而拯，非敢骄侮，以救其死也。故溺则捽父，祝则名君，势不得不然也，此权之所设也。"卑体，卑身，弯腰屈身。溺，沉于水，被淹。揽，拉，抓。捽（zuó），揪，抓。祝，向神祈祷，祝祷。

【译文】

人做事，面临危险的时候随机应变，权衡轻重，使之稳妥，也是这个道理。自古以来懂得变通的人，都是考虑事情的轻重缓急，一定要合于事理然后才能去做。《周易》中说："若能顺时合宜，就可以权宜行事。"《论语》中说："可以与之一同走向正道的人，未必可以与之一起通权达变。"变通行事，有时违背常道但合于义理，有时违背常道但结果是好的。就像棠棣树的花，先绽开而后合拢。孝子侍奉双亲，和颜悦色，卑躬屈身，竭尽孝道和敬意。等到双亲溺水，就会抓住他们的头发去救，不是敢于失礼冒犯，而是为了救命。因而父亲溺水就要揪住他的头发，祭祀祝祷时直呼君王的名字，是迫于形势不得不如此，这是根据情况而变通。

慈爱者，人之常情，然大义灭亲，灭亲益荣，由于义也。是故慈爱方义①，二者相权，义重则亲可灭，若虞舜之放弟象②，周公之诛管叔③，石碏之杀子厚④，季友之酖叔牙⑤。以义权亲，此其类也。欺父矫君⑥，臣子悖行。然舜取不告⑦，弦高矫命者⑧，以绝祀之罪重于不告⑨，矫命之过轻于灭国，权之义也。

【注释】

①方：比较，相比。

②虞舜之放弟象：据《孟子·万章上》，万章问道："象天天都把谋杀舜当作自己要做的事，舜做了天子后，只是流放了他，这是为什么呢？"孟子说："是封他做了诸侯，有人说是流放罢了。"虞舜，上古圣王，五帝之一，有弟名象。

③周公之诛管叔：据《史记·管蔡世家》，周武王死后，周成王年幼，周公摄政。周公之兄管叔等联合殷商后裔武庚作乱，周公奉命东征，杀死了武庚、管叔。周公，名旦，因其采邑在周，爵为上公，故称周公，周初开国功臣。管叔，名鲜，周武王之弟，周公旦之兄，武王灭商后受封于管，故称"管叔"或"管叔鲜"。

④石碏（què）之杀子厚：据《左传·隐公三年》及《隐公四年》，公子州吁杀了卫桓公而自立为国君，但无法安定民心，石厚便为他向其父石碏请教安定君位的办法。石碏让他们到陈国，通过陈侯去朝见周王，以稳定君位。州吁、石厚去陈国后，石碏派人告诉陈国，石厚与州吁是杀害自己国君的凶手，请他们抓捕二人。后来，卫国派人在濮地杀了州吁，石碏也派家臣去陈国杀了儿子石厚。石碏，春秋时卫国大夫。

⑩季友之酖（zhèn）叔牙：据《史记·鲁周公世家》，鲁庄公有三个弟弟，分别为庆父、叔牙和季友。鲁庄公病重后，问谁可以继任国君，叔牙拥立庆父，季友则支持庄公之子斑。为维护嫡长子继承制，季友派人毒死了叔牙。季友，春秋时鲁国卿大夫，鲁庄公、叔牙之弟，季孙氏始祖。酖，用毒酒杀人。

⑥矫：假托。

⑦舜取不告：《孟子·离娄上》："舜不告而娶。"相传舜父瞽叟十分

顽固。尧将两个女儿许配给舜，舜担心父亲阻止他们成婚，没有禀告父亲就与她们成了亲。取，同“娶”，把女子接过来成亲。

⑧弦高矫命：据《左传·僖公三十三年》，秦军长途奔袭郑国，走到滑地时，碰上郑国商人弦高。弦高发现秦军动向后，假托奉了郑国国君的命令前来犒劳秦军，又派人回郑国报信。秦军以为郑国已有防备，于是撤军，放弃偷袭计划。弦高，春秋时郑国商人。矫命，假称受了君王的命令。

⑨以绝祀之罪重于不告：《孟子·离娄上》：“不孝有三，无后为大。舜不告而娶，为无后也。”绝祀，断绝祭祀，这里指没有后代接着祭祀祖先。

【译文】

父母对子女的怜爱，是人之常情，然而有时为维护大义而灭弃亲情，灭弃亲情反而更加光荣，是由于遵循了大义。因为亲情与大义相比，权衡二者轻重，大义更为重要，则亲情可以灭弃，就像虞舜流放了弟弟象，周公诛杀了哥哥管叔，石碏杀死儿子石厚，季友用酒毒死哥哥叔牙。以义压倒亲情，就是像这一类事。欺诈父亲而假托君命，是为臣为子的悖逆行为。然而舜娶妻没有禀告父亲，弦高诈称奉行君命，因为没有后嗣的罪孽要比娶妻不禀报严重，诈称奉行君命的罪过要比国家灭亡轻微，这是从大义的角度权宜行事。

夫有道则无权，道失则权作。道之于用，犹衣冠之在身也；权之轻重，犹甲胄之卫体也①。介胄御寇而不可常服②，权以理度而不可常用，自非贤哲，莫能处矣。

【注释】

①甲胄：铠甲和头盔。下文“介胄”意同。

②御寇：抗击敌寇。

【译文】

固守常理就不能有效变通，抛开常理才能够加以权衡。对于常理的遵守，就像平常身体要穿衣戴帽一样；权衡事情的轻重，就像用铠甲和头盔来保护身体。用来抵御敌人的铠甲和头盔不是日常的服饰，超越常理的变通不可以经常使用，若不是贤哲之人，恐怕难以处理得当。

卷九

【题解】

本卷阐述一系列自然观和社会观念，亦是为人处世的方式和主张，包括《贵速》《观量》《随时》《风俗》《利害》《祸福》《贪爱》《类感》八章。

《贵速》谓决策贵在应时。“才能成功，以速为贵；智能决谋，以疾为奇也”，因而关键时刻若犹豫不决、不够果敢，那么有智慧也相当于无智慧。文章篇幅短小，却深刻阐释了智慧贵在应时的道理。

《观量》谓宏观而长远地看待事物。过于专注细节往往会忽略重要的事，因而智者“捐弃细识，舒散情性”，“故睹一可以知百，观此可以明彼”，“滉瀁而无涯”。此章与《慎隙》章观点貌似相对，而实际上，《慎隙》旨在劝诫要重视可能引起祸患的苗头，体现了防微杜渐的谨慎态度；《观量》则主张不要纠结于细小以致因小失大，体现了高瞻远瞩的发展观念。

《随时》谓顺应时势，适时而行。“时有淳浇，俗有华戎，不可以一道治，不得以一体齐”，因而契合时宜十分重要。“老聃至西戎，而效夷言”“夏禹入裸国，忻然而解裳”以及“墨子俭啬而非乐者，往见荆王，衣锦吹笙”等典故，阐释了随时从俗、与时俱化的意义。作为施政者，若不因势而治则会引发动乱甚至灭亡。

《风俗》谓相沿积久而成的风气和习俗。“上之化下，亦为之风焉；民习而行，亦为之俗焉”，故“上之风化，人习为俗”，因而君主应以身作则，爱护民众,“立礼教以革其弊,制雅乐以和其性”,移风易俗以正天下。礼教以儒家所倡导的忠、孝、仁、义为治国思想的核心,实际是以封建伦理道德来维系整个社会,让“礼”成为君与民之间的精神纽带,这样的思想在当时的社会十分可贵。

《利害》谓好处和害处。“利害者,得失之本也”,因而人们往往“就利而避害”。只有深刻领悟“利之为害,害之为利,得之成失,失之成得”的相互依存关系,才“可与谈利害而语得失”。亦如《史记·龟策列传》中所言,“先知利害,察于祸福”,即“见利而思难”。见利之时如能虑及危难,危难可免;若不注意防范,则祸患必生。本章进一步论述了利害相生、得失相依的道理。

《祸福》谓灾祸与福祥。本章承袭了《老子》中“祸兮福之所倚,福兮祸之所伏”的观点,亦与《思顺》章中“顺者福之门,逆者祸之府”相照应。福与祸常常相互转化,而其中的关键在于是否自勉行善。文章以儒道结合的福祸观劝诫君主“祥至不深喜,逾敬慎以俭身;妖见不为戚,逾修德以为务”,从而避免灾祸,收获吉祥。

《贪爱》谓贪图非分之利。如《左传·僖公十四年》所言,“贪爱不祥”,贪图非分之利容易招致大祸,因而要如达人所为,“睹祸福之机,鉴成败之原,不以苟得自伤,不以过吝自害”,从而做到“明止足之分,祛贪吝之萌”。

《类感》谓同类事物相互感应,即《周易·乾卦·文言》中“同声相应,同气相求”之意。亦如南朝颜延之《又释何衡阳达性论》中所言,“物无妄然,必以类感……则类感之物,轻重必侔”,反映了作者对于自然现象的观察和思考,进而阐述万物彼此感应、相互化育而不以人的意志为转移的自然观,警戒人们要尊重自然规律。

本卷侧重从理论的角度探讨处世及治世的规律和准则,既是对前人观点的深化,亦是对后世现实的警戒,其中蕴含的道理既是世界观亦是方法论,在当今社会依然有着普遍而深刻的意义。

贵速章四十三

成务虽均，机速为上；决谋或同，迟缓为下[①]。何者？才能成功，以速为贵；智能决谋，以疾为奇也。

【注释】

①“成务虽均”以下四句：《吕氏春秋·贵卒》：“得之同，则速为上；胜之同，则湿为下。”成务，成就事业。机速，机敏，此谓速度快。

【译文】

取得的成就即使相等，速度快则优秀；制定的决策或许相同，速度慢则劣。为什么呢？以能力取得功业，快速才显得宝贵；以智慧做出决策，迅速才显得高明。

善济事者[①]，若救火拯溺[②]；明其谋者，犹骥捷矢疾[③]。今焚燃熛室[④]，则飞驰灌之；湍波漂人[⑤]，必奔游拯之。若穿井而救火，则熛扬栋焚矣[⑥]；方凿舟而拯溺，则葬江鱼之腹中矣。骥所以见珍者，以其日行千里也，满旬而取至，则与驽马均矣；箭所以为贵者，以其弦直而疾至也，穷日而取至，则与不至者同矣[⑦]；智所以为妙者，以其应时而知也，若事过而后知，则与无知者齐矣[⑧]。

【注释】

①济事：成事。

②拯溺：救援溺水的人。

③骥：良马。矢：箭。

④熛（biāo）：燃烧。

⑤漂：冲走。

⑥熛扬：谓火焰升腾。

⑦“骥所以见珍者”以下八句：《吕氏春秋·贵卒》：“所为贵骥者，为其一日千里也，旬日取之，与驽骀同；所为贵镞矢者，为其应声而至，终日而至，则与无至同。”驽马，劣马。穷日，尽一整天的时间。

⑧“智所以为妙者”以下四句：《淮南子·诠言》：“有智而无为，与无智者同道；有能而无事，与无能者同德。其智也，告之者至，然后觉其动也；使之者至，然后觉其为也。有智若无智，有能若无能。”应时，随时，即刻。

【译文】

善于成事之人，就像扑救火灾和营救落水者一样迅速；深明谋略的人，就像千里马和离弦之箭一样迅疾。如果房子正在着火，就要飞跑着用水扑灭；如果有人正淹没在急流中，就要飞速游去救援。要是临时凿井再取水救火，火焰升腾会把整栋房屋都烧毁；临时凿木做船再下水救援，落水的人早就被江鱼吞入腹中了。良马之所以显得珍贵，是因为每天可以奔跑千里，如果十天才能到达目的地，就与劣马没有什么不同；箭之所以显得珍贵，是因为挺直而迅疾，如果一整天才能射中目标，那么就和没有射到的效果一样了；智谋之所以显得神妙，是因为能够及时发挥作用，如果事情过去才想出办法，就与没有智谋等同了。

昔吴起相楚，贵族攻之，起欲讨仇，而插矢王尸[①]；阳虎在围，鲁人出之，虎欲报德，而伤之以戈[②]。谋不斯须[③]，而仇德两报[④]，其智可谓应时而知矣。张禄之入秦，魏冉悔不先索而后行，故势移而身逐[⑤]；晁错之穴堧垣，申屠悔不先斩而后奏，故发愤而致死[⑥]。智不早决，败而方悔，其智可谓与无智者同矣。故有智而不能施，非智也；能施而不能应速者，亦非智也。谚曰："力贵突，智贵卒⑦。"此之谓也。

【注释】

①"昔吴起相楚"以下四句：据《吕氏春秋·贵卒》，吴起在楚国为相时实施改革，把贵族迁往边陲之地，引起贵族的愤恨。楚王死后，贵族回来，相与以箭射吴起。吴起迅速拔箭而插入楚王的尸体，并立即说道："贵族作乱，射楚王的尸体！"按照楚国之法，将武器施加于君王尸体的要判以重罪。吴起以这种办法使贵族被诛杀，为自己报了仇。吴起，战国初期兵家代表人物，辅佐楚悼王变法富强。

②"阳虎在围"以下四句：据《淮南子·人间》，阳虎在鲁国作乱，鲁君下令关闭城门捉拿他。一个守门人放阳虎出逃。为了不连累守门人，阳虎故意用戈刺伤了他。鲁君查清阳虎所逃之门，认定受伤的守门人是因阻拦阳虎而受伤，加以重赏；没有受伤的是故意放走阳虎而要重罚。阳虎，一名阳货，春秋后期鲁国人，以季孙氏家臣身份跻身鲁国卿大夫行列，执政鲁国，后欲图废除"三桓"势力，失败，出奔阳关。

③斯须：须臾，片刻。

④仇德两报：报仇谓吴起之事，报德谓阳虎之事。

⑤"张禄之入秦"以下三句：据《史记·范睢蔡泽列传》，范睢化名张禄乘车入秦，路遇秦相魏冉，魏冉盘问了一下，没有搜查车上的人就离开了。范睢料中魏冉不久必后悔，再来搜查，便下车步行。魏冉果然派人回来搜查，见车上无人便走了。范睢入秦后向昭王进言，称魏冉专权，最终魏冉被罢职驱逐。张禄，范睢的化名，因在魏国受人诬陷，改名张禄入秦，进说昭王加强王权，剥夺了宣太后、魏冉等人的权力，后为秦相。魏冉，战国时秦国大臣，封于穰，号穰侯，富于王室，权势甚大。索，搜查。

⑥“晁错之穴堧(ruán)垣”以下三句:据《史记·袁盎晁错列传》,晁错私自凿开太上庙外的矮墙,丞相申屠嘉想把这件事禀报景帝,诛杀晁错。晁错得知后,连夜向景帝禀报。时景帝亲近晁错,申屠嘉进言多不被采纳,等到申屠嘉奏事时,景帝说此事并未触犯法律。申屠嘉后悔没有先杀掉晁错再禀报,竟因此愤懑而死。晁错,颍川(今河南禹州)人,西汉大臣,很受汉景帝信任,被称为“智囊”。穴,挖凿,洞穿。堧垣,庙墙外的矮墙。申屠,即申屠嘉,复姓申屠,梁(今河南商丘)人,西汉丞相。

⑦力贵突,智贵卒:《吕氏春秋·贵卒》:“力贵突,智贵卒。”卒,同“猝”,迅速,敏捷。

【译文】

从前吴起在楚国执政时,遭到贵族的攻击,吴起想要报仇,便把箭插入楚王的尸体;阳虎被围追时,鲁国守门人放他出城,阳虎为了报恩,而故意用戈刺伤他。计谋不过是在一瞬间产生的,而吴起报仇、阳虎报恩的智谋可以说是非常及时地产生了效果。张禄乘车入秦,魏冉后悔没有先搜查一下再走,最终导致权势转移,自己遭到驱逐;晁错凿开太上庙外的矮墙,申屠嘉后悔没有先杀掉他再向皇帝禀报,因此愤懑而死。智谋不趁早决定,失败后才后悔,这样的智谋可以说与没有智谋是一样的。所以有智慧而不能发挥,并不是真正的智慧;能发挥却不够及时,也不是真正的智慧。谚语说:“用力贵在突发,用智贵在敏捷。”就是这个道理。

观量章四十四

夫注思于细者①,必忘其大;锐精于近者②,必略于远。由心不并驻③,则事不兼通,小有所系,大必有所忘也④。故仰而贯针⑤,望不见天;俯而拾虱,视不见地。天地至大而不见者,眸掩于针虱故也。

【注释】

①注思：集中精神思考。

②锐精：谓用心专一。

③驻：停留。

④小有所系，大必有所忘也：《淮南子·俶真》："小有所志，而大有所忘也。"

⑤贯：穿。

【译文】

精力集中于细小琐碎之事，必然会失掉宏观；精神专注于眼前的事情，必定会忽略长远。因为心思不能同时放在不同的事物上，不能把所有的事情都做好，过分牵挂细节，整体上必然有所疏忽。因此正如抬头穿针，就会看不到天空；俯身捉虱子，就会看不到大地。天地广大却没有看到，是目光一时被针孔与虱子所吸引的缘故。

是以智者知小道之妨大务[①]，小察之伤大明，捐弃细识[②]，舒散情性。以斯观之，人有小察细计者，其必无遐志广度[③]，亦可知矣。奚以明之？夫睹焦侥之节，知非防风之胫[④]；视象之牙，知其大于豕也；见狸之尾，知其小于豹也。故睹一可以知百，观此可以明彼[⑤]。

【注释】

①大务：重要的事情。

②捐弃：舍弃，抛弃。细识：细节，细处。

③遐志：远大的志向。

④睹焦侥（yáo）之节，知非防风之胫：据《国语·鲁语下》，孔子说："从前大禹召集群神到会稽山，防风氏违命后到，大禹杀了他陈尸

示众，他的骨骼一节要用一辆车装，这是最大的骨头了。”又说：“僬侥氏的人身高只有三尺，是最矮的。”焦侥，又作“僬侥”，古代传说中的矮人国。防风，古代传说中的部落酋长名。

⑤“视象之牙”以下六句：《淮南子·说林》：“见象牙，乃知其大于牛；见虎尾，而知其大于狸。一节见，而百节知矣。”豕，猪。狸，即狸猫，亦称豹猫，形状与猫相似，圆头大尾。

【译文】

因此明智的人懂得小事会妨碍大事，对细节的苛求会损害对整体的明察，放弃过分追求细处，使心胸开阔放达。由此看来，苛察和计较细节的人，一定不会有远大的志向和宽广的气度，这是可以预知的。怎么知道的呢？看焦侥国矮人的骨节，便知道那不是防风氏的小腿；看大象的牙齿，就知道它会比猪大；看狸猫的尾巴，就知道它要比豹子小。因此，观察局部便可以了解整体，观察一方面便可以知道其他方面。

是以蹄洼之内，不生蛟龙；培塿之上，不植松柏。非水土之性有所不生，乃其营宇隘也①。数粒而炊，秤薪而爨②，非苟为艰难，由性褊吝而细碎也③。项羽不学一艺④，韩信不营一餐⑤，非其心不爱艺，口不嗜味，由其性大不缀细业也⑥。晋文种米，曾子架羊，非性暗蠢，不辨方隅，以其运大不习小务也⑦。智伯，庖人亡炙一箧而知之，韩、魏将反而不能知；邯郸子阳，园亡一桃而即觉之，其自忘也而不能知⑧。斯皆锐情于小而忘其大者也。

【注释】

①“是以蹄洼之内”以下六句：《淮南子·俶真》：“夫牛蹄之涔，无尺之鲤；块阜之山，无丈之材。所以然者何也？皆其营宇狭小，而不

能容巨大也。”培塿(lǒu),又作“部娄”,小土丘。营宇,指区域。隘,窄。

②数粒而炊,秤薪而爨(cuàn):《淮南子·泰族》:“称薪而爨,数米而炊,可以治小而未可以治大也。”薪,柴。爨,烧火做饭。

③褊(biǎn)吝:指狭隘吝啬。

④项羽不学一艺:据《史记·项羽本纪》,项羽小时候学写字,没有学成就不学了;又学习剑术,也没有学成。项梁很生气。项羽却说:“写字能够用来记姓名就行了,剑术也只能对付一个人,不值得学。我要学习能敌对万人的本事。”项羽,秦汉之际名将,秦亡后自立为西楚霸王,与刘邦争夺天下,后于乌江自刎而死。

⑤韩信不营一餐:据《史记·淮阴侯列传》,韩信未发迹时非常贫穷,不能做官,又不会谋生,经常寄居在别人家吃闲饭,人们都很厌恶他。他常到南昌亭长家吃饭,亭长妻子很厌烦,做好饭后故意避开他。后来,一位洗衣服的老妇人又把自己的饭分给他吃,一连几十天都是如此。韩信,西汉开国功臣,名将,初从项羽,后归刘邦,与萧何、张良并称“汉初三杰”。营,置办。

⑥缀:拘束,牵累。

⑦“晋文种米”以下五句:《说苑·杂言》:“文公种米,曾子驾羊,孙叔敖相楚三年,不知轭在衡后。务大者,固忘小。”架羊,以羊驾车。架,同“驾”。晋文,指晋文公重耳。曾子,即曾参,孔子的弟子。方隅,方位。

⑧“智伯”以下六句:《说苑·杂言》:“智伯厨人亡炙篋而知之,韩、魏反而不知;邯郸子阳园人亡桃而知之,其亡也不知。务小者,亦忘大也。”智伯,智氏,名瑶,时人尊称为智伯,春秋末年晋国正卿。庖人,厨师。炙,烤肉。箧,小箱子。韩、魏将反而不能知,据《战国策·秦策四》,晋国六卿之时,智氏率韩、魏在晋阳围困赵襄子,决晋水灌晋阳城。智伯出行巡查水势,韩康子驾车,魏桓子陪

乘。智伯说:"我从不知道水可以致人死命。原来汾水可以用来灌安邑,绛水可以用来灌平阳。"魏桓子听后用胳膊肘碰了韩康子一下,韩康子用脚踩了魏桓子一下,双方会意,后来联合灭了智伯。忘,通"亡"。邯郸子阳,复姓邯郸,生平未详。

【译文】

因此牲畜蹄印大小的水坑里,不能生长蛟龙;小土丘上,不能栽种松柏。并不是水和土不能使其生长,而是因为它们的空间过于狭小。数着米粒做饭,称着柴禾烧火,并不是因为生活艰难,而是由于性格褊狭吝啬而过于重视细节。项羽不学习平常的本领,韩信做不出一顿饭,并不是项羽不想身怀技艺,韩信不愿填饱肚子,而是因为他们心性宽广而不愿被小事所牵累。晋文公用米下种,曾子用羊驾车,并不是他们天性愚蠢,不能辨别方位,而是因为他们常常做大事而不了解小事。智伯,他的厨师弄丢了一盒烤肉他就马上知道,而韩康子、魏桓子将要反叛他却不能察觉;邯郸子阳的果园里少了一个桃子他会马上察觉,自己将要败亡却不能知晓。这些人都是锐意专精于小事而忽略了大事。

夫钓者,虽有篗竿纤纶,芒钩芳饵,增以詹何之妙,不能与罾罟争多;弋者,挟繁弱之弓,贯会稽之箭,加以蒲苴之巧,不能与罻罗竞获。何者?术小故也[1]。江河之流,烂胔漂尸,纵横接连,而人饮之者,量大故也;盆盂之水,鼠尾一曳,必呕吐而弃之者,量小故也[2]。枳棘之生,数寸而抽枝;豫章之植,百尺而莳柯[3]。其何故耶?岂非质小者枝条蔙[4],而体大者节目疏乎[5]?是以达者之怀,则滉瀁而无涯[6];褊人之情[7],必刻覈而烦细[8]。自上观之,趋舍之迹[9],宽隘之量,断可识矣。

【注释】

①“夫钓者”以下十二句:《淮南子·原道》:“夫临江而钓,旷日而不能盈罗,虽有钩箴芒距,微纶芳饵,加之以詹何、娟嬛之数,犹不能与网罟争得也;射者扞乌号之弓,弯棊卫之箭,重之羿、逢蒙子之巧,以要飞鸟,犹不能与罗者竞多。何则?以所持之小也。”籊(tì)竿,长而尖细的钓鱼竿。纤纶,指钓丝。芒钩,锋利的鱼钩。芳饵,芳香的鱼饵。詹何,古代善于钓鱼的人。罾罟(zēng gǔ),指鱼网。弋,用带绳子的箭射。繁弱,古良弓名。会稽之箭,古代会稽地区盛产小竹,细而坚韧,是造箭的良材。蒲苴(jū),又作“蒲且”,相传是古代善于射鸟的人。罻(wèi)罗,捕鸟的小网。

②“江河之流”以下九句:《淮南子·要略》:“夫江河之腐胔不可胜数,然祭者汲焉,大也;一杯酒白,蝇渍其中,匹夫弗尝者,小也。”烂胔(zì),腐烂的尸骨。曳,拖。

③“枳棘之生”以下四句:《淮南子·修务》:“藜藿之生,蠕蠕然日加数寸,不可以为栌栋;楩柟豫章之生也,七年而后知,故可以为棺舟。”枳棘,枳木与棘木,因多刺而被称为恶木。豫章,传说中的一种高大树木,一说即樟树。莳(shì),植,生长。《广雅·释诂》:“莳,立也。”柯,草木的枝茎。

④蔇(jì):草多的样子。

⑤节目:树木枝干相接处坚硬且纹理不顺的地方。

⑥滉瀁(huàng yǎng):水深广的样子。

⑦褊人:心胸狭窄的人。

⑧刻覈(hé):苛刻。

⑨趋舍:指举止、行为。趋,通“取”。

【译文】

垂钓的人,即使有长而尖细的钓竿和细细的钓丝,有锋利的鱼钩和芳香的鱼饵,再加上詹何一样的巧技,也不可能比用鱼网打捞收获得多;

射箭的人，手握繁弱良弓，穿上会稽之箭，再加上蒲苴一样的射术，也不能比用网捕鸟猎取得多。为什么呢？是所用的工具太小的缘故。长江、黄河的水流中，腐烂的骨殖和漂浮的尸骸，纵横相连成片，但人们还是会饮用那里的水，是水量大的缘故；盆中的水，老鼠的尾巴在里面触及一下，人们一定会恶心呕吐而把水倒掉，是水量少的缘故。枳木与棘木，长到几寸长便开始生出枝桠；豫章则要到百尺高才能长出枝茎。这是什么原因呢？难道不是因为形体小的枝条繁多，而形体大的节目稀疏吗？因而豁达的人胸怀深广而没有边际，狭隘的人心思苛刻而繁杂琐碎。由此看来，行为的轨迹和心胸宽窄的度量，立刻就清楚了。

随时章四十五

时有淳浇[①]，俗有华戎[②]，不可以一道治，不得以一体齐也。故无为以化，三皇之时[③]；法术以御[④]，七雄之世[⑤]。德义以柔中国之心，政刑以威四夷之性[⑥]。故《易》贵随时[⑦]，《礼》尚从俗[⑧]，适时而行也。霜风惨烈，周弃不艺禾[⑨]，炎气赫曦[⑩]，曹明不制裘[⑪]，知时不可也；货章甫者，不造闽越，衒赤舄者，不入跣狨，知俗不宜也[⑫]。故救饥者以圆寸之珠，不如与之梓栗[⑬]；贻溺者以方尺之玉，不如与之短绠[⑭]。非梓绠之贵而珠玉之贱，然而美不要者，各在其所急也。方于饥溺之时，珠玉宁能救生哉？是以中流失船，一壶千金，贵贱无常，时使然也[⑮]。

【注释】

①淳浇：指风俗的淳厚与浇薄。

②华戎：指汉族与少数民族。

③三皇：传说中上古的三位帝王，说法不一，一说指伏羲、神农、黄帝。

④御：统治，治理。

⑤七雄：指战国时秦、楚、燕、齐、韩、魏、赵七个强国。

⑥德义以柔中国之心，政刑以威四夷之性：《左传·僖公二十五年》："德以柔中国，刑以威四夷。"柔，安抚，怀柔。中国，古代华夏民族发源于黄河流域，以为居天下之中，故称"中国"，亦泛指中原地区、中原民族。四夷，东夷、西戎、南蛮、北狄的总称，亦泛指外族。

⑦《易》贵随时：《周易·随卦·彖传》："随时之义大矣哉。"随时，指顺应时势，切合时宜。

⑧《礼》尚从俗：《礼记·曲礼上》："礼从宜，使从俗。"从俗，依从习俗。

⑨周弃：指周的先祖后稷。相传他出生后曾被弃于野外，因此叫"弃"。舜时为农官，教民耕稼，号后稷。艺：种植。

⑩赫曦：又作"赫羲"，炎暑炽盛的样子。

⑪曹明：疑为"胡曹"，传写误倒，"胡"又讹为"明"。传说为黄帝的大臣，是最早做衣服的人。

⑫"货章甫者"以下五句：《抱朴子内篇·塞难》："章甫不售于蛮越，赤舄不用于跣夷。"章甫，一种古代的礼冠，以黑布制成，始于殷代，殷亡后存于宋国，为读书人所戴的帽子。造，到，去。闽越，古族名，秦汉时分布在今福建北部、浙江南部地区。《庄子·逍遥游》："宋人资章甫而适诸越，越人断发文身，无所用之。"越人以剪短头发为习俗，不戴礼冠。衒（xuàn），叫卖。赤舄（xì），古代君王、贵族所穿的一种礼鞋，赤色。跣（xiǎn），光着脚，不穿鞋袜。夷（yí），同"夷"。

⑬样（xiàng）栗：即橡栗，橡树的果实，似栗而小，又名"橡果"。

⑭贻溺者以方尺之玉，不如与之短绠（gěng）：《淮南子·说林》："予拯溺者金玉，不若寻常之纆索。"贻，赠给。绠，绳索。

⑮“是以中流失船”以下四句：《鹖冠子·学问》：“中河失船，一壶千金，贵贱无常，时使物然。”壶，通“瓠”，瓠瓜。

【译文】

时代风气有淳厚与浇薄之别，习俗有华夏与戎狄之分，不能够用同一种方式来治理，不能够用同一种体制来统一。因此无为而治，是在三皇时期；以法术治民，是在七雄之时。以道德和信义安抚中原民众，以政令与刑罚来威服四方外族。因而《周易》注重顺应时势，《礼记》崇尚遵从习俗，根据形势的变化而做事。风霜凛冽的时候，后稷不种植谷物，天气酷热的时候，胡曹不制作皮衣，因为他们知道当时的天气不适合；卖黑布礼帽的人，不会到闽越地区，卖红色礼鞋的人，不会进入赤脚而行的夷族，因为他们知道当地的风俗不适宜。因此正如援救饥饿的人，给他一寸大的圆珠，不如给他一颗橡栗；送给落水者一尺见方的玉石，不如送给他一根短绳。不是橡栗和绳索昂贵而宝珠和玉石便宜，然而美好的东西不被需要，是因为对橡栗和绳索更为急需。正处于饥饿和落水的时刻，宝珠和玉石怎么能救命呢？因此如果在水流中央沉船，一个能够用来渡河的瓠瓜便价值千金，事物价值的高低不是固定不变的，是形势变化使之如此。

昔秦攻梁，梁惠王谓孟轲曰：“先生不远千里，辱幸弊邑，今秦攻梁，先生何以御乎？”孟轲对曰：“昔太王居邠，狄人攻之，事以玉帛，不可。太王不欲伤其民，乃去邠之岐。今王奚不去梁乎？”惠王不悦[①]。夫梁所宝者，国也。今使去梁，非其能去也，非异代之所宜行也。故其言虽仁义，非惠王所须也。亦何异救饥而与之珠，拯溺而投之玉乎？秦孝公问商鞅治秦之术，鞅对以变法峻刑[②]。行之三年，人富兵强，国以大治，威服诸侯。以孟轲之仁义，论太王之去邠，而不合于世用；以商君之浅薄，行刻削之苛法③，而反以成治。非仁义之不可行，而刻削之苛为美，由于淳浇异迹，则政教宜殊，当合纵之代④，而仁义未可全行也。

【注释】

①“昔秦攻梁”以下十五句：疑系作者误记，梁惠王问话见于《孟子·梁惠王上》，孟子答语见于《孟子·梁惠王下》。梁惠王，即魏惠王，战国时期魏国国君，在位期间迁都大梁，此后魏国亦称梁国。孟轲，字子舆，战国时期鲁国人，儒家代表人物，尊称为“孟子”。太王，即周先祖古公亶父，自邠迁居岐山之下，定国号为周，周自此兴盛，周武王时追尊为太王。邠（bīn），古国名，周先人公刘所建，故地在今陕西彬州。狄，当时北方的少数民族。玉帛，玉器和丝织品，古代国与国交往时用作礼物。岐，故地在今陕西岐山县东北，周太王自邠迁岐，筑城郭居室，以居四方来归之民。

②秦孝公问商鞅治秦之术，鞅对以变法峻刑：据《史记·商君列传》，秦孝公向商鞅请教治国之道，商鞅对以富国强兵之术，主张在秦国实行变法，提出“三代不同礼而王，五伯不同法而霸”“治世不一道，便国不法古”，得到孝公的认可，进而推行“不告奸者腰斩”“匿奸者与降敌同罚”等严酷的刑法。行之数年，秦国大治。秦孝公，即嬴渠梁，战国时期秦国国君，在位期间任用商鞅推行变法，国力日强，为秦统一中国奠定基础。商鞅，公孙氏，名鞅，法家代表人物，辅佐秦孝公变法，后因战功获封於、商十五邑，号“商君”，故称“商鞅”。峻刑，严刑。

③刻削：苛刻，严酷。

④合纵：又作“合从”，战国时苏秦游说六国联合与秦国对抗的政策。因秦国在西方，东方六国大致呈南北方向分布，纵向联合，故称“合纵”。商鞅变法时六国尚未合纵攻秦，此处借指战乱时期。

【译文】

从前秦国攻打梁国，梁惠王对孟子说："先生不远千里，屈尊亲临我这里，如今秦国攻打魏国，先生凭借什么来抵御呢？"孟子回答说："当初周太王居住在邠地，狄人进攻他，供奉给狄人玉器和丝织品，还是不行。太王不想让民众受到伤害，于是离开邠地迁往岐山。现在您为什么不离开魏国呢？"梁惠王听后很不高兴。梁国所珍视的是自己的国家。如今让梁惠王离开梁国，他是不会做到的，先前的事情并非在不同时代还适合去做。因而孟子的话虽然充满仁义，但并不是梁惠王所需要的。这与向饥饿之人赠送宝珠，向落水之人投去玉石又有什么区别呢？秦孝公询问商鞅治理秦国的方法，商鞅回答说改变国家法令并实行严酷的刑法。施行三年，民众富裕、军力强大，国家安定繁荣，以威力慑服诸侯。孟子仁义，主张效仿周太王离开邠地，却不适合于当代；商鞅浅薄，实行苛刻而严厉的刑法，反而使国家安定。并不是仁义之举不可以施行，而苛刻的刑法称为美政，是由于时代淳朴和浮薄的风气不同，所施行的政令与教化也应该有所改变，正值争战的动乱时期，仁义未必可以有效施行。

故明镜所以照形，而盲者以之盖卮①；玉笄所以饰首②，而秃妪以之挂杖③。非镜笄之不美，无用于彼也。庖丁解牛，适俗所须④；朱泙屠龙，无所用巧⑤。苟乖世务⑥，虽有妙术，归于无用。故老聃至西戎，而效夷言⑦，夏禹入裸国，忻然而解裳⑧，非欲忘礼，随俗宜也；墨子俭啬而非乐者，往见荆王，衣锦吹笙⑨，非苟违性，随时好也。鲁哀公好儒而削，代君修墨而残，徐偃王行仁而亡，燕哙为义而灭。夫削残亡灭，暴乱之所招也。而此以行仁义儒墨而遇之，非仁义儒墨之不可行，非其时之所致也⑩。

【注释】

①明镜所以照形，而盲者以之盖卮（zhī）：《淮南子·人间》："夫戟者所以攻城也，镜者所以照形也。宫人得戟，则以刈葵；盲者得镜，则以盖卮。"卮，古代盛酒的器皿。

②笄（jī）：古代的一种簪子，用来插住挽起的头发，或插住帽子。

③妪：年老的女人。杙（yì）：木桩。

④庖丁解牛，适俗所须：据《庄子·养生主》，庖丁为文惠君宰牛，因技艺娴熟，游刃有余，大受文惠君称赞。庖丁，名叫丁的厨师。

⑤朱泙（pēng）屠龙，无所用巧：据《庄子·列御寇》，朱泙漫向支离益学习杀龙，耗尽千金家产，三年后学成，却没有机会表现他的技艺。朱泙，复姓朱泙，名漫，生平未详。

⑥乖：违背。世务：世情，时势。

⑦老聃至西戎，而效夷言：《后汉书·襄楷传》："或言老子入夷狄，为浮屠。"老聃，即老子，姓李名耳，字聃。西戎，古代对西北少数民族的总称。

⑧夏禹入裸国，忻（xīn）然而解裳：据《吕氏春秋·贵因》，大禹来到裸国，解衣而入，束衣而出。夏禹，即大禹，曾建立夏朝，故称。裸国，传说中的古国名，其民皆不穿衣，故称。忻然，高兴、欢喜的样子。忻，同"欣"。

⑨"墨子俭啬而非乐者"以下三句：《吕氏春秋·贵因》："墨子见荆王，衣锦吹笙。"墨子，战国时期墨家学派创始人，提倡"节用"，反对奢侈浪费，又主张废除音乐，即"非乐"，认为欣赏音乐会使统治者疏于治理政务。俭啬，节俭。荆王，指楚王。

⑩"鲁哀公好儒而削"以下九句：《淮南子·人间》："夫徐偃王为义而灭，燕子哙行仁而亡，哀公好儒而削，代君为墨而残。灭、亡、削、残，暴乱之所致也，而四君独以仁、义、儒、墨而亡者，遭时之务异也。非仁、义、儒、墨不行，非其世而用之，则为之擒矣。"鲁

哀公，春秋末鲁国君主。据《庄子·田子方》，哀公好儒，使鲁国尽穿儒服。在位期间数次割地于齐。代，战国时诸侯国名，在今河北蔚县一带，为赵襄子所灭。徐偃王，西周时徐国国君，讲仁义而不修武备，后为楚国所灭。燕哙（kuài），战国时燕国国君，名哙，曾让位于相国子之，造成燕国大乱，齐乘机攻燕，被杀。

【译文】

因此明镜是用来照出形体的，但盲人却用它来盖酒器；玉簪是用来装饰头发的，但秃头的老妇人却把它挂在树桩上。并非镜子和簪子不好，是因为对他们没有用处。庖丁擅长宰牛，迎合了当时的需要；朱泙漫学会杀龙，却没有机会表现。如果违背世情，即使有精湛的技艺，也终将无处施用。因此老子到西方戎族，就学习他们的语言；夏禹进入裸国，就欣然脱掉衣服，并不是他们想要丢弃礼法，而是遵从当地的风俗；墨子主张节俭和废除音乐，去拜见楚王时，却穿锦绣衣服并吹起笙，并不是随意改变了性情，而是随从楚王的喜好。鲁哀公推崇儒术而使国土削减，代国国君信奉墨家主张而遭到残害，徐偃王施行仁爱而使国家灭亡，燕王哙施行大义而使自己被杀。削地、残害、灭亡、被杀，本是行凶作乱才会引起的。而这些人却因为施行仁义、提倡儒家和墨家的主张而遭遇至此，并不是仁义与儒墨主张不可施行，而是因为不符合当时形势导致的。

风俗章四十六

风者，气也；俗者，习也。土地水泉，气有缓急，声有高下，谓之风焉；人居此地，习以成性，谓之俗焉。风有厚薄，俗有淳浇[①]。明王之化[②]，当移风使之雅[③]，易俗使之正。是以上之化下，亦为之风焉；民习而行，亦为之俗焉[④]。

【注释】

①淳浇:指风俗的淳厚与浇薄。

②明王:圣明的君主。

③雅:合乎规范的,标注的。

④"是以上之化下"以下四句:阮籍《乐论》:"故造始之教谓之风,习而行之谓之俗。"

【译文】

风,即风气;俗,即习俗。土地河流,其气势有缓有急,其声音有高有低,称作风;人们居住在这个地方,习惯于此并形成特性,称为俗。风气与习俗有淳厚也有浇薄。圣明的君主施行教化,应当转变风气使之规范,改易习俗使之端正。因而君主教化下民,也就是风;民众随从行事,也就是俗。

楚、越之风好勇,其俗赴死而不顾;郑、卫之风好淫,其俗轻荡而忘归①;晋有唐尧之遗风,其俗节财而俭啬②;齐有景公之余化,其俗奢侈以夸竞③;陈大姬无子好巫祝,其俗事鬼神以祈福④;燕丹结客纳勇士于后宫,其俗待妻妾于宾客⑤。斯皆上之风化⑥,人习为俗也。

【注释】

①"楚、越之风好勇"以下四句:阮籍《乐论》:"楚、越之风好勇,故其俗轻死;郑、卫之风好淫,故其俗轻荡。"

②晋有唐尧之遗风,其俗节财而俭啬:据《汉书·地理志下》,河东地区本是唐尧所居之地,周成王封叔虞于此,是为晋国。这里的民众"有先王遗教,君子深思,小人俭陋"。唐尧,即尧帝,初封于陶,后封于唐,故称"唐尧",号"陶唐氏"。俭啬,节俭。

③齐有景公之余化，其俗奢侈以夸竞：据《晏子春秋》，齐景公生活奢靡，贪图享乐，曾经“夜听新乐而不朝”，外出打猎“十有八日而不返”，寒冬里身穿狐皮裘，说“雨雪三日而天不寒”。大夫晏婴常进谏阻止。夸竞，夸耀争竞。

④陈大姬无子好巫祝，其俗事鬼神以祈福：据《汉书·地理志下》，周武王封妫满于陈，并把女儿大姬嫁给他。大姬“好祭祀，用史巫，故其俗巫鬼”。郑玄《诗谱》：“大姬无子，好巫觋祈祷鬼神歌舞之乐，民俗化而为之。”大姬，周武王的长女，陈国开国君主妫满之妻。巫祝，古代称事鬼神者为巫，祭祀时主赞词者为祝，后巫祝连用指掌管占卜祭祀的人。

⑤燕丹结客纳勇士于后宫，其俗待妻妾于宾客：据《汉书·地理志下》，燕国太子丹以宾客之礼接待勇士，不爱后宫美女，“民化以为俗，至今犹然”，而“宾客相过，以妇侍宿，嫁取之夕，男女无别，反以为荣”。燕丹，即战国时燕国太子丹，曾结识荆轲，命其入秦刺杀秦王。

⑥风化：风气，风教。

【译文】

楚、越之地的风气是崇尚勇敢，其习俗便是奔向死亡也在所不辞；郑、卫之地的风气是喜好淫靡，其习俗便是在轻浮放荡中流连忘返；晋国有唐尧遗留下来的风气，其习俗便是节约而俭朴；齐国有景公延续下来的风气，其习俗便是奢侈浪费而夸耀争竞；陈大姬没有子女而喜欢祭祀鬼神，陈地的风俗便是侍奉鬼神以祷告求福；燕国太子丹在后宫结交宾客接待勇士，燕国的习俗便是以妻妾款待宾客。这些都是君主的风气，民众追随而形成习惯。

越之东有輆沐之国，其人父死，即负其母而弃之，曰鬼妻不可与同居；其长子生，则解肉而食之，谓之宜弟[①]。楚之南有啖人之国，其亲戚死，朽其肉而后埋其骨，谓之为孝子[②]。秦之西有义渠之国，其亲戚死，则聚柴薪而焚之，烟上熏天，谓之升霞[③]。胡之北有射姑之国[④]，其亲戚死，则弃尸于江中，谓之水仙。斯皆四夷之异俗也。

【注释】

①“越之东有轸（kài）沐之国”以下七句：《墨子·节葬下》：“昔者越之东有輆沐之国者，其长子生，则解而食之，谓之宜弟；其大父死，负其大母而弃之，曰鬼妻不可与居处。”輆沐，又作“輆沭”，古国名。

②“楚之南有啖（dàn）人之国”以下四句：《墨子·节葬下》：“楚之南有炎人国者，其亲戚死，朽其肉而弃之，然后埋其骨，乃成为孝子。”

③“秦之西有义渠之国”以下五句：《墨子·节葬下》：“秦之西有仪渠之国者，其亲戚死，聚柴薪而焚之，熏上，谓登遐。”义渠，又作“仪渠”，西戎之一，分布于岐山、泾水以北今甘肃庆阳、泾川一带。春秋时势力强大，自称为王，与秦时战时和，后被秦吞并。

④射姑：疑作“姑射”，传说中的古国名。《山海经·海内东经》：“姑射国在海中，属列姑射；西南，山环之。”

【译文】

越地之东有个輆沐国，那里的人如果父亲去世，就要把母亲背走扔掉，说不可以和鬼的妻子一起居住；生下长子，就要剖解他的肉吃掉，称为“宜弟”。楚地之南有个啖人国，那里的人亲属死去，要让尸体腐烂后再将尸骨埋掉，这样做会被称为孝子。秦地之西有个义渠国，那里的人亲属死后，要堆积柴草焚烧，烟气浓烈直上云霄，叫作“升霞”。胡地之北有个射姑国，那里的人亲属死去，就把尸体扔到江中，称为“水仙”。这些都是四方少数民族的不同风俗。

是以先王伤风俗之不善，故立礼教以革其弊，制雅乐以和其性[①]，风移俗易，而天下正矣。

【注释】

①雅乐：古代用于郊庙朝会的正乐。

【译文】

因此先王感伤风俗的不好，就树立礼仪教化来革除这些弊端，制定正统音乐来调和人们的性情，风气转变、习俗改易，天下便正统规范了。

利害章四十七

利害者，得失之本也；得失者，成败之源也。故就利而避害[①]，爱得而憎失，物之恒情也[②]。人皆知就利而避害，莫知缘害而见利；皆识爱得而憎失，莫识由失以至得。有知利之为害，害之为利，得之成失，失之成得，则可与谈利害而语得失矣。

【注释】

①就：接近。

②恒情：常情。

【译文】

利益与损害，是得到与失去的根本；所得与所失，是成功与失败的根源。因此趋向利益而躲避损害，喜欢得到而厌恶失去，是人之常情。人们都知道趋向利益而躲避损害，却不知道通过损害看到利益；都喜欢得到而厌恶失去，却不懂得在所失中也可以有所得。如果有人能够懂得利益也是损害，损害也有利益，得到也能失去，失去也有所得，这样就可以与他谈论利害和得失的道理了。

夫内热者之饮毒药，非不害也；疽痤用砭石，非不痛也。然而为之者，以小痛来而大痛灭，小害至则巨害除也①。饥而倍食，渴而大饮，热而投水，寒而投火，虽暂怡性，必为后患②。菖蒲去蚤虱而来蚰蜒③，矾石止龋痛而朽牙根④，躁痛虽弭⑤，必生后害。此取小利而忘大利，虽去轻害而负重害也。

【注释】

①“夫内热者之饮毒药”以下七句：《淮南子·诠言》：“割痤疽，非不痛也；饮毒药，非不苦也。然而为之者，便于身也。”毒药，泛指治病的药物。疽痤（jū cuó），毒疮。砭（biān）石，古代用于治毒疮、除脓血的石针或石片。

②“饥而倍食”以下六句：《淮南子·诠言》：“渴而饮水，非不快也；饥而大飧，非不赡也。然而弗为者，害于性也。”怡性，怡悦精神。

③菖蒲：水生植物，有香气，叶可驱虫。蚰蜒（yóu yán）：节足动物，与蜈蚣同类而略小。

④矾石：一种矿物，呈透明状结晶体，可入药。龋：蛀牙。

⑤弭：平息，停止。

【译文】

有内热的人喝下药，并不是对身体没有伤害；长毒疮的人用砭石来治疗，并不是不感到疼痛。然而还是要这样做，是因为忍受轻微的疼痛可以去除严重的病痛，治疗所带来的轻微伤害可以赶走病痛所造成的严重伤害。饥饿的时候加倍进食，口渴的时候过量饮水，炎热的时候跳入水中，寒冷的时候钻进火里，虽然精神能够暂时怡悦，但必定会引起后患。菖蒲可以驱除跳蚤和虱子，但也会招来蚰蜒，矾石可以止住蛀牙疼痛，但也会腐蚀牙根，阵痛虽然止住了，但一定会在日后造成伤害。这是获得了眼前的好处而忽略了长远的利益，即使除掉了轻微的伤害也要遭受更深重的祸患。

瘕疾填胸①，而不敢破，虿尾螫跗②，而不敢斫③，非好疾而爱毒，以破斫之患，甚于疾螫也。酖酒盈卮，渴者弗饮，非不渴也，饮之立死④。销金在炉，盗者不掬⑤，非不欲也，掬而灼烂。虓虎在前，地有隋珠，虽贪如盗跖，则手不暇拾⑥。悬彀向心⑦，路有西施，虽淫如景阳⑧，则目不暇视。非不爱宝而悦色，而不顾者，利缓而害急也。

【注释】

①瘕（jiǎ）疾：腹中结块的病。

②虿（chài）尾：蝎子的尾巴。螫（shì）：毒虫刺咬。跗（fū）：脚背。

③斫：用刀斧砍。

④"酖（zhèn）酒盈卮（zhī）"以下四句：《抱朴子内篇·微旨》："鸩酒解渴，非不暂饱而死亦及之矣。"酖酒，毒酒。卮，古代一种盛酒的器皿。

⑤销金在炉，盗者不掬：《韩非子·五蠹》："铄金百溢，盗跖不掇。"销，熔化。掬，用两手捧。

⑥"虓（xiāo）虎在前"以下四句：《淮南子·说林》："兕虎在于后，隋侯之珠在于前，弗及掇者，先避患而后就利。"虓虎，咆哮怒吼的虎。隋珠，传说中灵蛇为了报答隋侯的救命之恩而馈赠的宝珠，又称"隋侯珠""灵蛇珠"。盗跖（zhí），相传为古代的大盗，生性暴虐，横行天下。

⑦彀（gòu）：张满弓。

⑧景阳：战国时楚国将领，相传为好色之人。《淮南子·泛论》："景

阳淫酒，被发而御于妇人，威服诸侯。”

【译文】

如果有结块长在胸中，一定不敢刺破，蝎子尾巴蜇了脚背，一定不敢用刀砍，这并不是喜欢疾病或毒性，是因为刺破和劈砍所带来的损伤，要比结块病和蝎子蜇严重得多。杯中盛满毒酒，口渴的人也不会去喝，不是因为不渴，是因为喝下之后就会立刻死掉。熔炉里正在熔化金子，小偷也不会用两手去捧，并非他不想要，而是因为去捧就会烧烂双手。面前是咆哮的猛虎，地上有隋侯宝珠，即使像盗跖一样贪婪的人，也顾不上动手拾取。当胸前是张满的弓，而路旁有美女西施，即使如景阳一样好色的人，也顾不上去看。并不是人们不喜欢珍宝和美色，然而无暇顾及，是因为利益尚且遥远而灾祸却迫在眉睫。

昔齐有货美锦于市者，盗于众中而窃之。吏执而问之曰："汝何盗锦于众中？"对曰："吾但见锦，不见有人，故取之耳①。"若斯人者，眩于利而忘于害。黄口以贪饵而忘害，故擒于罗者②；异鹊以见利而忘身，且怵于庄周③。

【注释】

①"昔齐有货美锦于市者"以下八句：《吕氏春秋·去宥》："齐人有欲得金者，清旦被衣冠，往鬻金者之所，见人操金，攫而夺之。吏搏而束缚之，问曰：'人皆在焉，子攫人之金，何故？'对吏曰：'殊不见人，徒见金耳。'"货，贩卖。

②黄口以贪饵而忘害，故擒于罗者：据《孔子家语·六本》，孔子看见捕鸟的人捕获的都是雏鸟，便问他为什么不捕捉大鸟。捕鸟人说，大鸟比较警觉而难以捕获，雏鸟贪吃诱饵，所以容易捕到。孔子便告诫弟子说："保持警觉才能远离危害，贪恋食物就会忘记祸

患。"黄口，雏鸟的嘴，代指雏鸟。罗者，张网捕鸟的人。

③异鹊以见利而忘身，且怵于庄周：据《庄子·山木》，庄子看见一只奇异的鹊停在树林中，便拿着弹弓伺机捕捉。这时一只蝉因得到了树叶的荫蔽而忘记了自身的危险，被螳螂捉住了；螳螂捉到了蝉，也忘了自己的危险，被那只鹊捕获了；鹊捉到了螳螂，却不知自己也在弹弓的射程之内。看到这一切，庄子警惕地说："物类间互相残害，是因为相互招引贪图所致。"于是扔下弹弓离开了。怵，戒惧，惊惧。庄周，即庄子，名周，战国宋国蒙（今河南商丘）人，道家学说的主要创始人，主张"天人合一""清静无为"，与老子并称"老庄"。

【译文】

从前齐国有人在集市上卖华美的丝织品，被人群中的一个小偷偷去了。官吏抓到小偷问道："你为什么敢在人多时偷人家的丝织品呢？"小偷回答说："我只看见了丝织品，没看见有人，所以就拿来了。"像这样的人，被眼前的利益所迷惑而忘记了祸患。雏鸟因为贪恋诱饵而忘记了被抓的危险，所以被张网的人捕捉；奇异的鹊因为看见眼前的食物而忘记了自身被弹弓瞄准的危险，于是引发了庄子的戒惧。

是以智者见利而思难，暗者见利而忘患。思难而难不至，忘患而患反生。以是观之，利害之道，去就之理，亦以明矣。

【译文】

因而有智慧的人看到好处会想到可能发生的灾难，愚蠢的人看到好处就忽略了可能发生的祸患。想到了灾难，灾难不一定到来，忘记了祸患，祸患反而容易发生。这样看来，利害的关系，取舍的道理，也就很明白了。

祸福章四十八

祸福同根，妖祥共域[①]。祸之所倚，反以为福；福之所伏，还以成祸[②]；妖之所见，或能为吉；祥之所降，亦回成凶。有知祸之为福，福之为祸，妖之为吉，祥之为凶，则可与言物类矣。

【注释】

①妖：不祥，凶险。

②“祸之所倚”以下四句：《老子·第五十八章》：“祸兮福之所倚，福兮祸之所伏。”伏，藏匿。

【译文】

灾祸与福气同根而生，凶险与吉祥共存一处。灾祸所附着的地方，也可能存有福气；福气所隐藏的地方，也可能会变为灾祸；凶险出现的地方，也可能存有吉祥；吉祥所降临的地方，也可能转化为凶险。如果有人能够懂得灾祸也是福气，福气也存有灾祸，凶险可能是吉祥，吉祥也可能变为凶险，这样便可以与他谈论世间万物了。

吴兵大胜，以为福也，而有姑苏之困[①]；越栖会稽，以为祸也，而有五湖之霸[②]；戎王强盛，以为福也，而有樽下之执[③]；陈骈出奔，以为祸也，终有厚遇之福[④]。祸福回旋，难以类推。

【注释】

①“吴兵大胜”以下三句：《战国策·秦策三》：“吴王夫差无適于天下，轻诸侯，凌齐、晋，遂以杀身亡国。”姑苏，指姑苏山，在今苏州

西南。越破吴，吴王夫差被困于此，自杀身亡。

②“越栖会稽”以下三句：据《国语·越语下》，越国“兴师而伐吴，战于五湖，不胜，栖于会稽”。后来两国又战于五湖，越军胜，《淮南子·齐俗》言勾践“胜夫差于五湖，南面而霸天下”。会稽，越国国都，在今浙江绍兴。五湖，一说即今太湖。

③“戎王强盛”以下三句：据《吕氏春秋·壅塞》，秦穆公时，戎人十分强大，穆公便送给戎王一些年轻的舞女和技艺高超的厨师，戎王非常高兴，日夜饮酒作乐。有人说秦兵将至，戎王竟拉弓将他射死。后来秦兵果然到了，戎王还醉卧在酒樽下，最终被捆绑活捉。樽，古代盛酒的器具。

④“陈骈出奔”以下三句：据《淮南子·人间》，唐子在齐威王面前说陈骈的坏话，齐威王要杀陈骈，陈骈逃往薛地。孟尝君听说后，派人用车迎接陈骈，一天三顿饭都以美味佳肴款待。冬天给他穿皮衣，夏天给他穿葛麻，出门不是乘牛车就是骑良马。陈骈，即田骈，战国时齐国人，稷下学宫最具影响的学者之一，著有《田子》。

【译文】

吴军取得大胜，以为是福事，但最终在姑苏山遭遇围困；越军被困在会稽，以为是灾难，但也能在五湖称霸；戎王武力强盛，以为是福事，但也会在酒樽旁被擒拿；陈骈逃亡出奔，以为是灾祸，但最终有了被厚待的福事。灾祸与福气总是相互转化，很难以事类相推。

昔宋人有白犊之祥，而有失明之祸，虽有失明之祸，以至获全之福[①]。北叟有胡马之利，卒有奔坠之患，虽有奔坠之患，而至保身之福[②]。是以见不祥而修善，则妖反为祥；见祥而不为善，即祥还成妖矣[③]。

【注释】

①“昔宋人有白犊之祥”以下四句：据《淮南子·人间》，宋国一户人家的黑牛产下一只白牛犊，算命先生说是吉兆，结果这家的父亲却无缘无故失明了。之后又产下一头白牛犊，算命先生又说是吉兆，结果儿子也失明了。后来楚国攻打宋国，城里的青壮年全都战死了，老幼都上城楼防守。城被攻破后，楚王将上城楼防守的人全部杀死，唯独这户人家因父子失明而没上城楼，得以保全性命。楚军撤走后，父子二人又复明了。犊，小牛。

②“北叟有胡马之利”以下四句：据《淮南子·人间》，边塞附近有个人家里的马无缘无故跑到了胡地，邻居都来安慰他，他说：“这难道不能变成好事吗？”不久跑失的马领着一群胡地好马回来了，邻居又都来庆贺，他说：“这难道不会变为坏事吗？”果然他的儿子骑马时将腿摔断了，邻居又来安慰，他又说：“怎么知道这不会变成好事呢？”过了一年，胡人进攻边塞，青壮年都去参战，边塞附近的居民死了十分之九，唯独这户人家因儿子跛脚，性命得以保全。叟，老年人。

③“是以见不祥而修善”以下四句：《吕氏春秋·制乐》：“吾闻祥者福之先者也，见祥而为不善，则福不至；妖者祸之先者也，见妖而为善，则祸不至。”

【译文】

从前宋国一户人家的牛生下白色牛犊被认为是吉兆，之后却有父子相继失明的灾祸，虽然有失明的灾祸，但却在战乱中保全了性命，又成了福事。北方边塞附近的老人，跑失的马带回了胡地良马，被认为是好事，结果却发生了儿子坠马的灾祸，虽然有坠马的灾祸，但因此免于参战而保全了性命，又成了福事。因此遭遇不祥便行善，凶险就可能变为吉祥；收获吉祥而不行善，即使是吉祥也会变成凶险。

昔武丁之时，亳有桑穀，共生于朝。史占之曰："野草生朝，朝其亡乎？"武丁恐惧，侧身修德，桑穀自枯。八纮之内，重译而来，殷道中兴[①]。帝辛之时，有雀生乌于城之隅，史占之曰："以小生大，国家必王。"帝辛骄暴，遂亡殷国[②]。

【注释】

①"昔武丁之时"以下十二句：又见于《说苑·敬慎》。武丁，商朝君主，勤于政事，励精图治，使商朝得到空前发展，史称"武丁中兴"。亳（bó），地名，商朝国都，一说在今河南商丘。桑穀（gǔ），又作"桑榖"，二木名，古时迷信以桑、穀生于朝为不祥。共生，谓环抱而长。共，通"拱"。史，古官名，掌占卜、记事、星历等。侧身，比喻因戒惧而不能安身。《诗经·大雅·云汉·序》："遇灾而惧，侧身修行。"八纮（hóng），八方极远之地，泛指天下。纮，维。重译，指地域遥远的人因语言相差大，需经过多次翻译才能听懂。

②"帝辛之时"以下七句：又见于《说苑·敬慎》。帝辛，即商纣王，商朝末代君主，是与夏桀并称"桀纣"的著名暴君。隅，角。王，统治，称王。

【译文】

从前武丁在位的时候，亳地有桑、穀两种树木，环抱生长于朝廷中。官员占卜说："野木生长在朝廷中，王朝将要灭亡了吧？"武丁非常恐惧，谨慎修德，桑、穀便自然枯萎。八方之人，通过辗转翻译前来归附，殷商王朝实现中兴。商纣王在位时，城角有一只雀鸟生出一只乌鸦，官员占卜说："小的动物生出大的动物，国家一定会统治天下。"但纣王骄横暴虐，最终使殷商王朝灭亡。

故妖孽者，所以警王侯也；怪梦者，所以警庶人也。妖孽不胜善政，则凶反成吉；怪梦不胜善行，则祸转为福[1]。人有祸必惧，惧必有敬，敬则有福，福则有喜，喜则有骄，骄有祸。

【注释】

①“故妖孽者”以下八句：《说苑·敬慎》：“故妖孽者，天所以警天子诸侯也；恶梦者，所以警士大夫也。故妖孽不胜善政，恶梦不胜善行也。至治之极，祸反为福。”妖孽，指怪异反常的事物，古人认为是不祥之兆。庶人，平民，百姓。

【译文】

因而反常的现象，可以用来警示王侯显贵；怪异的梦境，可以用来警示平民百姓。反常的现象无法征服清明的政治，凶险则可能转化为吉祥；怪异的梦境无法战胜仁善的行为，灾祸就可能转化为福事。人们遇到灾祸必定感到恐惧，感到恐惧就要心生敬畏，心存敬畏便会拥有福气，拥有福气就会心中欢喜，心中欢喜就可能骄傲，骄傲又可能招致灾祸。

是以君子祥至不深喜，逾敬慎以俭身[1]；妖见不为戚[2]，逾修德以为务。故招庆于神祇[3]，灾消而福降也。

【注释】

①俭：约束，节制。

②戚：忧愁，悲哀。

③神祇（qí）：天神和地神。泛指神明。

【译文】

因此君子看到吉兆降临而不过分欢喜，而是更加恭敬谨慎地约束自己；凶兆出现也不忧愁，而是更把修养德行作为要务。因而会得到神明的福庆，使灾祸消除而福事降临。

贪爱章四十九

小利，大利之殬[①]；小吝[②]，大祸之津。苟贪小利则大利必亡，不遗小吝则大祸必至。

【注释】

①殬（dù）：败坏。

②吝：非分贪求。

【译文】

追求小利，会危害到大的利益；贪求小事，会招致大的灾难。如果贪图小利必然会导致大利的丧失，不放过非分之求，那么大的灾祸必然会来到。

昔蜀侯性贪，秦惠王闻而欲伐之。山涧峻崄，兵路不通，乃琢石为牛，多与金，日置牛后，号牛粪金，言以遗蜀侯。蜀侯贪之，乃斩山填谷，使五丁力士以迎石牛，秦人帅师随后而至，灭国亡身，为天下所笑，以贪小利失其大利也[①]。

【注释】

①"昔蜀侯性贪"以下十六句：又见于《艺文类聚》卷九四引扬雄《蜀王本纪》。秦惠王，战国时秦国国君，曾采纳司马错的建议吞灭巴、蜀。峻崄（xiǎn），险峻。遗，给予，馈赠。斩，通"堑"，挖掘。五丁力士，传说中古蜀国的五位力士。帅，率领。

【译文】

从前蜀侯贪婪，秦惠王听说后要讨伐他。但是山路险峻难行，进军之路不通，于是秦惠王派人用石头刻成牛，又拿出很多黄金，每天放在牛尾巴后，称为牛粪金，说要送给蜀侯。蜀侯贪婪，便挖山填谷，使五位力士去把石牛运回，秦人也率领军队随后到来，蜀侯亡国身死，被天下人所耻笑，就是因为贪图小利而蒙受了更大的损失。

楚白公胜，其性贪吝，既杀子西，据有荆国，积敛财宝，填之府库，不以分众。石乞谏曰："今患至，国将危，不顾，胜败存亡之机，固已形于胸中矣，不能散财以求人心，则不如焚之，无令彼众还以害我。"又不能从。及叶公入，乃发大府之货以与众，出高库之兵以赋民，因而攻之，十有九日，白公身灭①。财非己有而欲有之，以此小吝而大祸生焉。

【注释】

①"楚白公胜"以下二十三句：见于《吕氏春秋·分职》。白公胜，春秋时楚国大夫，曾兴兵作乱，杀令尹子西，劫持楚惠王，叶公攻入楚都后兵败自杀。子西，春秋时楚国令尹。府库，国家储存财物兵甲的仓库。石乞，楚国武士，白公胜的党羽。机，通"几"，征兆。叶公，名沈诸梁，楚国大夫，封地在叶，称"叶公"，击败白公胜后迎楚惠王复位。大府，此指储藏财物的仓库。货，财物。高库，此指兵器库。赋，给予。

【译文】

楚国的白公胜，本性贪婪吝啬，杀掉子西后，占有楚国，聚敛财宝，藏入府库，不分给民众。石乞进谏说："如果灾难到来，国家就要面临危机，然而不顾及，胜败存亡的征兆已经存于心中，如果不能分发财物来求得民心，那么还不如烧掉它，不要让那些人转而来伤害我们。"白公胜又不听从。等到叶公到来，打开府库把财物分发给百姓，把仓库里的兵器分给民众，以此去攻打白公胜，十九天后，白公胜败亡。财物并不是自己的却要占有它，因为这样非分的贪求而招致了大的祸患。

寒山有兽，其名曰狍，生角当心，俯而磨之，溃心而死[①]。炎州有鸟，其名曰枭，妪伏其子，百日而长，羽翼既成，食母而飞[②]。

【注释】

①“寒山有兽”以下五句：《鲁连子》：“北方有兽，名为狍，生而角当心，俯厉其角，溃心而死。”寒山，传说中北方常寒之山。狍，传说中的兽名。溃，烂。

②“炎州有鸟”以下六句：《新论·谴非》：“枭生子，子长，且食其母，乃能飞。”炎州，泛指南海之州。枭，一种与猫头鹰相似的鸟。伏，指鸟孵卵。

【译文】

寒山有一种兽，名叫狍，长出的犄角正对着心脏的位置，它俯下身子去磨自己的角，最终因为心脏溃烂而死。炎州有一种鸟，名叫枭，雌鸟孵化的幼鸟，一百天长大，羽翼丰满后，便将母亲吃掉而飞走。

蜀侯之贪石牛，牛愈近而身转危，何异狍磨其角，角愈利而身速亡乎？白公之据财，财愈积而身愈灭，何异枭之养子，子愈长而身就害也？

【译文】

蜀侯贪图石牛，牛越靠近自身就越危险，这与狍磨砺犄角，犄角越锋利就越接近死亡有什么区别呢？白公胜占有财物，财富积聚得越多就越接近灭亡，这与枭喂养幼子，幼子一旦长大就伤害它有什么不同呢？

是以达人睹祸福之机[①]，鉴成败之原，不以苟得自伤[②]，不以过吝自害。《老子》曰："多藏必厚亡[3]。"《礼》云："积而能散[4]。"皆明止足之分[5]，祛贪吝之萌也[6]。

【注释】

①达人：通达事理的人。

②苟得：不当得而得。

③多藏必厚亡：聚敛越多，损失越大。《老子·第四十四章》："甚爱必大费，多藏必厚亡。"

④积而能散：指能积蓄财物也能布施给穷人。《礼记·曲礼上》："积而能散，安安而能迁。"

⑤止足：知止知足，不贪得无厌。

⑥祛：除去，驱逐。

【译文】

因而通达事理的人能看到灾祸与福祥的征兆，明察成功和失败的根由，不因不当之得而伤害自己，不因过分贪求而招致灾难。《老子》中说："过分聚敛必定招致惨痛的损失。"《礼记》中说："能积蓄财物也能散发给贫困的人。"这些都在告诫人们要知止知足，去除贪得无厌的念头。

类感章五十

方以类聚，物以群分[1]，声以同应，气以异乖[2]。其类苟聚，虽远不离；其群苟分，虽近未合。故铜山崩蜀，钟鸣于晋[3]；淄、渑共川[4]，色味异质。感应必类，自然之数也。

【注释】

①方以类聚，物以群分：《周易·系辞上》："方以类聚，物以群分，吉凶生矣。"

②声以同应，气以异乖：《周易·乾卦·文言》："同声相应，同气相求。"

③铜山崩蜀，钟鸣于晋：《太平御览》卷五七五引《异苑》："魏时，殿前钟忽鸣，张华曰：'蜀铜山崩。'"张华是魏晋时人，故称"钟鸣于晋"。

④淄：指淄水，源出今山东莱芜，流经淄博。渑（shéng）：指渑水，源出今山东淄博东北。

【译文】

同类事物相聚一处，同类东西聚在一起，相同的声音能产生共鸣，不同的气息会相互排斥。如果是能够聚集起来的同类，即使离得远也不会分离；如果是会区分开的群体，即使靠得近也未必融合。因此蜀地的铜山崩塌，晋地的钟与之共鸣；淄水与渑水汇合于一处，颜色和味道却不相同。相互感应只能发生在同类事物之间，这是自然的规律。

是以飞行者，阳之群也；蛰伏者①，阴之类也。故日夏至而鹿角解②，月亏而蚌蛤消③，麒麟斗而日月蚀④，鲸鱼死而彗星出⑤，东风至而酒盈溢⑥，蚕含丝而商弦绝⑦，新谷登而旧谷缺⑧，龙举一井而云弥九天，虎啸一谷而风扇万里⑨，阳燧在掌而太阳火，方珠运握而太阴水⑩，类感之也。

【注释】

①蛰伏：动物冬眠，潜伏起来不食不动。

②日夏至而鹿角解：《淮南子·天文》："日至而麋角解。"解，脱落。

③月亏而蚌蛤消：《吕氏春秋·精通》："月望则蚌蛤实，群阴盈；月晦则蚌蛤虚，群阴亏。"蚌蛤，蚌与蛤，长者通称"蚌"，圆者通称"蛤"。

④麒麟斗而日月蚀：《淮南子·天文》："麒麟斗而日月食。"蚀，指日月食。

⑤鲸鱼死而彗星出:《淮南子·天文》:“鲸鱼死而彗星出。”彗星,俗称扫把星,古代彗星出现常被视为灾祸、战争等不祥之兆。

⑥东风至而酒盈溢:《淮南子·览冥》:“东风至而酒湛溢。”东风,谓春风。盈溢,满而溢出。

⑦蚕含丝而商弦绝:《淮南子·天文》:“蚕珥丝而商弦绝。”商弦,商调的丝弦,商音清,弦细而急。商,古代五音之一。绝,断。

⑧新谷登而旧谷缺:《吕氏春秋·博志》:“新谷熟而陈谷亏。”登,谷物成熟。

⑨龙举一井而云弥九天,虎啸一谷而风扇万里:《淮南子·天文》:“虎啸而谷风至,龙兴而景云属。”举,飞。

⑩阳燧在掌而太阳火,方珠运握而太阴水:《淮南子·天文》:“阳燧见日则燃而为火,方诸见月则津而为水。”阳燧,古代以日光取火的凹面铜镜。方珠,又作“方诸”,古代于月下承露取水的器具。运握,转动在手掌中。太阴,指月亮。

【译文】

所以飞行的禽鸟,是属阳的群体;潜伏的虫兽,是属阴的物类。因而到夏至时鹿角便开始脱落,月缺时蚌蛤就会亏缺,麒麟争斗时会有日食或月食,鲸鱼死亡时彗星就出现,春风吹来时酒便会涨出,幼蚕吐丝时商弦就会断绝,新谷成熟了旧谷便会亏缺,龙飞一井之高时云就弥漫整个天空,虎啸声回响在谷底大风就吹卷万里,手握聚光铜镜就可以对着太阳引火,运转盛露器皿就可以对着月亮取水,这都是同类之间的互相感应。

箕丽于月而飘风起①,毕动于天而骤雨散②。天将风也,纤尘不动而鸡日鸣;其且雨也,寸云未布而蚁蚓移矣③。巢居知风,穴处识雨④,风雨方至而鸟虫应之。太白晖芒⑤,鸡必夜应;火精光盛⑥,马必晨惊。鸡为兑禽,金为兵精。马者离畜,火为武神⑦。干戈且兴⑧,介驷将动⑨,而禽兽应之。

蛙鸣于野，鳖应于渊，螣蛇雄鸣于上风，雌鸣于下风，而化成形[10]。以斯至精相应，不待召而自感者，类之所应也[11]，若呼之与响，形之与影。故抱薪投火，燥者先燃；平地注水，湿者先濡[12]。弹角则木摇，鼓羽而波涌[13]。物以类相感，神以气相化也，岂以人情者哉？

【注释】

①箕丽于月而飘风起：《尚书·洪范》："月之从星，则以风雨。"孔传："月经于箕则多风。"箕，星宿名，二十八宿之一。丽，附着。飘风，暴风。

②毕动于天而骤雨散：《风俗通义·祀典》："雨师者，毕星也。"毕，星宿名，二十八宿之一。骤雨，暴雨。

③"天将风也"以下四句：《淮南子·泰族》："天之且风，草木未动而鸟已翔矣；其且雨也，阴曀未集而鱼已噞矣。"纤尘，微尘。鸩(yùn)日，鸩鸟的别名。

④巢居知风，穴处识雨：《论衡·变动》："天且风，巢居之虫动；且雨，穴处之物扰。"巢居，指筑巢而居的动物。穴处，指住在洞穴里的动物。

⑤太白：即金星，古人以为主杀伐。晖：同"辉"，光辉。

⑥火精：指太阳。

⑦"鸡为兑禽"以下四句：王叔岷《刘子集证》引劳贞一语："十二支属相，似见于《论衡》。兑为西方，离为南方，兑主酉为鸡，离主午为马。"《论衡·物势》："午，马也；……酉，鸡也。"鸡属兑卦，兑卦对应西方，西方属金，金又是兵器的精华，所以象征杀伐的太白（金星）光辉耀眼时，鸡会在夜间感应。战马属离卦，离卦对应南方，南方属火，火又代表武事，因此火精（太阳）光照强烈时，战马就会在清晨有所感应。兑，《周易》卦名。离，《周易》卦名。

⑧干戈：干与戈，古代常用兵器。比喻兵事、战乱。

⑨介驷：指披甲的战马。介，铠甲。

⑩“螣（téng）蛇雄鸣于上风”以下三句：《淮南子·泰族》：“螣蛇雄鸣于上风，雌鸣于下风，而化成形，精之至也。”螣蛇，传说中能飞的蛇。上风，风吹来的方向。下风，风所吹向的一方。化，生。

⑪“以斯至精相应”以下三句：《淮南子·主术》：“至精之像，弗招而自来。”至精，古代哲学中指一种极其微妙而不见形迹的存在。

⑫“故抱薪投火”以下四句：《周易·乾卦·文言》：“水流湿，火就燥。”《吕氏春秋·应同》：“平地注水，水流湿；均薪施火，火就燥。”濡，沾湿。

⑬弹角则木摇，鼓羽而波涌：《汉书·律历志》：“协之五音，则角为木，……羽为水。”古人将五音与五行相对应，角音对应木，羽音对应水。

【译文】

箕星依附于月亮暴风就会刮起，毕星在天空运行暴雨就会落散。天将要起风，还没有微尘吹起时鸡日就开始鸣叫；将要下雨，还没出现一丝乌云时蚂蚁和蚯蚓就已经移动。巢居的动物能感知风，穴居的动物能感知雨，风雨将要来临时鸟和虫就有感应。金星耀目，鸡就会在夜间有所感应；日光强烈，马就会在清晨受惊。鸡属兑卦之禽，金为兵器的精华，马属离卦之畜，火象征着武事。战争将要兴起，披甲的战马就要出动，而禽兽会随之感应。蛙在田野间鸣叫，鳖在水底应和，雄性螣蛇顺风鸣叫，雌性螣蛇逆风鸣叫，交配而孵化幼蛇。这种事物间精微神妙的互相应和，不需召唤就自然感应，是因为它们是同类之间的感应，就像呼叫与回响，形体与影子一样。因而抱来柴草扔进火中，干燥的柴草会先燃烧；让水流到平地上，潮湿的地方会先被浸润。弹出角音树木便摇摆，敲出羽音波涛便涌动。万物因同类而相互感应，精神以气息传递而相互感化，又怎么能依据人的意志呢？

卷十

【题解】

本卷继续探讨处世及治世的相关原则，包括《正赏》《激通》《惜时》《言苑》《九流》五章。

《正赏》谓客观评价。“赏者，所以辨情也；评者，所以绳理也。”然而世人往往较为盲目，以致“真伪难辨”“是非难明”，进而发生“正可以为邪，美可以称恶，名实颠倒”的现象。因而体察事物的特点和规律要排除主观因素的干扰，才能避免失实和失真，从而进行客观而准确的评价。通过“辨情”与“绳理”方可赏正，是《去情》章观点的深化，也是对“知人论世”观念的继承与发展，对于人才的选拔和评价亦有启发意义。

《激通》谓在逆境中探寻通途。奋激可以产生巨大的力量，进而冲破险阻；同样，困苦和逆境也可以激励人发奋图强。因而贤者“以险而陟，然后为贵；以难而升，所以为贤”，“厄而能通，屈而能伸”，从而才能“得为世用”。

《惜时》谓珍惜时间。如《左传·襄公二十四年》中所言，“太上有立德，其次有立功，其次有立言，虽久不废，此之谓不朽。”时间流逝，而立德立功、化有限的生命为无限的大爱才是把握时间的本质和要义，因而今人不可“枉没岁华”而贻误“被策树勋”的机会。作为全书最短的篇章，《惜时》章情感表达完整且浓烈，在对时命的哀叹中，流露出作者悲凉惆怅的意绪。

《言苑》谓众多言论的荟萃之处。作者在此讨论了一些道德标准和处世原则。其一，忠孝为百行之首；其二，仁义为重，凌驾于尊卑之上；其三，做人的标准要始终如一，不能以出仕入仕或生死而改变节操；其四，做事要兼顾事物的形式与内容，并以内容为先；其五，遇事应提前做好准备，不要等事到临头再想办法解决；其六，辨别生活中的同与异要以适用为准则。

《九流》谓先秦时代的九大学术流派。文章对道家、儒家、阴阳家、名家、法家、墨家、纵横家、杂家和农家的代表人物和主要观点进行了逐一梳理，既讲优长，又论偏颇，从而得出“九家之学，……迹虽有殊，归趣无异”的结论以及“道者，玄化为本；儒者，德化为宗”的观点。同时表明，施政者应以儒家的伦理道德规范民众的行为，以道家的无为思想引导民众的精神，在积极入世和消极避世之间寻求一个平衡点，以实现“身名两全”。

本卷阐述了一些关于人生境界的思想观点，反映出作者忠孝为先、仁义为重、惜时竞驰、奋发图强的观念与情怀。《九流》章殿全书之末，归宗儒道二家，也正是各章的总结与升华。

正赏章五十一

赏者，所以辨情也；评者，所以绳理也①。赏而不正，则情乱于实；评而不均，则理失其真。理之失也，由于贵古而贱今；情之乱也，在乎信耳而弃目。古今虽殊，其迹实同；耳目诚异，其识则齐。识齐而赏异，不可以称正；迹同而评殊，未得以言平。平正而俱翻，则情理并乱也。

【注释】

①绳：衡量。

【译文】

观察，是用来分析情况的；评价，是用来辨明真理的。观察时不公正，看到的情况就会不符合事实；评价不公平，就会使结论与真相不符。结论之所以出现失误，是由于看重古代而轻视当今；情况之所以与事实不符，是因为轻信所听闻的事情而忽略所见。古今虽然时代不同，但推究考察的方法是相同的；耳朵与眼睛虽然确实会有差异，但对于认识事物是同样有效的。认识的方法一致而观察到的情况不同，就不能够称之为公正；推究考察的方法相同而得出的结论不同，就不能够说是公平。公平和公正都丧失了，那么看到的情况和得出的结论就都混乱了。

由今人之画鬼魅者易为巧，摹犬马者难为工，何者？鬼魅质虚而犬马形露也①。质虚者可托怪以示奇，形露者不可诬罔以是非②，难以其真而见妙也。托怪于无象，可假非而为是；取范于真形，则虽是而疑非。

【注释】

①“由今人之画鬼魅者易为巧”以下四句：《淮南子·泛论》：“今夫图工好画鬼魅而憎图狗马者，何也？鬼魅不出世而狗马可日见也。”由，通“犹”，如同。摹，描绘。工，巧妙，精巧。

②诬罔：欺骗。

【译文】

就好像现在的人容易将鬼怪之物画得巧妙，却很难将狗、马描摹得精致，为什么呢？因为鬼怪的形貌是虚幻的而狗、马的外形却是人尽皆知的。形貌虚幻的事物可以通过怪异而显示出奇异，人尽皆知的事物却不能够通过欺骗而混淆是非，因而难以在真实中呈现出奇妙。通过无形的事物展现怪异，能够把虚假的当作真实的；对有形的事物进行描述，即使是正确的也会被怀疑有错误。

昔鲁哀公遥慕稷、契之贤，而不觉孔丘之圣[①]；齐景公高仰管仲之谋，而不知晏婴之智[②]；张伯松远羡仲舒之博，近遗子云之美[③]。以夫子之圣，非不光于稷、契；晏婴之贤，非有减于管仲；杨子云之才，非为劣于董仲舒。然而弗贵者，岂非重古而轻今，珍远而鄙近，贵耳而贱目，崇名而毁实邪？观俗之论，非苟欲以贵彼而贱此，饰名而挫实[④]，由于美恶混糅，真伪难分，弃法以度物情，信心而定是非也[⑤]。

【注释】

①鲁哀公遥慕稷、契之贤，而不觉孔丘之圣：据《史记·孔子世家》，孔子周游列国后回到鲁国，时鲁哀公当政，虽曾向孔子询问政事，但哀公"终不能用孔子"。《史记·鲁周公世家》载，齐国田常弑杀齐简公，"孔子请伐之，哀公不听"。"遥慕稷、弃之贤"未详所出。鲁哀公，春秋末年鲁国国君。稷，周的先祖，舜时为农官，教民耕种，号"后稷"。契，商的始祖，舜时佐禹治水有功，封于商。

②齐景公高仰管仲之谋，而不知晏婴之智：据《说苑·尊贤》，齐景公伐宋，在岐堤登高远望感叹道："从前我的先君桓公，凭着兵车八百乘而称霸诸侯；今我有兵车三千乘，却不敢在此久留，难道不是因为没有管仲这样的人来辅佐吗？"《晏子春秋》载，晏婴常对齐景公的贪图享乐加以谏阻，还曾因受到景公猜忌而被迫逃离齐国。齐景公，春秋时齐国国君。管仲，春秋时齐国政治家，辅佐齐桓公称霸诸侯。晏婴，春秋时齐国大夫。

③张伯松远羡仲舒之博，近遗子云之美：《论衡·齐世》："杨子云作《太玄》，造《法言》，张伯松不肯一观。与之并肩，故贱其言。使子云在伯松前，伯松以为金匮矣。""远羡仲舒之博"未详所出。张伯松，即张竦，字伯松，河东平阳（今山西临汾）人，西汉末官

员，王莽时官至郡守。仲舒，疑指董仲舒，西汉名儒。遗：忽略。子云，即扬雄，又作“杨雄”，字子云，蜀郡成都（今四川成都）人，西汉末文学家，著有《太玄》《法言》等。

④挫：同“错”，错过。此谓忽略。

⑤信心：随心，任意。

【译文】

从前鲁哀公追慕远古时代稷、契的贤良，却没有察觉到孔子的圣明；齐景公敬仰管仲的谋略，却不知道晏婴的智慧；张伯松羡慕昔日董仲舒的博学，却忽略了杨子云的才华。孔子的圣明，并不是没有稷、契显耀；晏婴的贤良，与管仲相比并没有减少；杨子云的才华，与董仲舒相比并不差。然而他们没有被尊崇，难道不是因为重视古代的而轻视当今的，重视远的而轻视近的，重视所闻而轻视所见，推崇传名而毁谤事实吗？查看世人的说法，并不是想要重视古人而轻视今人，看重声名而忽略事实，而是由于美丑混杂，真假难辨，才抛开客观标准来揣度实情，根据主观看法来判断对错。

今以心察锱铢之重[①]，则莫之能识，悬之权衡[②]，则毫厘之重辨矣。是以圣人知是非难明，轻重难定，制为法则，揆量物情[③]。故权衡诚悬，不可欺以轻重；绳墨诚陈，不可诬以曲直；规矩诚设，不可罔以方圆[④]。故摹法以测物，则真伪易辨矣；信心而度理，则是非难明矣。

【注释】

①锱铢：比喻极其微小的数量。旧制锱为一两的四分之一，铢为一两的二十四分之一。

②权衡：称量物体轻重的器具。权，秤锤。衡，秤杆。

③揆量：审度。

④“故权衡诚悬”以下六句：《礼记·经解》：“故衡诚县，不可欺以轻重；绳墨诚陈，不可欺以曲直；规矩诚设，不可欺以方圜。”绳墨，木工画直线用的墨线。规矩，画圆画方的工具。

【译文】

如果人们凭主观判断微小的重量，就没有人能判断出准确的重量，如果用秤来称量，那么即使细微的重量也可以辨明。因此圣明之人知道是与非难以分辨，轻与重难以判定，就制定规范标准，审察事物的实际情况。因此秤挂好，就不能在轻重上欺诈；墨线摆好，就不能在曲直上骗人；圆规和直尺放好，就不能在方圆上扭曲。所以参照标准来测量事物，真实和伪诈就容易分辨了；主观随意地揣度事理，是与非就难以辨明了。

越人臛蛇以飨秦客①，秦客甘之以为鲤也，既觉而知其是蛇，攫喉而呕之②，此为未知味也。赵人有曲者，托以伯牙之声③，世人竞习之，后闻其非，乃束指而罢④，此为未知音也。宋人得燕石以为美玉⑤，铜匣而藏之，后知是石，因捧匣而弃之，此为未识玉也。郢人为赋⑥，托以灵均⑦，举世而诵之，后知其非，皆缄口而捐之⑧，此为未知文也。故以蛇为鲤者，唯易牙不失其味⑨；以赵曲为雅声者，唯钟期不溷其音⑩；以燕石为美玉者，唯猗顿不谬其真⑪；以郢赋为丽藻者⑫，唯相如不滥其赏⑬。

【注释】

①臛（huò）：做成肉羹。飨（xiǎng）：设盛宴招待宾客。

②攫（jué）：抓。

③伯牙：相传为春秋时人，善鼓琴，曾作《高山流水》。

④束指，犹罢手，歇手。

⑤燕石：一种似玉的石头。《太平御览》卷五一引《阙子》："宋之愚人得燕石于梧台之东，归西藏之，以为大宝。周客闻而观焉，主人端冕玄服以发宝，华匮十重，缇巾十袭。客见之，卢胡而笑曰：'此燕石也，与瓦甓不异。'主人大怒，藏之愈固。"后以"燕石"比喻不足珍贵之物。

⑥郢：楚国的都城。

⑦灵均：即屈原，名平，字原，又自云名正则，字灵均，战国时楚国贵族，著名诗人。

⑧缄口：沉默不语。捐：舍弃，抛弃。

⑨易牙：又称"狄牙"，春秋时人，齐桓公的内侍，善烹调。

⑩钟期：即钟子期，春秋时楚国人，与伯牙为至交。据《吕氏春秋·本味》，伯牙演奏的音乐均为钟子期所理解，钟子期死，伯牙破琴绝弦，终身不再弹琴，后世传为"知音"佳话。溷（hùn）：混乱，混淆。

⑪猗（yī）顿：战国时人，经营珠宝，以善鉴别宝玉著称。

⑫丽藻：华丽的辞藻。

⑬相如：即司马相如，字长卿，蜀郡成都（今四川成都）人，西汉辞赋家，其赋结构宏大，辞藻华丽，对汉赋发展有很大影响。

【译文】

越国有人把蛇肉做成羹宴请秦国客人，秦国客人觉得好吃以为是鲤鱼，等到明白后知道是蛇肉，便抠着喉咙呕吐掉，这是不懂得真正的味道。赵国有人作了一首曲子，假托为伯牙的乐曲，世人争相传习，后来听说并不是伯牙所作，便罢手不弹，这是不懂得真正的音乐。宋国有人得到一块燕石，认为是美玉，用铜匣子珍藏起来，后来知道是普通石头，就捧着匣子扔掉了，这是不懂得真正的美玉。郢都有人写了一篇赋，假托为屈原所作，全天下都在诵读，后来知道并不是屈原的作品，就都闭口而放弃了，这是不懂得真正的文章。所以把蛇当作鲤鱼，只有易牙不会尝错它的味道；把赵人作的曲子当作高雅之乐，只有钟子期不会混淆它的乐音；把燕石当作美玉，只有猗顿不会弄错它的真假；认为郢都人作的赋辞藻华美，只有司马相如不会失去鉴赏的准则。

昔二人评玉，一人曰好，一人曰丑，久而不能辨。各曰："尔来入吾目中，则好丑分矣。"夫玉有定形而察之不同，非苟相反，瞳睛殊也①。堂列黼幌②，缀以金魄③，碧流光霞，曜烂眩目④，而醉者眸转，呼为焰火，非黼幌状移，目改变也。镜形如杯，以照西施，镜纵则面长，镜横则面广，非西施貌易，所照变也⑤。海滨居者，望岛如舟，望舟如凫⑥，而须舟者不造岛⑦，射凫者不向舟，知是望远目乱而心惑也。山底行者，望岭树如簪，视岫虎如犬⑧，而求簪者不上树，求犬者不往呼，知是望高目乱而心惑也。至于观人论文，则以大为小，以能为鄙，而不知其目乱心惑也。与望山海者，不亦反乎？

【注释】

①"昔二人评玉"以下十句：蒋济《万机论》："昔吴有二人共评玉者，一人曰好，一人曰丑，久之不决；二人各曰：'尔可来入吾目中，则好丑分矣！'玉有定形，二人察之有得失，非苟相反，眼睛异耳。"瞳睛，眼睛，借指眼光。

②黼（fǔ）幌：华丽的帷幔。

③金魄：即"金箔"，黄金捶成的薄片，常用以贴饰器物。魄，通"薄"。

④曜烂：指明亮闪耀。

⑤"镜形如杯"以下六句：《淮南子·齐俗》："窥面于盘水则员，于杯

水隋，面形不变其故，有所员有所隋者，所自窥之异也。”

⑥凫：野鸭。

⑦造：到，去。

⑧岫（xiù）：峰峦。

【译文】

从前有两个人评论一块玉，一个人说美，一个人说丑，相持很久而无法定论。两个人都说：“你到我的眼睛里来看，是美是丑就能分辨出来了。”玉有具体的形态而两个人的结论却不相同，并非草率地互相对立，而是彼此的眼光不同。堂上陈列着华丽的帷幔，用金箔加以点缀，如碧波流转，如霞光灿烂，闪亮耀眼，而喝醉的人眼神迷离，惊呼为火焰，并非帷幔的形态有所改变，而是视觉有了变化。形如杯子的铜镜，用来照西施，铜镜竖着放照得脸就长，铜镜横着放照得脸就宽，并不是西施的容貌有所改变，是照的方式发生了变化。在海边居住的人，看海岛像小船一样，看小船像野鸭一样，然而要乘船的人不会走向海岛，射猎野鸭的人不会瞄向小船，知道这是因为眺望远处眼神错乱而内心迷惑的缘故。在山下行走的人，看山岭上的树就像发簪，看山顶上的老虎就像狗，然而想要发簪的人不会去上树，想要找狗的人不会过去呼叫，知道这是因为仰望高处眼神错乱而内心迷惑的缘故。至于观察人物评论文章，却把大当作小，把贤能看作鄙俗，而不知道是因为眼神错乱而内心迷惑的原因。这与仰望高山眺望大海之例，不是相反的吗？

昔仲尼先饭黍，侍者掩口笑[①]；子游裼裘而谚，曾参挥指而哂[②]。以圣贤之举措[③]，非有谬也，而不免于嗤诮[④]，奚况世人，未有名称[⑤]，其容止之萃[⑥]，能免于嗤诮者，岂不难也？以此观之，则正可以为邪，美可以称恶，名实颠倒，可谓叹息也[⑦]。

【注释】

①仲尼先饭黍，侍者掩口笑：据《韩非子·外储说左下》，鲁哀公赐给孔子桃子和黍子，孔子先吃下黍子，而后吃桃子，两旁的人都捂嘴窃笑。哀公说："黍子不是吃的，是用来擦桃毛的。"孔子回答说："我知道是这样。但黍子是五谷之长，祭祀先王时是上品，桃子为下等果品，祭祀时不得进入宗庙。"饭，吃。黍，五谷之一，俗称黄米。

②子游裼（xī）裘而谚，曾参挥指而哂（shěn）：据《礼记·檀弓上》，曾子与子游同去吊丧，刚开始子游"裼裘而吊"（脱掉正服，露出里边的裼衣），曾子指着子游，取笑他的做法不合礼仪。等丧家为死者举行完小敛仪式后，子游便快步走出门，重新"袭裘、带、绖而入"（掩好正服前襟、束好丧带进门）。据《礼记·丧大记》郑玄注："始死，吊者朝服、裼裘，如吉时也；小敛，则改袭而加武与带、绖矣。"则子游的做法是合乎礼仪的。子游，姓言，名偃，字子游，春秋末吴国人，孔子弟子，"孔门十哲"之一，提倡以礼乐教民。裼裘，古人冬季穿裘，裘外有衣，称裼衣，裼衣外又有正服。脱去正服，露出裼衣，且不尽覆其裘，就叫"裼裘"。谚，通"唁"，慰问死者家属。曾参，字子舆，孔子弟子，后世尊称为"曾子"。哂，取笑。

③举措：举动，行为。

④嗤诮（chī qiào）：讥笑责备。

⑤名称：名声。

⑥萃：群，类。

⑦谓：通"为"。

【译文】

从前孔子先吃黍子后吃桃子，侍者捂嘴窃笑；子游敞开正服前襟露出中衣去吊丧，曾参指着他取笑。圣贤的行为，并没有错误，却也难免遭到嘲笑讥讽，何况普通人，没有名声，他们的仪容举止之类，想要免于被嘲笑讥讽，难道不是很难吗？这样看来，正义可以成为邪恶，美好可以称为丑陋，名称与事实颠倒，可为之叹息啊。

今述理者，贻之知音君子[①]，聪达亮于闻前，明鉴出于意表[②]。不以名实眩惑[③]，不为古今易情，采其制意之本，略其文外之华，不没纤芥之善[④]，不掩萤烛之光[⑤]，可谓千载一遇也。

【注释】

①贻：赠给。

②明鉴：明察，洞察。

③眩惑：迷乱而失去主张。

④纤芥：又作“纤介”，细微，细小。

⑤萤烛：萤火和蜡烛。谓微弱之光。

【译文】

如今讲述这些道理，是想要送给知音与君子，使他们比听到这些之前更加智慧明达，在常人的意料之外就能明察事物的本质。不因为名称和事实的颠倒而迷乱，不因为古代和当代的差别而改变情感，挖掘其要表达的本意，忽略外在的文辞华美，不埋没细微的优点，不掩盖微弱的光芒，这样的人可以说是十分难得了。

激通章五十二

登峭岭者，则欲望远；临浚谷者，必欲窥墟[①]。墟墓之间使情哀，清庙之中使心敬[②]。此处无心而情伪之发者[③]，地势使之然也。故驶雪多积荒城之隈[④]，疾风好起沙河之上。

克己类出瓮牖之氓[⑤]，决命必在吞气之士[⑥]。何者？寒荒之地，风雪之所积；慷慨之怀，忠义之所聚。

【注释】

①“登峭岭者”以下四句：《淮南子·说山》：“登高使人欲望，临深使人欲窥。”浚谷，深谷。

②墟墓之间使情哀，清庙之中使心敬：《礼记·檀弓下》：“墟墓之间，未施哀于民而民哀；社稷宗庙之中，未施敬于民而民敬。”墟墓，丛聚而无人祭扫的坟墓。清庙，即太庙，古代帝王的宗庙。

③伪：同“为”。

④駃（kuài）雪：来势猛烈的大雪。駃，同“快”。隈（wēi）：角落。

⑤克己：克制约束自己。瓮牖（yǒu）：以破瓮的口为窗，指贫寒之家。氓：百姓。

⑥决命：拼命。吞气：忍耐委屈。

【译文】

登上陡峭的山岭，便想要眺望远方；下临幽深的山谷，便想要窥探丘墟。在丛聚的坟墓间便会情绪哀伤，在庄严的太庙里便会心生敬畏。本来没有这样的心情，但情感却由此而发生，是所处环境使之如此。因此猛烈的大雪常常积聚在荒城的角落，迅猛的大风往往发生在风沙大漠之中。能够克制自己的人总是出自贫寒之家，能够拼命的人必定是隐忍之士。为什么呢？寒冷荒芜的地方，能够聚集风雪；慷慨的情怀，能够产生忠诚和义气。

是以梗柟郁蹙[①]，以成缛锦之瘤[②]；蚌蛤结疴[③]，以衔明月之珠[④]。鸟激则能翔青云之际，矢惊则能逾白雪之岭。斯皆乃瘁以成文明之珍[⑤]，因激以致高远之势。冲飙之激则折木[⑥]，湍波之涌必漂石。风之体虚，水之性弱，而能拔坚木转重石者，激势之所成也。

【注释】

①楩柟（pián nán）：又作"楩楠"，黄楩木和楠木，都是大木。郁蹙：形容盘结皱折。

②缛锦：指花纹繁密的丝织品。瘤：树干、树根外皮隆起的块状物。

③疴（kē）：疾病。此指外界异物进入蚌内，使蚌分泌出珍珠质，逐渐结成珍珠的过程。

④衔：含。明月之珠：即夜光珠，因珠光晶莹似明月，故名。

⑤瘁：劳苦，伤痛。

⑥冲飙（biāo）：急风，暴风。

【译文】

因此黄楩木和楠木盘结皱折，才形成如丝织品般纹理繁密的隆起块结；蚌蛤分泌出珍珠质，才结成明月般的宝珠。鸟用力搏击才能飞到天空的尽头，箭迅猛离弦才能穿越白雪覆盖的山岭。这都是由于伤痛而形成纹理繁密、光彩夺目的珍宝，因为奋激才形成高远的态势。暴风呼啸就可以折断树木，急流汹涌就可以漂起石块。风的形态虚空，水的本性柔弱，但是风能够折断坚硬的树木，水能够流转沉重的石块，是奋激的态势所形成的。

故居不隐者，思不远也；身不危者，志不广也[①]。苏秦若有负郭之田，必不佩六国之印[②]；主父无亲友之蔑，必不窥五鼎之食[③]；张仪不有堂下之耻，心无入秦之志[④]；范雎若无厕中之辱，不怀复魏之心[⑤]；宁越激而修文，卒为周威之师[⑥]；班超愤而习武，终建西域之绩[⑦]。观其数贤，皆因窘而发志[8]，缘厄而显名[9]。

【注释】

①“故居不隐者”以下四句：《荀子·宥坐》：“居不隐者思不远，身不佚者志不广。”隐，穷。

②苏秦若有负郭之田，必不佩六国之印：据《史记·苏秦列传》，苏秦早年贫贱，曾被家中亲戚轻视，后来成功游说六国合纵抗秦，名声显赫，他慨叹道：“若当初我在洛阳有二顷负郭之田，今日又怎能佩带六国相印呢？”负郭之田，指近郊良田。《史记·苏秦列传》索隐：“负者，背也，枕也。近城之地，沃润流泽，最为膏腴，故曰‘负郭’也。”

③主父无亲友之蔑，必不窥五鼎之食：据《史记·平津侯主父列传》，主父偃在汉武帝时取得权势与地位，曾感叹道：“我结发游学四十余年，不得成功，父母不把我当儿子，兄弟不收留我，宾客抛弃我，我已困迫很久了。大丈夫活着不能享用五鼎之食，死了就遭受五鼎烹煮的刑罚好了。”主父，即主父偃，临淄（今山东临淄）人，汉武帝时大臣。五鼎之食，列五鼎而食，形容高官贵族的豪奢生活。

④张仪不有堂下之耻，心无入秦之志：据《史记·张仪列传》，张仪前往赵国请求会见苏秦。苏秦不让手下人给张仪通报，又让他好几天不能离去，然后才接见他。给他奴仆侍妾吃的饭菜，还屡次奚落他。张仪受到羞辱，很生气，于是投奔秦国去了。张仪，战国时魏国人，著名的纵横家，以连横之策游说六国服从于秦。

⑤范雎若无厕中之辱，不怀复魏之心：据《史记·范雎蔡泽列传》，魏国宰相魏齐怀疑范雎把魏国的秘密出卖给齐国，就命令手下痛打范雎。范雎假装死去，魏齐派人把他扔到茅厕里，让喝醉的宾客轮番往他身上撒尿，故意侮辱他。范雎逃脱后来到秦国辅佐秦

昭王，秦昭王听从了他的谋略，派兵攻打魏国，最终迫使魏齐自杀。范睢，又作"范雎"，战国时魏国人，秦国宰相，主张对六国实行远交近攻。复，报复。

⑥宁越激而修文，卒为周威之师：据《吕氏春秋·博志》，宁越是赵国中牟的草野之民，为摆脱耕种的劳苦，坚持不懈地学习，曾言："人将休，吾将不敢休；人将卧，吾将不敢卧。"十五年后，周威公聘他为师。宁越，战国周臣。周威，即周威公，战国时西君国君。

⑦班超愤而习武，终建西域之绩：据《后汉书·班超传》，班超因家贫，为官府抄书供养母亲，曾执笔感叹："大丈夫无它智志略，犹当效傅介子、张骞立功异域，以取封侯，安能久事笔研间乎?"遇汉伐匈奴，于是他投笔从戎，随窦固出征；又出使西域，攻杀匈奴使者，巩固了汉在西域的统治，官至西域都护。班超，字仲升，东汉名将，外交家。

⑧窘：困迫，窘迫。

⑨厄：困厄，困苦。

【译文】

因此处境不穷困的人，思虑不会深远；不处于危难的人，志向不会远大。苏秦如果拥有近郊良田，就不会佩带六国相印；主父偃如果没有遭到亲友的蔑视，就不会企求五鼎之食；张仪如果没有经历堂下的耻辱，就不会有投奔秦国的志向；范睢如果没有在茅厕中遭到羞辱，就不会有复仇魏国的决心；宁越受到激励而学习，最终成为周威公的老师；班超愤懑而习武，最终在西域建立了功绩。纵观众多贤者，都是因身处窘境而激发斗志，因身处困厄而显赫扬名。

故平原五达，易行之衢也[①]；孤峰九折，难陟之径也[②]。从高越下，驽马之步也；腾峭登危，飞鼺之足也[③]。以险而陟，然后为贵；以难而升，所以为贤。古之烈士[④]，厄而能通，屈而能伸，彼皆有才智，又遇其时，得为世用也。

【注释】

①衢：大路。

②陟（zhì）：登高。

③飞鼯（wú）：即鼯鼠，俗称大飞鼠，形似松鼠，能从树上飞降下来。

④烈士：有气节有壮志的人。

【译文】

因此平原四通八达，都是容易行走的大路；孤峰回环曲折，都是难以攀登的小道。从高处走下来，是劣马的脚步；翻越峭壁攀登险峰，是飞鼠的捷足。在危险中登高，然后才能显贵；在困顿中攀爬，然后才能贤明。古代志向高远的人，在困厄中能够找到出路，在逆境中能够继续向前，他们都有才华和智慧，又恰好有了机遇，便为当世所重用。

惜时章五十三

夫停灯于缸①，先焰非后焰，而明者不能见；藏山于泽，今形非昨形，而智者不能知。何者？火则时时灭，山亦时时移。夫天回日转②，其谢如矢③，騕褭迅足④，弗能追也。人之短生，犹如石火⑤，炯然以过⑥，唯立德贻爱⑦，为不朽也。

【注释】

①缸：通“釭”，烛台。

②天回日转：指时光流逝。

③其谢如矢：指像射出的箭一样快速飞过。谢，此指消失。

④騕褭（yǎo niǎo）：古代骏马名。

⑤石火：石头撞击时发出的一闪即逝的火花。比喻生命的短暂易逝。

⑥炯然：明亮貌。

⑦贻爱：遗爱，遗留仁爱于后世。

【译文】

点燃烛火放在烛台上，先燃起的火焰不同于后燃起的火焰，然而聪明的人也不能够察觉；掩藏在深泽中的山峦，现今的形态不同于以往的形态，然而智慧的人也不能够知晓。为什么呢？火焰时时熄灭，山也时时移动。时光的流逝就像射出的箭一样快，即使骏马迅疾的脚步，也无法追赶。短暂的人生，犹如石头撞击时迸发出的火花，一闪而过，只有树立德业遗留仁爱，才会永不磨灭。

昔之君子，欲行仁义于天下，则与时竞驰，不吝盈尺之璧，而珍分寸之阴[①]。故大禹之趋时，冠挂而不顾[②]；南荣之访道，踵趼而不休[③]。仲尼栖栖，突不暇黔；墨翟遑遑，席不及暖[④]。皆行其德义，拯世救溺[⑤]，立功垂模[⑥]，延芳百世。今人退不知臭腐荣华，铲绝嗜欲，被丽弦歌[⑦]，取媚泉石[⑧]；进不能被策树勋[⑨]，毗赞明时[⑩]，空蝗梁黍[⑪]，枉没岁华。生为无闻之人，殁成一棺之土[⑫]，亦何殊草木自生自死者哉！岁之秋也，凉风鸣条[⑬]，清露变叶，则寒蝉抱树而长叫[⑭]，吟烈悲酸，萧瑟于落日之际[⑮]，何也？哀其时命，迫于严霜而寄悲于菀柳[⑯]。今日向西峰，道业未就[⑰]，郁声于穷岫之阴[⑱]，无闻于休明之世[⑲]。已矣夫！亦奚能不沾衿于将来[⑳]，染意于松烟者哉[㉑]！

【注释】

①不吝盈尺之璧，而珍分寸之阴：《淮南子·原道》："圣人不贵尺之

璧，而重寸之阴。”盈尺，满尺，一尺大。

②大禹之趋时，冠挂而不顾：《淮南子·原道》：“禹之趋时也，履遗而弗取，冠挂而弗顾。”趋时，指抓紧时间。

③南荣之访道，踵趼（jiǎn）而不休：据《淮南子·修务》，南荣畴为了聆听老子的一句教诲，不远千里去求道，跋涉山川，穿越荆棘，脚上磨起老茧也不敢休息。南荣，《庄子》作“南荣趎”，《淮南子》作“南荣畴”，复姓南荣，春秋末期贤士。踵，脚后跟。趼，脚因长期走路而生的硬皮。

④“仲尼栖栖”以下四句：《淮南子·修务》：“孔子无黔突，墨子无暖席。”《论衡·定贤》：“孔子栖栖，墨子遑遑。”栖栖，忙碌而无法安居的样子。突，烟囱。不暇，来不及。黔，黑色。墨翟，即墨子。遑遑，匆忙的样子。

⑤救溺：救助危难中的人。

⑥垂模：犹垂范。

⑦被丽：分散貌。此指将精力分散在鼓琴歌唱上。被，通“披”。弦歌：以琴瑟伴奏而歌。

⑧取媚：谄媚，讨好。泉石：泉水和山石。泛指山水。

⑨被策：犹挥鞭。树勋：建立功勋。

⑩毗赞：辅佐，襄助。

⑪粱黍：泛指粮食。粱，通“粱”，即粟，通称谷子。黍，俗称黄米，煮熟后有黏性。

⑫殁：死。

⑬鸣条：风吹树枝发出响声。

⑭寒蝉：又称“寒螀”，蝉的一种，较一般蝉小。《礼记·月令》：“凉风至，白露降，寒蝉鸣。”

⑮萧瑟：冷落，凄凉。

⑯菀（yù）柳：指茂盛的柳树。《诗经·小雅·小弁》：“菀彼柳斯，鸣

蜩嘒嘒。”菀，枝叶茂盛。

⑰道业：指善行美德。就：完成，成功。

⑱郁声：犹滞名，使名声埋没。穷岫：深山，荒山。

⑲休明：美好清明。

⑳沾衿：即“沾襟”，眼泪浸湿衣襟。指伤心落泪。

㉑染意：指用笔书写以抒发情感。松烟：松木燃烧后凝成的黑灰，古代制墨以此为原料。

【译文】

从前的君子，要在世间施行仁义，就要与时光赛跑，不吝惜满尺的璧玉，却珍惜点点的光阴。夏禹追赶时间，帽子被钩住也无暇顾及；南荣畴求道，脚跟磨出茧子也不肯停息。孔子四处周游，每到一处都没等烟囱变黑；墨子终日忙碌，每到一处都没等坐席变暖。他们都树立了道德信义，拯救世人，建立功业垂示后代，流芳百世。当今之人退居时不懂得视荣华富贵为腐臭无用之物，彻底铲除贪欲，却沉溺于琴瑟，纵情于山水；在位时不懂得挥鞭驰骋建立功勋，辅佐清明盛世，只是如蝗虫一样贪吃粮食，虚度时光。活着时是没有声名之人，死后成了棺材中的腐土，这与草木的自生自灭又有什么不同呢！一年之秋，凉风吹动树枝作响，霜露使叶子变黄，寒蝉就会紧贴树木而长鸣，声音惨烈辛酸，在日落之时感到寂寞凄凉，为什么呢？是在哀叹它的命运，严寒霜冻袭来只能把悲伤寄托于茂盛的柳树。如今已日薄西山，却依然没有修得美德善行，使声名埋没于人迹罕至的荒山，在美好清明的盛世而不为人所知。就这样结束了吧！又怎么能不在日后伤心落泪，挥笔蘸墨以抒发情感呢！

言苑章五十四

忠孝者，百行之宝欤？忠孝不修，虽有他善，其犹玉屑盈匣，不可琢为珪璋[①]，剉丝满箧[②]，不可织为绮绶[③]。虽多，亦奚以为也？

【注释】

①珪璋：玉制的礼器，古代用于朝觐、祭祀。

②剉（cuò）：折损，折伤。箧：箱子。

③绮：有花纹的丝织品。绶：一种丝带，古代常用来系佩玉或拴在印纽上。

【译文】

忠诚孝顺，不是各种品行中最为珍贵的吗？不培养忠诚孝顺的美德，即使有其他的善行，也如同整盒的玉石碎末，而无法雕琢成珪璋一类的玉器；就像满箱折损的蚕丝，而无法纺织成绮绶一类的丝织品。纵然数量多，又有什么用处呢？

信让者[①]，百行之顺也；诞伐者[②]，百行之悖也。信让乖礼[③]，回而成悖；诞伐合义，翻而成顺[④]。直躬证父[⑤]，苍梧让兄[⑥]，信让悖也；弦高矫命[⑦]，大禹昌言[⑧]，诞伐顺也。谓牧圉以桀、纣，艴然而怒；比王侯为夷、齐，怡然而喜。仁义所在，匹夫为重；仁义所去，则尊贵为轻[⑨]。事可以必成，理可以情通。睇秋月明而知孀妇思[⑩]，闻林风响而见舟人惊。阳气主生，物所乐也；阴气主杀，物所憾也。故春葩含日似笑[⑪]，秋叶泫露如泣[⑫]。

【注释】

①信让：诚信谦让。

②诞伐：言行荒诞不经，自以为是。

③乖:违背,违反。

④翻:反。

⑤直躬证父:据《论语·子路》,叶公对孔子说:"我们那里有个按直道行事的人,他父亲偷了羊,他就出来告发。"孔子说:"我们这里按直道行事的人有所不同,父亲为儿子隐瞒,儿子为父亲隐瞒,直道就在其中。"直躬,指以直道立身。一说"直躬"为人名。

⑥苍梧让兄:《淮南子·泛论》:"昔苍吾绕娶妻而美以让兄,此所谓忠爱而不可行者也。"苍梧,指苍梧绕,又作"苍吾绕",复姓苍梧。

⑦弦高矫命:据《左传·僖公三十三年》,秦国举兵袭击郑国,路遇郑国商人弦高,正要去西边卖牛。弦高诈称郑君知道秦师到来,派他将牛献给秦君。秦师于是接受财物而返回,郑国得以保全。弦高,春秋时郑国商人。矫命,假传君命。

⑧大禹昌言:据《尚书·皋陶谟》,舜帝让大禹发表自己对治国理民的看法,于是大禹直言不讳地讲述了自己治水的功绩,并劝诫舜要谨慎对待帝位,举贤任能,赏罚得当,广泛听取意见等。昌言,正直的、无所忌惮的话。

⑨"谓牧圉(yǔ)以桀、纣"以下八句:《庄子·盗跖》:"昔者桀、纣贵为天子,富有天下,今谓臧聚曰'汝行如桀、纣',则有怍色,有不服之心者,小人所贱也。仲尼、墨翟,穷为匹夫,今谓宰相曰'子行如仲尼、墨翟',则变容易色,称不足者,士诚贵也。故势为天子,未必贵也,穷为匹夫,未必贱也。贵贱之分,在行之美恶。"牧圉,养牛马的人。桀、纣,夏代与商代的亡国之君,都是有名暴君。艴(bó)然,恼怒的样子。夷、齐,指伯夷、叔齐,商末孤竹君的两位王子。相传孤竹君遗命立叔齐为君,叔齐让位给兄长伯夷,伯夷不受,叔齐也未继位。周武王灭商后,二人耻食周粟,饿死于首阳山。后世把他们作为抱节守志的典范。

⑩睇(tī):视,看。孀妇:寡妇。

⑪葩：花。

⑫泫（xuàn）露：滴露，降露。

【译文】

诚信谦让，是各种品行中最为顺和的；荒诞虚妄，是各种品行中最为悖逆的。但诚信谦让如果违反了礼义，就反而成为悖谬；荒诞虚妄如果合于正义，反而会变得合理。直躬举证父亲的偷窃行为，苍梧绕把妻子让给兄长，这样的诚信谦让就违背了礼义；弦高假传君命，大禹直言不讳，这样的荒诞虚妄便合于正义。把喂养牛马的人称为桀、纣，他们会恼怒生气；把王侯比作伯夷、叔齐，他们会欣喜高兴。具备仁义，即使是平民百姓也会得到尊重；失去仁义，即使是王公贵族也会被轻视。符合仁义的事情一定能够做好，正确的道理一定能按照情义讲通。看到秋月明朗便可知寡妇的哀思，听见风吹树林就能感到船夫的惊惶。阳气主宰生发，万物因而喜乐；阴气主宰肃杀，万物因而失落。因此春花沐浴着阳光而欢喜，秋叶滴落着露水而悲泣。

夫善交者不以出入易意[①]，不以生死移情，在终如始，在始如终，犹日月也。故日之出入俱明，月之生死同形。天无情于生死，则不可以情而感怨。故暄然而春[②]，荣华者不谢[③]；凄然而秋，凋零者不憾。荣凋有命，困遇有期。故春蕊虽茂，假朝露而抽翠[④]；秋叶诚危，因微风而飘零。万物居温则柔，入寒则刚。故春角可卷，夏条可结，秋露可凝，冬冰可折[⑤]。人皆爱少而恶老，重荣而轻悴。故簪珥英华[⑥]，而焚灰枯朽。莫识枯朽生于英华，英华归于枯朽。山抱玉则凿之，江怀珠则竭之，豹佩文则剥之，人含智则嫉之。智能知人，不能自知；神能卫物，不能自卫。故神龟以智见灼，灵蛇以神见曝[⑦]。孰知不智为智，不神为神乎？

【注释】

①出入：指出仕和入仕。

②暄然：温暖的样子。

③荣华：指草木茂盛、开花。

④抽翠：谓发芽生长。

⑤“故春角可卷”以下四句：《淮南子·说林》：“冬冰可折，夏木可结。”春角，春天植物刚刚发出的嫩芽。夏条，夏天树木茂盛的枝条。

⑥簪珥（ěr）：发簪和耳饰。

⑦神龟以智见灼，灵蛇以神见曝：《墨子·亲士》：“灵龟近灼，神蛇近暴。”曝，晒。

【译文】

善于与世融合的人，不因为出仕或入仕而改变情怀，不因为活着或死去而改变情操，在终如始，在始如终，就像日月一样。因而就像太阳在升起与落下时都一样明亮，月亮在圆满与亏缺时都一样呈现。上天对生死本没有特殊的对待，因而就不要因外物的变化而感伤。就像温暖的春天，草长花开茂盛不败；凄清的秋季，草木凋零而不怨恨。茂盛与凋落各有规律，困厄与遇合各有机运。因此春天花蕊繁茂，是因露水的滋润而生长；秋天树叶枯萎，是因微风的吹动而凋零。万事万物都是处在温暖的季节就变得柔和，到寒冷的时候就变得坚硬。因而春天的嫩芽能够卷曲，夏天的枝条能够编结，秋天的露水能够凝结，冬天的坚冰能够折断。人们都喜爱年轻而厌恶衰老，珍视荣华而淡漠枯萎。发簪和耳饰虽然精美，但焚烧成灰也会朽烂。不知朽烂来自于美好，而美好也会归结于朽烂。山中含有玉石便会被开凿，江河藏有宝珠便会变枯竭，豹身有花纹便会被剥皮，人富有智慧便会遭到嫉妒。智慧能使人看清别人，却无法认清自己；神异能保佑万物，却不能保护自己。因而神龟因为灵验而被烧灼，灵蛇因为神异而被曝晒。谁又知道没有智慧反而是智慧，没有神异反而是神异呢？

妙必假物，而物非生妙；巧必因器，而器非成巧。是以羿非弧矢，不能中微，其中微者，非弧矢也[①]；倕无斧斤[②]，不能善斫，其善斫者，非斧斤也。画以摹形，故先质后文[③]；言以写情，故先实后辩[④]。无质而文，则画非形也；不实而辩，则言非情也。红黛饰容[⑤]，欲以为艳，而动目者稀；挥弦繁弄，欲以为悲，而惊耳者寡，由于质不美、曲不和也。质不美者，虽崇饰而不华；曲不和者，虽响疾而不哀。理动于心而见于色，情发于中而形于声[⑥]。故强欢者虽笑不乐，强哭者虽哀不悲[⑦]。耳闻所恶，不若无闻；目见所恶，不如不见。故雷震必塞耳，掣电必掩目[⑧]。为仁则不利，为利则不仁[⑨]。故贩粟者欲岁之饥，卖药者欲人之疾[⑩]。物各重其所主，而桀、纣之狗可以吠尧，故盗跖之徒，贤盗跖而鄙仲尼[⑪]。

【注释】

①“是以羿非弧矢”以下四句：《淮南子·说林》：“羿之所以射远中微者，非弓矢也。”羿，古东夷部落首领，擅长射箭，传说曾开弓射九日。弧矢，指弓箭。中微，射中微小的目标。

②倕（chuí）：相传为上古时代的一名巧匠，百工之长。斧斤：指斧子。

③质：本质，实质。文：指外在形式。

④辩：指华美巧妙的言辞。

⑤红黛：古代女子用以化妆的红色和青黑色的颜料。

⑥情发于中而形于声：《淮南子·齐俗》：“情发于中，而声应于外。”中，内心。

⑦强欢者虽笑不乐，强哭者虽哀不悲：《庄子·渔父》：“强哭者虽悲不哀，强怒者虽严不威，强亲者虽笑不和。”

⑧“耳闻所恶”以下六句:《吕氏春秋·贵生》:“耳闻所恶,不若无闻;目见所恶,不若无见。故雷则掩耳,电则掩目。”掣电,闪电。

⑨为仁则不利,为利则不仁:《孟子·滕文公上》:“为富不仁矣,为仁不富矣。”

⑩贩粟者欲岁之饥,卖药者欲人之疾:《淮南子·说林》:“鬻棺者,欲民之疾病也;畜粟者,欲岁之荒饥也。”

⑪“物各重其所主”以下四句:《战国策·齐策六》:“跖之狗吠尧,非贵跖而贱尧也,狗固吠非其主也。”盗跖(zhí),相传为古代的大盗,生性暴虐,横行天下。

【译文】

奇妙必然借助事物而显现,但事物本身并不产生奇妙;灵巧必然通过器具而呈现,而器具本身并不产生灵巧。因此羿如果不用弓箭,就不能射中微小的目标,然而射中微小之物的,并不是弓箭;倕如果没有斧头,就不能很好地砍削,然而很好进行砍削的,并不是斧头。绘画用来描摹事物,所以先有实质内容后有外在形式;言语用来表达情感,所以先有客观实情再有言辞修饰。没有实质而只有形式,图画就不能体现事物的形态;没有实情而只有美言,话语就不能表达真实的情理。以颜料修饰容颜,想要变得艳丽,而被吸引的人却很少;繁密地拨弄琴弦,想要弹得悲凉,而为之震撼的人却很少,这是由于本身不好看,乐曲不和谐的缘故。本身不美好,即使过多地修饰也不显得美丽;乐曲不和谐,即使琴声密集也不显得哀伤。情绪在内心形成而表现在脸上,情感由内心发出而表现在声音里。因而强装欢乐的人虽然露出笑容却并不快乐,假装哭泣的人虽然显得哀痛却并不悲伤。耳朵听到厌恶的声音,就不如不去听;眼睛看到厌恶的事情,就不如不去看。因此雷声响起就要捂住耳朵,电光闪过就要蒙住眼睛。追求仁义就要抛开利益,追求利益就无法拥有仁义。因此卖粮食的人盼望灾荒之年,卖药的人希望人都生病。世间万物都依赖自己所生存的基础,因此桀、纣的狗会向尧狂吠,盗跖的门徒,会认为盗跖贤良而轻视孔子。

运屈而恚天[①]，辱至而怨人。是以火焚而怨燧人[②]，溺井而尤伯益[③]。宿不树惠，临难而施恩；本不防萌，害成而修慎。是以临渴而穿井，方饥而植禾，虽疾，无所及也。

【注释】

①恚（huì）：怨恨。

②燧人：传说中的古帝王，教人钻木取火，吃熟食，被后世奉为“火祖”。

③尤：指责。伯益：又作“伯翳”，相传是最早凿井的人。《吕氏春秋·勿躬》：“伯益作井。”

【译文】

运气不好而怨恨上天，蒙受屈辱而埋怨他人。这就像着火而埋怨燧人，落井而指责伯益。平时不树立仁爱，面临危难时才知施行恩惠；错误萌芽时不去消除，危害形成时才知谨慎修行。这就像口渴时才开始凿井，饥饿时才开始种庄稼，即使速度快，也来不及了。

公仪嗜鱼[①]，屈到嗜芰[②]，虽非至味，人皆甘之，与众同也；文王嗜胆，曾皙嗜枣[③]，胆苦枣酸，圣贤甘之，与众异也。鹿形似马而迅于马，豺形似犬而健于犬[④]。国有千金之马而无千金之鹿，家有十金之犬而无十金之豺，以犬马有用而豺鹿无用也。

【注释】

①公仪嗜鱼：《韩非子·外储说右下》：“公仪休相鲁而嗜鱼，一国尽

争买鱼而献之。”公仪，指公仪休，战国时鲁相。

②屈到嗜芰(jì)：《国语·楚语上》：“屈到嗜芰。有疾，召其宗老而属之，曰：‘祭我必以芰。’”屈到，春秋时楚国大臣。芰，菱角。

③曾皙嗜枣：《孟子·尽心下》：“曾皙嗜羊枣，而曾子不忍食羊枣。”曾皙，即曾点，字皙，春秋末鲁国人，孔子早期弟子，曾子之父。

④豺：哺乳动物，贪食，残暴，常成群侵袭家畜。

【译文】

公仪休喜欢吃鱼，屈到喜欢吃菱角，虽然不是最美味的食物，人们却都喜欢吃，他们的喜好与大家是一样的；周文王喜欢吃胆，曾皙喜欢吃枣，胆味道苦，枣味道酸，圣贤却喜欢吃，他们的嗜好与多数人不一样。鹿的外形像马却比马跑得快，豺的外形像狗却比狗健壮。国家有价值千金的马却没有价值千金的鹿，家中有价值十金的狗却没有价值十金的豺，这是狗和马有用而豺和鹿没有用的缘故。

九流章五十五

道者，鬻熊、老聃、关尹、庞涓、庄周之类也①。以空虚为本，清净为心，谦抑为德②，卑弱为行。处无为之事，行不言之教③，裁成宇宙不见其迹④，亭毒万物不有其功⑤。然而薄者，全弃忠孝，杜绝仁义，专任清虚，欲以为治也。

【注释】

①鬻熊：又作“粥熊”，后世尊称为“鬻子”，已知最早的道家人物之一，楚国的先祖，留有《鬻子》一书传世。老聃：即老子，姓李，名耳，字聃，春秋末期楚国苦县（今河南鹿邑）人，道家学派创始人。曾为周“守藏室之史”，后隐退著《老子》一书。关尹：姓尹，

名喜，曾为函谷关吏，故称“关尹”。春秋末人，曾师事老子。《汉书·艺文志》著录《关尹子》九篇，或系后人伪作。庞涓：疑为“环渊”之误。环渊即蜎子，亦称涓子，老子弟子，曾整理老子著作。《汉书·艺文志》道家类著录《蜎子》十三篇。庄周：宋国蒙（今河南商丘）人，战国时期道家代表人物，主张清静无为，淡泊名利与生死，独尊老子而排斥儒、墨。《汉书·艺文志》著录《庄子》五十二篇。

②谦抑：谦虚退让。

③处无为之事，行不言之教：《老子·第二章》：“圣人处无为之事，行不言之教。”

④裁成：制成，成就。

⑤亭毒：养育，化育。

【译文】

道家的代表，是鬻熊、老聃、关尹、庞涓、庄周等人。他们精神虚无，内心纯净，谦虚退让，低调谦卑。任其自然以行事，不依靠言语而教化，成就天下而不见痕迹，化育万物而不显功劳。然而缺憾之处在于，完全摒弃忠诚孝顺，彻底制止仁爱正义，一心追求清净虚无，想要以此来实现安定。

儒者，晏婴、子思、孟轲、荀卿之类也①。顺阴阳之性，明教化之本，游心于六艺②，留情于五常③，厚葬久服④，重乐有命，祖述尧、舜⑤，宪章文、武⑥，宗师仲尼，以尊敬其道。然而薄者，流广文繁，难可穷究也。

【注释】

①晏婴：字平仲，春秋时齐国大夫，后人尊称为“晏子”。战国时人

采集其行事及谏言，编成《晏子春秋》。子思：姓孔，名伋，字子思，孔子的嫡孙，战国初鲁国人，曾为鲁缪公师。《汉书·艺文志》著录《子思》二十三篇。孟轲：字子舆，战国时鲁国人，儒家重要代表人物。主张“性善论”，提倡民贵君轻，著有《孟子》一书，后世尊称为“亚圣”，与孔子合称“孔孟”。荀卿：即荀况，战国末赵国人。曾三次任齐国稷下学宫祭酒，主张“人性本恶”，提倡礼法并施，有《荀子》一书传世。

②游心：留心，心神倾注于某一方面。六艺：指儒家的六经，即《易》《书》《诗》《礼》《乐》《春秋》。

③五常：指仁、义、礼、智、信。

④服：服丧。

⑤祖述：效法、遵循前人的学说或行为。

⑥宪章：效法，遵守。文、武：指周文王与周武王。

【译文】

儒家的代表，是晏婴、子思、孟轲、荀卿等人。他们顺应阴阳的属性，明确教化的本质，潜心六经，情系五常，主张隆重的丧葬和长期服丧，注重乐教，认为生死命中注定，效法尧、舜的传统，遵守周文王、周武王的法度，奉孔子为师，尊崇他的思想。然而缺憾之处在于，支派众多理论繁杂，难以深入探究。

阴阳者，子韦、邹衍、桑丘、南公之类也①。敬顺昊天，历象日月星辰，敬授民时②。范三光之度③，随四时之运，知五行之性④，通八风之气⑤，以厚生民，以为政治。然而薄者，则拘于禁忌，溺于术数也⑥。

【注释】

①子韦：春秋时宋国人，精通天文，曾担任宋景公的“司星官”。《汉

书·艺文志》著录《宋司星子韦》三篇。邹衍：战国末齐国人，阴阳家代表人物，把春秋战国时流行的五行说附会到社会历史变动和王朝兴替上，提出"五德终始"说。《汉书·艺文志》著录《邹子》四十九篇。桑丘：又称"乘丘"，战国时人。《汉书·艺文志》阴阳家类著录《乘丘子》五篇。南公：战国末期楚国隐士，善言阴阳。《汉书·艺文志》著录《南公》三十一篇。

②"敬顺昊天"以下三句：《尚书·尧典》："乃命羲和，钦若昊天，历象日月星辰，敬授民时。"昊天，苍天。昊，元气博大的样子。历象，推算、观测天体的运行。敬授民时，即颁行历法，教导人们按照时令节气从事生产活动。民时，农时。

③范：效法。三光：日、月、星。

④五行：水、火、木、金、土五种物质，我国古代视之为构成万物的基本元素。

⑤八风：八方所吹之风。《吕氏春秋·有始》："何谓八风？东北曰炎风，东方曰滔风，东南曰熏风，南方曰巨风，西南曰凄风，西方曰飂风，西北曰厉风，北方曰寒风。"

⑥溺：沉湎。术数：以研究阴阳五行生克变化来推测人事吉凶的方法。

【译文】

阴阳家的代表，是子韦、邹衍、桑丘、南公等人。他们敬顺苍天，按照日月星辰的运转来认识天象，颁布历书。取法日月星辰的运行法则，顺应春夏秋冬的更替规律，了解五行的属性，通晓八风的气象，以此厚施百姓，以治理政事。然而缺憾之处在于，局限于多种忌讳，沉迷于推测吉凶。

名者，宋钘、尹文、惠施、公孙龙之类也①。其道正名②，名不正则言不顺③。故定尊卑，正名分，爱平尚俭，禁攻寝兵④。故作华山之冠，以表均平之制⑤；则别宥之说⑥，以示区分。然而薄者，损本就末⑦，分析明辨，苟析华辞也。

【注释】

①宋钘（jiān）：战国时宋国人，又称“宋子”，宋尹学派的创始人及代表人物，提倡“情欲寡”“见侮不辱”。《汉书·艺文志》著录《宋子》十八篇。尹文：战国时齐国人，后世尊称“尹文子”，与宋钘齐名，同游稷下。《汉书·艺文志》名家类著录《尹文子》一篇。惠施：战国中期宋国人，名家学派的主要代表人物，主张“合同异”。《汉书·艺文志》著录《惠子》一篇。公孙龙：字子秉，战国时赵国人，名家学派代表人物，提出“白马非马”和“离坚白”说。《汉书·艺文志》著录《公孙龙子》十四篇。

②正名：辨正名称、名分，使名实相符。

③名不正则言不顺：《论语·子路》：“名不正，则言不顺；言不顺，则事不成。”

④寝兵：息兵，止息战事。

⑤作华山之冠，以表均平之制：《庄子·天下》：“宋钘、尹文闻其风而悦之，作华山之冠以自表。”郭象注：“华山上下均平。”成玄英疏：“华山，其形如削，上下均平，而宋、尹立志清高，故为冠以表德之异。”均平，公平，公允。

⑥别宥：区别，甄别。《庄子·天下》：“接万物以别宥为始。”成玄英疏：“宥，区域也……置立名教，应接人间，而区别万有，用斯为本也。”

⑦损本就末：犹舍本逐末，谓抛弃根本，专在枝节上用功夫。

【译文】

名家的代表，是宋钘、尹文、惠施、公孙龙等人。他们的学说致力于辨正名称，若名称与事实不相符，道理就会说不通。以此确定尊贵与卑贱的地位，辨正事物的名位与身分，崇尚平实和节俭，主张止战息兵。所以做出像华山一样的帽子，用以表示均平的样子；又效仿“别宥”的学说，用来进行区分。然而缺憾之处在于，放弃根本而追求末节，辨析得清楚明白，但也不过是一些虚浮的言辞而已。

法者，慎到、李悝、韩非、商鞅之类也[1]。其术在于明罚整法[2]，诱善惩恶，俾顺轨度[3]，以为治本。然而薄者，削仁废义，专任刑法，风俗刻薄，严而少恩也。

【注释】

①慎到：战国时赵国人，法家学派创始人之一，后世尊称“慎子”。其思想重势位而轻贤智，主张国家大权集于国君一身。《汉书·艺文志》著录《慎子》四十二篇。李悝（kuī）：战国初魏国人，一说即李克。曾任魏文侯相，主持变法。其“重农”与“法治”结合的思想对商鞅、韩非影响极大。《汉书·艺文志》著录《李子》三十二篇。韩非：战国末期韩国人，法家思想的集大成者。提倡以法为中心的法、术、势三者合一的君主统治术，后世称“韩子”或“韩非子”。《汉书·艺文志》著录《韩子》五十五篇。商鞅：公孙氏，名鞅，卫国人，又称“卫鞅”“公孙鞅”。辅助秦孝公变法，废井田开阡陌，奖励耕战，后因功获封於、商十五邑，号为“商君”，故称“商鞅”。《汉书·艺文志》著录《商君》二十九篇。

②明罚整法：原作“明罚讨阵整法”，据《刘子集校合编》改。

③俾（bǐ）：使。

【译文】

法家的代表，是慎到、李悝、韩非、商鞅等人。他们的思想在于严明刑罚整饬法律，诱导善行惩治恶行，使百姓遵守法度，以此作为治理的根本。然而缺憾之处在于，剥夺仁爱与情义，一心信用刑法，使风尚习俗苛刻无情，严厉而缺少恩惠。

墨者，尹佚、墨翟、禽滑、胡非之类也[1]。俭啬、兼爱、尚贤、右鬼、非命、薄葬、无服、不怒、非斗[2]。然而薄者，其道大觳[3]，俭而难遵也。

【注释】

①尹佚：周代史官，约在成王、康王时期。《汉书·艺文志》墨家类著录《尹佚》二篇。墨翟：春秋战国之际宋国人，墨家学派创始人，提出“兼爱”“非攻”“尚贤”“尚同”的政治主张。《汉书·艺文志》著录《墨子》七十一篇。禽滑：即禽滑釐，战国初魏国人，学于子夏，后为墨子弟子，精研攻防城池之术。胡非：战国时齐国学者，墨翟弟子。《汉书·艺文志》著录《胡非子》三篇。

②俭啬：节俭。兼爱：墨子提倡的一种伦理学说，针对儒家的“爱有等差”，主张爱无差别等级，不分厚薄亲疏。右鬼：犹重视鬼神。右，尊崇，崇尚。非命：指不相信宿命。

③大觳（què）：太刻薄。

【译文】

墨家的代表，是尹佚、墨翟、禽滑、胡非等人。他们提倡节俭，广爱众人，崇尚贤良，重视鬼神，否定宿命观点，主张简单置办丧礼，死后无服饰，不迁怒于人，不发动战争。然而缺憾之处在于，其主张过于刻薄，俭克而难以遵循。

纵横者，阙子、庞煖、苏秦、张仪之类也[1]。其术本于行人[2]，译二国之情，弭战争之患[3]，受命不受辞，因事而制权[4]，安危扶倾，转祸就福。然而薄者，则苟尚华诈而弃忠信也。

【注释】

①阙子：《后汉书·孝献帝纪》注引《风俗通》：“阙，姓也，承阙党童子之后也。纵横家有阙子著书。”《汉书·艺文志》纵横家类著录

《阙子》一篇。庞煖：战国末赵国将领，曾率诸国兵合纵攻秦。《汉书·艺文志》著录《庞煖》二篇。苏秦：字季子，雒阳（今河南洛阳）人，战国时期纵横家，主张合纵攻秦。《汉书·艺文志》著录《苏子》三十一篇。张仪：魏国人，战国时期纵横家，主张采用连横策略使关东诸国共同事奉秦国。《汉书·艺文志》著录《张子》十篇。

②行人：使者。

③弭：平息，消除。

④因事而制权：《孙子兵法·计》："势者，因利而制权也。"制权，指根据实际情况采取相应的行动。

【译文】

纵横家的代表，是阙子、庞煖、苏秦、张仪等人。他们的主张本是作为使者，沟通国与国之间的情感，消除战争的隐患，受君之命但没有一套固定的辞令，审时度势而随机应变，安抚危难扶助脆弱，转化灾难成为祥福。然而缺憾之处在于，只是追求华美伪诈的辞令而背弃了忠义和诚信。

杂者，孔甲、尉缭、尸佼、淮夷之类也①。明阴阳，本道德，兼儒墨，合名法，苞纵横②，纳农植③，触类取与不拘一绪④。然而薄者，则芜秽蔓衍⑤，无所系心也。

【注释】

①孔甲：相传为黄帝之官孔甲；一说为夏代国君孔甲，禹十四世孙。《汉书·艺文志》杂家类著录孔甲《盘盂》二十六篇。尉缭：名缭，战国时魏国人，曾入秦游说，被秦王任命为国尉，故称"尉缭"。《汉书·艺文志》杂家类著录《尉缭》二十九篇。尸佼：尊称为"尸子"，战国时魏国人，一说为鲁人，商鞅门客，参与策划商鞅变法。《汉书·艺文志》杂家类著录《尸子》二十卷。淮夷：当作"淮

南”，即西汉淮南王刘安。曾招致宾客方术之士数千人，集体编写《鸿烈》，后称《淮南鸿烈》，亦称《淮南子》。其内容大旨归于道家的自然天道观，也杂糅先秦各家学说。

②苞：通“包”，包纳。

③农植：指农学学派。

④触类：各类，每项。取与：取舍。

⑤芜秽：冗杂，杂乱。蔓衍：犹蔓延，向外滋长延伸。

【译文】

杂家的代表，是孔甲、尉缭、尸佼、淮南王等人。他们通晓阴阳，以道德作为根本，兼顾儒家、墨家，融合名家、法家，包纳纵横家，接受农家，对各家都有所取舍而不限于某一类。然而缺憾之处在于，繁杂冗蔓，缺少核心内容。

农者，神农、野老、宰氏、氾胜之类也①。其术在于务农，广为垦辟，播植百谷，国有盈储，家有畜积②，仓廪充实，则礼义生焉③。然而薄者，又使王侯与庶人并耕于野④，无尊卑之别，失君臣之序也。

【注释】

①神农：传说中的上古帝王，即炎帝，号“神农氏”，始教民制作农具，务耕种。《汉书·艺文志》著录《神农》二十篇，为战国时人假托神农氏而作。野老：战国时齐楚间人。《汉书·艺文志》农家类著录《野老》十七篇。宰氏：其人生平未详。《汉书·艺文志》农家类著录《宰氏》十七篇。氾胜：即氾胜之，西汉农学家，曾提倡在关中平原种麦，获丰收，著有《氾胜之书》。

②畜：同“蓄”，积蓄。

③仓廪（lǐn）充实，则礼义生焉：《管子·牧民》：“仓廪实则知礼节，

衣食足则知荣辱。”仓廪,储藏谷米的仓库。

④庶人:平民,百姓。

【译文】

农家的代表,是神农、野老、宰氏、氾胜之等人。他们的主张在于从事农业劳动,广泛开垦荒地,种植各类粮食,国有储备,家有积蓄,粮仓充实,百姓才能懂得礼义。然而缺憾之处在于,鼓励王侯贵族与普通百姓一起参与农田耕种,失去了尊贵卑贱的分别,破坏了君主和臣民的秩序。

观此九家之学,虽旨有深浅,辞有详略,偝僪形反[①],流分乖隔[②],然皆同其妙理,俱会治道,迹虽有殊,归趣无异[③]。犹五行相灭亦还相生,四气相反而共成岁[④],淄、渑殊源同归于海[⑤],宫、商异声俱会于乐。夷、惠异操,齐踪为贤;三子殊行,等迹为仁[⑥]。

【注释】

①偝僪(bèi yù):又作“倍僪”,太阳周围的光气。

②乖隔:分离,阻隔。

③归趣:指归,宗旨。

④四气:春、夏、秋、冬四时的温、热、冷、寒之气。

⑤淄:指淄水。源出今山东莱芜,东北流经淄博,北上合小清河出海。渑(shéng):指渑水。源出今山东淄博东北,至博兴注入时水。

⑥“夷、惠异操”以下四句:班固《通幽赋》:“三仁殊而一致兮,夷、惠舛而齐声。”夷,指伯夷,商末孤竹君王子,武王灭商后,他耻食周粟,与弟叔齐饿死于首阳山。惠,指柳下惠,他以“直道事人”,多次被罢官而不离父母之邦,受到孔子称赞。伯夷、柳下惠二人形迹虽异,但俱获美名。三子,指微子、箕子、比干,商纣王的三位

贤臣。《论语·微子》："微子去之，箕子为之奴，比干谏而死，殷有三仁焉。"

【译文】

纵观这九家的学说，虽然主旨有的深刻有的浅显，言辞有的详尽有的简略，就像太阳周围的光气方向相反，流淌的水流彼此分离，然而它们都蕴含了玄妙的道理，都融汇了治国的策略，方式虽然有别，目标却没有什么不同。就像五行中的元素相克又相生，四季的温热寒冷交替而成一年，淄水、渑水源头不同却共同流向大海，宫音、商音声音不同却共同构成乐曲。伯夷与柳下惠操守不同，他们的事迹却都表现出贤良；微子、箕子、比干的行为不同，他们的做法却都体现出仁德。

道者，玄化为本；儒者，德化为宗。九流之中，二化为最。夫道以无为化世，儒以六艺济俗①。无为以清虚为心，六艺以礼教为训。若以礼教行于大同②，则邪伪萌生③；使无为化于成、康④，则氛乱竞起⑤。何者？浇淳时异则风化应殊⑥，古今乖舛则政教宜隔⑦。以此观之，儒教虽非得真之说，然兹教可以导物；道家虽为达情之论，而违礼复不可以救弊。今治世之贤，宜以礼教为先；嘉遁之士⑧，应以无为是务，则操业俱遂而身名两全也⑨。

【注释】

①济俗：救治世弊。

②大同：古代思想家提出的天下为公、人人平等的社会政治理想。

③邪伪：奸邪诈伪。

④成、康：指周成王和周康王。他们统治时期天下安宁，不施刑罚，史称“成康之治”。

⑤氛：指不祥之气。

⑥浇淳：风俗的浇薄与淳厚。风化：教育感化。

⑦乖舛：有差异。

⑧嘉遁：合乎正道的退隐，合乎时宜的隐遁。

⑨遂：成。

【译文】

道家，以玄虚无为为根本；儒家，以道德教化为宗旨。在九家流派中，二者居于首位。道家以顺从自然来教化世人，儒家以经书典籍来救治世弊。无为把清静虚无作为核心，六艺把礼仪教化作为典式。如果在大同社会施行礼仪教化，那么奸邪伪诈就会萌生；如果在成康盛世推行无为而治，那么凶祸动乱就会兴起。为什么呢？风俗的浇薄与淳厚不同，风俗教化也应该有所分别；古今时代不同，政治与教化也应该有所区分。这样看来，儒学虽然不是尽善尽美的学说，但它可以引导方向；道家的理论虽有达观的情怀，但它违反礼制而不能用来纠正时弊。当今治理国家的贤者，应该把礼仪教化放在首位；合乎正道的隐士，应该把无为作为追求，这样就会使节操和志行都修得圆满，身体和名誉都能够顾全。

中华经典名著
全本全注全译丛书
（已出书目）

周易
尚书
诗经
周礼
仪礼
礼记
左传
韩诗外传
春秋公羊传
春秋穀梁传
孝经·忠经
论语·大学·中庸
尔雅
孟子
春秋繁露
说文解字
释名
国语
晏子春秋
穆天子传
战国策
史记
吴越春秋
越绝书
华阳国志
水经注
洛阳伽蓝记
大唐西域记
史通
贞观政要
营造法式
东京梦华录
唐才子传
大明律
廉吏传
徐霞客游记

读通鉴论
宋论
文史通义
老子
道德经
帛书老子
鹖冠子
黄帝四经·关尹子·尸子
孙子兵法
墨子
管子
孔子家语
吴子·司马法
商君书
慎子·太白阴经
列子
鬼谷子
庄子
公孙龙子(外三种)
荀子
六韬
吕氏春秋
韩非子
山海经
黄帝内经
素书
新书
淮南子
九章算术(附海岛算经)
新序
说苑
列仙传
盐铁论
法言
方言
白虎通义
论衡
潜夫论
政论·昌言
风俗通义
申鉴·中论
太平经
伤寒论
周易参同契
人物志
博物志
抱朴子内篇
抱朴子外篇
西京杂记
神仙传
搜神记
拾遗记

世说新语
弘明集
齐民要术
刘子
颜氏家训
中说
群书治要
帝范·臣轨·庭训格言
坛经
大慈恩寺三藏法师传
长短经
蒙求·童蒙须知
茶经·续茶经
玄怪录·续玄怪录
酉阳杂俎
历代名画记
化书·无能子
梦溪笔谈
北山酒经(外二种)
容斋随笔
近思录
洗冤集录
传习录
焚书
菜根谭
增广贤文
呻吟语
了凡四训
龙文鞭影
长物志
智囊全集
天工开物
溪山琴况·琴声十六法
温疫论
明夷待访录·破邪论
陶庵梦忆
西湖梦寻
幼学琼林
笠翁对韵
声律启蒙
老老恒言
随园食单
阅微草堂笔记
格言联璧
曾国藩家书
曾国藩家训
劝学篇
楚辞
文心雕龙
文选
玉台新咏
二十四诗品·续诗品

词品

闲情偶寄

古文观止

聊斋志异

唐宋八大家文钞

浮生六记

三字经·百家姓·千字文·弟子规·千家诗

经史百家杂钞